薄荷实验
Think As The Natives

保罗·斯托勒 著 杨德睿 译
Paul Stoller

拍电影的人类学家

先驱让·鲁什的田野与民族志研究

THE
CINEMATIC
GRIOT

The Ethnography of Jean Rouch

华东师范大学出版社
·上海·

图书在版编目（CIP）数据

拍电影的人类学家：先驱让·鲁什的田野与民族志研究/（瑞典）保罗·斯托勒著；杨德睿译. —上海：华东师范大学出版社，2024
ISBN 978-7-5760-4710-3

Ⅰ.①拍… Ⅱ.①保… ②杨… Ⅲ.①民族志—研究 Ⅳ.① K18

中国国家版本馆 CIP 数据核字（2024）第 031696 号

THE CINEMATIC GRIOT: The Ethnography of Jean Rouch by Paul Stoller
Licensed by The University of Chicago Press, Chicago, Illinois, U.S.A.
© 1992 by The University of Chicago.
Chinese Simplified translation copyright © 2024
by East China Normal University Press Ltd.
All Rights Reserved.
上海市版权局著作权合同登记 图字：09-2020-048 号

拍电影的人类学家：先驱让·鲁什的田野与民族志研究

著　　者	保罗·斯托勒
译　　者	杨德睿
责任编辑	顾晓清
审读编辑	赵万芬　陈　震
责任校对	姜　峰　时东明
封面设计	周伟伟
出版发行	华东师范大学出版社
社　　址	上海市中山北路3663号　邮编　200062
网　　店	http://hdsdcbs.tmall.com/
客服电话	021—62865537
印刷者	苏州工业园区美柯乐制版印务有限公司
开　　本	890×1240　32开
印　　张	12.125
版面字数	257千字
版　　次	2025年1月第1版
印　　次	2025年1月第1次
书　　号	ISBN 978-7-5760-4710-3
定　　价	85.00元
出 版 人	王　焰

（如发现本版图书有印订质量问题，请寄回本社市场部调换或电话021—62865537联系）

一只脚走不了两条路

——桑海谚语

批判只能是爱的一种方式

——安德烈·布勒东

目录

致谢 　　　　　　　　　　　　　　　　　　　　　　　*001*
序 　　　　　　　　　　　　　　　　　　　　　　　　*005*
在过去，在此时 　　　　　　　　　　　　　　　　　　*011*

第一部 　*001* 　　楔子 　格里奥尔之子 　　　　　　　　　　　003
民族学的根基 　　　第一章 　鲁什的田野生涯 　　　　　　　　　013
　　　　　　　　　　第二章 　祖先的世界 　　　　　　　　　　　049
　　　　　　　　　　第三章 　到新世界的移民 　　　　　　　　　073
　　　　　　　　　　第四章 　有武力的人民、有法力的神灵 　　　097

第二部 　*121* 　　楔子 　两位精神之父与一个吹毛求疵的"儿子" 　123
影人鲁什 　　　　　第五章 　《旺泽贝的法师》 　　　　　　　131
　　　　　　　　　　第六章 　《以弓猎狮》 　　　　　　　　　　151
　　　　　　　　　　第七章 　《美洲豹》 　　　　　　　　　　　170
　　　　　　　　　　第八章 　《疯癫大师》 　　　　　　　　　　192

第九章 《昔日的鼓：图鲁与毕褆》 215

第十章 多贡的受难记 234

第三部 *267*
当影片变成了梦

楔子 后话 269

第十一章 鲁什，理论与民族志影片 274

后记 吟游诗人的事业 *301*
注释 *305*
让·鲁什的文字作品目录 *311*
让·鲁什的影片作品目录 *324*
参考文献 *337*

致　谢

写作从来就不是单打独斗的事业,一如许多作家所深知的,唯有来自家人、朋友、同事和机构的大量奉献与善意,才可能让一本书诞生。这本书也不例外。

如果没有对尼日尔的桑海人(Songhay)详尽的民族志知识,我不可能写出这本书。我的这些还远称不上全备的知识,是在1969至1990年这二十二年间累积而来的。在这期间,我分别以一名和平队志愿者(1969—1971年)和一名田野工作中的人类学者(1976—1977年、1979—1980年、1981年、1982—1983年、1984年、1985—1986年、1987年、1988年、1989—1990年)的身份住在尼日尔。我在尼日尔的人类学研究得到以下这些机构的资助:美国教育部(富布赖特-海斯论文写作奖助金)、温纳-格润基金(两度资助)、美国国家科学基金会(北约博士后奖学金计划)、美国哲学学会(两度资助)、西彻斯特大学(三度授予师资发展奖助金)以及美国国家人文学科基金(独立研究奖助金)。我深深感谢这些机构以及在其中任职、帮助过我的人，他们支持我在桑海人之中所做的长期研究。我也要感谢尼日尔政府准许我对桑海人进行民族学研究，以及被我当作第二故乡的尼亚美大学社会科学研究所。

有许许多多尼日尔人在我写这本关于让·鲁什（Jean Rouch）的书的过程中帮助过我。我特别感谢人文科学研究所（Institute de Recherche en Sciences Humaines）的所长布贝·加多（Boubé Gado）及语言学暨口述史传统研究所（Centre d'Etudes Linguistiques et de la Tradition Historique et Orale）所长迪奥尔德·拉亚（Dioulde Laya）。迪奥尔德·拉亚一直是给我以巨大的知识与斗志的力量之源。此外，我要感谢托马斯·普利斯（Thomas Price）、哈迪扎·吉玻（Hadiza Djibo）以及吉玻全家在尼亚美对我的诚挚招待。

尼日尔共和国是攸关《拍电影的人类学家》一书的两个田野调查地点之一；另一个，不用说，就是巴黎。这些年来，许多巴黎的朋友曾请我到他们家里去，我在此要多谢苏珊·拉勒芒（Suzanne Lallemand）和她的儿子克里斯托弗·拉勒芒（Christoph Lallemand）收留我这个浪迹天涯的人，也要感谢贝努斯家对我的慷慨相助。特别要感激让-玛利·吉巴尔（Jean-Marie Giball）和克里斯蒂娜·贝尔热（Christine Bergé）为我关于鲁什的研究所投注的心力。若不是有曾在尼日尔的豪萨人（Hausa）中做过深入民族学研究的妮科尔·埃沙尔（Nicole Échard）的贡献，《拍电影的人类学家》将会缺失许多中肯切要的信息。妮科尔·埃沙尔于1988年7月受法国文化广播电台之聘负责专访让·鲁什，结果形成了一个以让·鲁什影片背后的故事而非其技术上或影艺上的成就为关注焦点的、长达十小时的广播节目。拜妮科尔·埃沙尔与让·鲁什二位慷慨相助,容许我将这段专访的材料用于写作这本书,我才得以获致法国文化广播电台的正式引用许可。这份材料的价值无疑是无与伦比的,一言以蔽之,若没有妮科尔·埃沙尔的拔刀相助,这项研究计划绝不会有如今这样圆满的结局。

许多朋友和同事曾对《拍电影的人类学家》作出过难以估量的贡献。我写的第一篇关于鲁什的文章——《鲁什之子:他者给年轻民族志学者的画像》——的灵感来自温迪·威尔逊(Wendy Wilson)。她曾告诉我,在尼日尔的司密里(Simiri)的民众称我为"鲁什的儿子"。正当我听到这"鲁什的儿子"的封号时,刚巧谢丽尔·奥尔克斯(Cheryl Olkes)也在催促我写一篇关于他的东西,由于她的鼓励,我就写了。她富有创意的点子、修辞方面的建议以及写作的技巧深深地影响了这本书的轮廓。我也受益于约翰·霍米亚克(John Homiak)、凯瑟琳·库纳斯特(Kathleen Kuehnast)、丹尼尔·罗斯(Daniel Rose)、史蒂文·费尔德(Steven Feld)、妮科尔·埃沙尔、斯马尔达·拉维(Smardar Lavie)、托马斯·黑尔(Thomas Hale)等诸君对本书修订多次的草稿之明察秋毫的批评。特别要感谢任职于西切斯特大学的简·史密斯(Jane Smyth)与杰奎琳·卡特(Jacquelyn Carter)两位为本书中的图所作出的贡献。我也要感谢史密森学会区域人文影片档案库(Human Area Film Archives)的温迪·谢依(Wendy Shay)和帕梅拉·温特尔(Pamela Wintle)两位的亲切接待与鼓励。我是以史密森学会人类学系的客座研究员身份写作这本书的大部分草稿的,在此感谢系主任唐纳德·奥特纳(Donald Ortner)对我的慷慨接待。杰伊·鲁比(Jay Ruby)和费伊·金斯伯格(Faye Ginsburg)两位通读了本书的草稿,他们对鲁什的影片制作之精准且具有建设性的评论大大提升了《拍电影的人类学家》的质量,杰伊·鲁比甚至慷慨提供了许多在本书中再现的照片。约翰·切尔诺夫(John Chernoff)以一位鼓手对历史的特殊观察角度读了本书的草稿,我对此深表感激。在进行书稿最后一次修订期间,与罗斯玛丽·库姆(Rosemary Coombe)漫长的讨论协助我校准了我的首要着眼点,我感激她富批判力的灵魂、她在知识上的好奇心、她的慷慨大度以及——最重要的——她的笑声。

最后,就如所有的吟游诗人一样,我必须向我的列位前辈师父致敬。我要感谢琼·鲁宾(Joan Rubin)、罗杰·舒伊(Roger Shuy)、安妮特·韦纳(Annette Weiner)和乔尔·舍泽(Joel Sherzer)为我的学术发展所提供的助力,感谢阿达穆·耶尼通勾(Adamu Jenitongo)——我的桑海人老师——教导我以一种欣赏"旧话"(old words)的态度,感谢让·鲁什让我认识到长期、参与、共享的人类学的价值,他的身教、耐性与随和陶冶了我,使我成为一个人类学者兼桑海人的学生。

这本书的一些章节曾以不同的形式出版过,如刊登在《人类学季刊》(第 60 期第 114—124 页)上的《鲁什之子:他者给年轻民族志学者的画像》以及《影像人类学》(第 2 卷第 3 期第 249—265 页)的《让·鲁什的民族学之路》。

许多用于章节开篇的桑海谚语转引自哈马(Hama 1988)的汇编。

序

恩德比（Ndebbi）给我们七把手斧和七支十字镐
他来，对我们说话，然后
他收回去

——桑海咒语

在 1986 年 12 月和 1987 年——也就是让·鲁什七十大寿那一年的 1 月，尼日尔政府邀请他到尼亚美去庆祝他在尼日尔的首次回顾展：让·鲁什，七十岁 / 七十部影片。在法国-尼日尔中心（Centre Franco-Nigerien）半圆形剧场的许多个清凉的夜晚，鲁什和尼日尔的观众讨论他的新片或老片。大学生发现了他们自己的文化影像；老人们再次发现了古早时人的宗教。

1987 年 12 月 27 日，鲁什放映了《潘的破罐仪》(Pam kuso kar)。潘（Pam）是尼亚美重要的乩码（zima，附身祭司）之一，曾教导鲁什很多关于桑海人神灵附体的知识。当一位乩码过世，人们会举行一种被称为库梭卡（kuso kar）——"破罐"——的典礼来缅其生、悼其死。在这场典礼中,已故乩码的所有徒弟都要到丛林里去,长老们将水和磨成粉的树皮倒进一个大陶土罐里,再对着陶罐念咒,然后将罐里混着粉末的水均分给那些徒弟,让他们在丛林中的隐秘处洗净由于老乩码之死而染上的秽气。在罐里的水被全部分光后,长老们就把陶罐打破,以斩断已故乩码与人世的最后一点联系,丧期就此结束,死亡的污染也就此洗净。于是徒弟们再回到集中放着已故乩码在神灵附体仪典中用的行头和道具的故居。接着,长老们用鲜奶净化那些遗留下来的法器,如此净化一番以后,这座故居就可以容纳已故乩码诉请的众神灵了——他们将会找寻新的灵媒来承载他们的力量。空气中弥漫着独弦琴的悲号与瓠鼓规律的节奏。神灵降临时,可能会指定一位新的乩码来取代那位曾经谨慎戒惧地引导他们遵循祖先的道路前行之人。在对这段影片的热烈讨论之后,一位高大的年轻人走近鲁什与他握手。"谢谢你,让!我是阿布杜·三玻乩码(Abdu Sambo Zima),潘的儿子"(Rouch 1989, 351)。他感动得说不出其他任何的话来。而第二天早上,他给了鲁什他前夜写的一首诗。

> 尼亚美,1987年12月27日
> 难忘的一夜啊!
> 难忘的一夜!
> 正如1974年12月24日那一夜,
> 那永远铭刻在我记忆中的一夜。
> 那夺去我父亲的残酷的夜。

死亡——喜乐的致命敌人——从我身边夺走了爸爸。

爸爸就此远离我们，远离这个他将永不重返的地方。

爸爸远离了他的朋友，远离了这些挚爱他的人。

除了对老乩码的记忆，什么也没留下……

这样的乡愁只留在我的记忆里，

而让·鲁什让我从影片《潘的破罐仪》里又看见了父亲，他坐在一把椅子上微笑着，旁边环绕着他在后雷社区（Holey community）的朋友们，也让这个社区又看见了自己曾经富强的过去！

让为我展开了来时路，一条满载悲伤的路。

这影片给我的感动是如此之深，我不知如何感谢让给了我这样一份让人欢悦的礼物。

然而稍后不久，我的喜乐便产生变化。

我开始对这种无能、软弱感到紧张……

软弱是因为我再也不能让与爸爸同在的现实复活。几分钟后，我回过神，收住泪，凝神谛听图寇（Toukou）、加尔巴（Garba）与阿尔巴（Arba）用瓠鼓演奏的音乐——那让父亲几乎奉献了全部生命，也是我永难忘怀的一段充满回忆的音乐……

谢谢你的这部影片！让。主要是因为它在1987

年 12 月 27 日那夜给了我一种意志去品味属于我的真实——也就是因为现代的影响、因为那向我证明了其巨大力量的西方科学而被我遗弃了的传统。

阿布杜·三玻乩码（Rouch 1989, 351–52）

拥有物理学高等学位的阿布杜·三玻乩码继承了他父亲的世业，是一位能同时解决圣俗两界问题的人。

当鲁什得知阿布杜·三玻乩码如此深切地沉湎于那性灵的社群时，他自己也深受感动，他写道："我这才发现：我过去所做的一切工作——那些到旺泽贝（Wanzerbé）去的漫游、那些［骑着马］到洪博里（Hombori）去的旅程、那些为研究索尔寇（sorko，桑海人的一种法师）而到群岛上去的细致探访，那些岁月引出了这未来的工作。而对尼亚美的拍摄，对我而言好像是一场'世代交替的'斗牛表演，我要在其中把披风和剑传给野心勃勃、决心坚定的年轻斗牛士。"（Rouch 1989, 352）作为一名吟游诗人（griot），让·鲁什已经完成了他最重大的使命：将他的知识传递给下一代。

griot 这个词可能源自一个曼德语（Mande）词汇，后来在十九世纪法国殖民者探索苏丹西部时被法语化。依一些曼德学专家的说法，原本曼德语族里的 geeli 一词在班巴拉语（Bambara）——曼德语族中流布最广的一种方言——里变成了 jeeli，而在其他一些曼德语方言中，geeli 变成了 geri 或 gerio。

语言学家们推测：早年的法国探索者可能听见过某种近似 *gerio* 的说法，于是造出了 *griot* 这个词。[1]

无论怎么称呼这些人，他们在萨赫勒西部总是被公认为"口语大师"。*griot* 首先是一位吟游诗人，一个对祖先、对过去的生命唱赞美诗的人；他也是一个熟知社会各种传统掌故的专家，一个维系、强化现在与过去之间的联结的人；"他是一位艺术家，说唱艺术就是他的定义"（Bird 1971, 17）。

在塞内加尔的沃洛夫人（Wolof）、马里的许多讲曼德语的族群，以及散布于马里及尼日尔的桑海人中，吟游诗人都是重要人物。作为"旧话"的力量的捍卫者，吟游诗人实践着一种在西非受到高度尊敬的口语艺术。

许多西方学者将让·鲁什视为一位拍摄民族志影片的开路先锋——真实电影（*cinéma vérité*）的首倡者，影片技术创新的大师。然而，对于他大部分的影片中的主角——尼日尔的桑海人——来说，鲁什不是个影片创作者，而是一位在银幕上从事艺术创作的吟游诗人。

正如桑海吟游诗人与他们所歌颂的祖先的后代子孙一同分享他们的知识，鲁什也与他所拍摄的族人一同分享他的影片。1954年，鲁什与阿约鲁（Ayoru）的猎河马人分享他的《大河上的战斗》（*Bataille sur le grand fleuve*）。在银幕上看见了他们自己的影像后，他们将鲁什的工作理解为一位拍电影的吟游诗人，因为这段影片将成为对过去的一个记录，一个可以在将来"重述"的记录。鲁什和他的摄影机就这么成了桑海人传统的捍卫者——如今在阿约鲁已经看不到猎河马的了。鲁什的《以弓猎狮》记录了以弓箭追杀狮子的亚塔卡拉（Yatakala）猎人的生活，现今的亚塔卡拉人已不再猎狮子，但那种狩猎仍然活在鲁什的影片所重述的故事里。虽然豪卡（Hauka）的神灵附体仪典至今仍可在尼日尔见到，但1954年时曾存在于黄金海岸（the Golden Coast）的豪卡崇拜如今已烟消云散，影片《疯癫大师》因而成为1950年代桑海人对英国殖民主义的文化反抗的一份珍贵的留影。鲁什为司归（Sigui）祭典的六十年周期所摄制的影片，记录了多贡（Dogon）宇宙论在象征上所达到的精微境界，这些影片凝结了多贡人"世界再次创生"的意象。虽然在下一个司归周期于2027年在马里的幽谷（Yougou）开始时，鲁什将不再与我们同在，但多贡人——其中许多人从鲁什那里学得了制片技术——将会用他所拍的司归影片来确定仪式办得正确与否。

这本书是让·鲁什的故事的故事，吟游诗人的传说的传说。

在过去，在此时

听。
听了还要记得，我的儿。
听那古早时的"旧话"。
听祖先的声音。
听我父亲，
还有我父亲的父亲的声音。
听了还要了解我的话比他们的话高明。
听了还要晓得我的路比他们的路高尚。
听了你就会明白我知道你该明白的事。
听了还要知道，儿呀，当我走了，
我的话将活在你的心里。
听了还要知道，儿呀，你以后也要
把这知识传给你的儿子。

以此，话语得在尼日尔桑海人的吟游诗人、附身祭司

（possession priest）和索汉祈（*sohanci*）法师父子之间代代相传，[1] 让·鲁什的文字影像以此传递给新一代的学者，鲁什也以此将摄影机交给那些一向是站在镜头前面被拍摄的人（Rouch 1974）。

这本书比较近于一位吟游诗人的故事，而不像是一本传记，因为我将交代并评价让·鲁什给予他的儿女的知识。在尼日尔的桑海人及马里的多贡人中间进行了长达五十多年的田野调查以后，鲁什产出了卷帙浩繁的文字及影像的民族志——就像桑海人的赞美诗一样，保留着民族学的传统，同时挑战认知论常规的一套知识。因此，本书的大部分内容并非关于鲁什本人的生涯或他在影片技术上的创新，而是关于他的民族志作品。此外，本书也不打算详论鲁什在影像方面的全部作品，而将聚焦省思他的文字及影像作品对非洲民族学所作出的主要贡献。因此，我在这里不拟讨论鲁什最著名的，也是被人讨论得最多的影片之一——公认的真实电影运动的第一部影片:《夏日纪事》。[2]

许多个年头过去了，出版了许多的访谈、文章和书籍，制作又重制了许多的影片，但鲁什仍旧是个谜样的人物，面对一个像鲁什这样的人，正如父老们所说的，"吟游诗人的活儿不是好干的"。听：

他是世界上最多产的民族志影片作家，但他所制作的百部以上的影片中，只有五部流传到北美洲。他是一位非洲社会民族学家先驱，但他所撰写的民族学作品却罕为人知。

让·鲁什是人类学史及电影史上的一个富有争议性的人物。以他在西非自1941年起延续至今的民族学田野调查为基础，他所拍摄的影片不断地激起如潮的负面评价。有人说鲁什的影片含有种族主义，强化一种有害的异域主义（exoticism）。有人说鲁什将虚构的故事说成事实。乌斯曼·塞姆班（Ousmane Sembène），一位塞内加尔的作家兼制片者，曾经提到鲁什把非洲人当昆虫在观察（转引自 Predal 1982, 78）。但鲁什的作品在欧洲和非洲受到了推崇。他是真实电影的先驱之一，也被认为是一位影响了让-吕克·戈达尔（Jean-Luc Godard）和弗朗索瓦·特吕弗（François Truffaut）等人的电影艺术的创新者。[3] 他协助培训并资助了许多非洲的电影创作者和制作者，包括穆斯塔法·阿哈桑（Moustafa Alhassane）、奥马鲁·冈达（Oumarou Ganda）和伊努萨·乌塞尼（Inoussa Ouseini）等。

正在拍摄多贡人司归祭典的让·鲁什。
民族志影片委员会（Comité du Film Ethnographique）

尽管他在人类学与电影两方面都作出了重大贡献，但是人们对鲁什的事功通常只有片面的了解。有些对他批判得极其严厉的批评家只看过他少数几部影片，而他的一些最忠实的拥护者却对他的民族志作品颇为陌生。因此，目前已出版的对于鲁什的评论实难谓完整，其中大部分根本是立于真实脉络之外来省思他的技术创新或叙事结构——隔绝于桑海人与多贡人的民族学之外，隔绝于鲁什所生产的民族学知识之外。[4]

作为一个以记录桑海社会生活为职志的同行，我关怀的主要是让·鲁什的民族学成就，所以我选择以鲁什这位吟游诗人所走过的道路来作为本书的主轴。从他1941年到尼日尔的首次探访至今，他谨循着一条迫令他参与到桑海人社会生活之中的民族学道路，这条道路引导他走上了桑海人历史、政治生活、社会变迁、法术与神灵附体的大平原。在那平原上，长老们对他叙说，他则聆听、学习、写作、拍摄。自1946年起，鲁什阶段性地离开桑海平原去攀登多贡人的邦贾加拉悬崖，他也在那里聆听、学习、写作、拍摄。

我曾追随鲁什在桑海的道路，到四十年前他曾工作过的许多村子去探访、居住。自1969年起，我断断续续地在桑海人中间生活，这些经验让我想要借本书表明：曾经直接面对的桑海人和多贡人的世界中诸多不可思议的奥秘的经验，深刻地影响了鲁什的电影视野。这些亲身体验迫使他拿起笔和照相机、变成一个吟游诗人：一个凭借着他发人深省的文字和寓意深长的影像，宣讲两个群体——尼日尔共和国的桑海人和马里共和国的多贡人——的故事的人。

《拍电影的人类学家》是一份对让·鲁什以书和影片形式呈现的桑海人民族志之广泛、整合的分析。它向读者——吟游诗人的听众——介绍鲁什的民族学田野工作的故事,并描绘他最重要的几部影片(其极具张力但经常未加阐释的影像不时激起愤怒和误解)的民族志背景。

要了解鲁什的事功,必须多少知道一点在西非萨赫勒地区属于尼日尔的一角的生活风貌。正如描写十五世纪的桑海王阿斯基亚·穆罕默德(Askia Mohammed)的史诗同时兼顾主角及他所处的社会文化及历史条件,这本书不仅要讨论鲁什的生平与事功,也要交代他所描写的族群——尼日尔的桑海人——的历史、政治与社会文化向度。

鲁什的民族志

1941年时,让·鲁什还是一名年轻的工程师,在法属尼日尔殖民地的特瓦工程公司任职,从而首次接触到尼亚美地区的桑海人。借着他的老师马塞尔·格里奥尔(Marcel Griaule)与泰奥多尔·莫诺(Théodore Monod)以及几位朋友兼报告人(尤其是达穆瑞·基卡)的帮助,鲁什搜集了桑海神话、历史与语言的数据。在1942年以前,他就已经累积起了一套含有纪录照片及桑海神灵附体仪典所用的诸多法器的收藏。战后,鲁什回到桑海人的国度,并于1946至1947年间协同让·索维(Jean Sauvy)及皮埃尔·蓬蒂(Pierre Ponty)驾驶独木舟划过了整条尼日尔河。1948年返回桑海后,他旅行到了蒂拉贝里地区，探访了该地最具文化重要性的集镇，在桑加拉和旺泽贝，他见到了桑海人中最著名的巫师索汉祈——伟大的桑海"法术"之王松尼·阿里·贝尔（Sonni Ali Ber）的父系嫡裔子孙。1949年，鲁什又到居住在阿里宾达（Aribinda）、多里（Dori，在布基纳法索）以及洪博里（在马里）的桑海人中间做了田野调查，这趟旅行让他完成了对桑海神话的工作。1950到1951年间，他对居住在当时被称为黄金海岸的桑海人口进行研究。之后，他又在1953到1954年间对这个课题进行了后续研究。

鲁什发表了他的研究成果。1953年，他发表了专门探讨关于桑海人考古、神话与历史的研究报告《桑海人历史研究》（*Contribution à l'historie des Songhay*）。1954年，他发表了后来成为经典的民族志《桑海人》（*Les Songhay*）与记叙他1946至1947年顺尼日尔河之流而下壮举的《独木舟下的尼日尔河》（*Le Niger en pirogue*）。《加纳的移民》（*Migrations au Ghana*，1956）总结了他对居住于殖民统治下的黄金海岸的桑海人口的考察成果。1960年，他出版了集近二十年田野研究的功力所达到的巅峰之作——《桑海人的宗教与法术》（*La religion et la magie Songhay*）。这是一部包罗万象的民族志，几乎穷尽了桑海神话学、神灵附体和魔法的一切细节。

鲁什最初几年的研究工作也产生了一些极其值得纪念的民族志影片。《被附体者的舞蹈入门》（*Initiation à la danse des possédés*，1948）、《割礼》（*La circoncision*，1949）、《大河上的战斗》（1953）、《耶南地：求雨者》（*Yeneaandi: Les hommes qui font la pluie*，1951）及《旺泽贝的法师》（*Les magiciens de*

Wanzerbé，1949）。《旺泽贝的法师》中有一连串精彩的法师之舞（sohanci hori），其中一位舞者呕出他的仙法链然后又吞回肚里去。像鲁什的其他许多影片一样，《旺泽贝的法师》记录了桑海魔法与神灵附体的世界——诸多无法解释的事情以惊人的频率在其中出现的世界——所包藏着的惊怖与欢悦。

除了少数几篇文章外，鲁什自1960年起便集中心力于影片制作。他在加纳与科特迪瓦的田野调查，结果形成了无与伦比的《疯癫大师》（1954）、《美洲豹》（1954）和《我是一个黑人》（1957）。1957到1964年间在尼日尔的田野调查，则结晶为他闻名遐迩的《以弓猎狮》。鲁什也以他的民族学经验为部分基础，创作了几部剧情片长度、针对一般观众的影片（见《积少成多》[1969]、《巴巴图的三个秘诀》[Babatu, les trois conseils，1975]与《咯咯咯鸡先生》[Cocorico, Monsieur Poulet，1974]）。不过，鲁什的影片作品中的大部分还是集中在桑海人的神灵附体方面，例如对附身祭司的电影式采访（《达乌达·索尔寇》[Daouda Sorko，1967]）、关于桑海人耶南地祭典的一系列短片和含有向神灵祈雨的内容的附体仪典（关于鲁什的田野工作的详细说明，见第一章以及在本书后面的"让·鲁什的文字作品目录"及"让·鲁什的影片作品目录"）。[5]

正当许多欧洲人赞赏作为艺术创新者的让·鲁什时，桑海人却以截然不同的眼光看待他。除了被当成是位吟游诗人，他也被视为——套句我在尼日尔旺泽贝的老师的话——"那个追随神灵的欧洲人"。对许多桑海人来说，鲁什是个有先见之明、知道要认真看待桑海灵力世界的那个聪慧的欧洲人。"那不单只是个巧合，"一位附身祭司告诉我，"鲁什是位大人物，他有法力。是神灵为他开的路。"

在他的民族学道路的初期，让·鲁什走访了以盛产法师闻名的桑海村落——也是大多数桑海人所畏惧的——旺泽贝，他在那里撞进了一个法力无边的世界。于是有这样的说法在桑海人中间流传：鲁什到过旺泽贝，学过秘传大法，还吃过楛素（kusu）——法力之髓，所以鲁什是个值得畏惧和尊敬的人物。久而久之，许多桑海人将鲁什的概念和桑海吟游诗人们宣讲的史诗中带有神话韵味的想象相混合，结果，他变成了当代桑海宇宙论的一部分。在让·鲁什初访旺泽贝的三十年后，我首次走访了旺泽贝。当我返家时，关于我初访之旅的新闻被当成一个速成的传奇而传遍了桑海社会：斯托勒到过旺泽贝，学过秘传大法，也吃过了楛素。斯托勒是个值得畏惧和尊敬的人物。斯托勒变成了"鲁什的儿子"。

"鲁什的儿子"

由一个吟游诗人的"儿子"来讲他"父亲"的故事是理所当然的：

我想我是注定早晚有一天要见到让·鲁什的。1969到1971年间，我在尼日尔的两个桑海文化的中心——泰拉和蒂拉贝里——的中学里教英文。1973到1976年间，我在学习社会人类学。1976年，我赢得了一笔资助我去研究桑海人以写作博士论文的奖学金。我的题目是语言、宗教与桑海人政治的关系。

我于 1976 年 8 月在尼日尔的尼亚美初次遇见鲁什。曾读过他的书、也看过他的一些影片的我，对于能有机会认识他深感荣幸。我们一被相互引见，他随即就开始重述他在尼日尔与马里经历的一些令人喷饭的趣事。在让我放轻松了以后，他对我保证说我的民族学研究是重要的。

我准备在坐落于尼亚美之北约 180 公里处的一个濒河村落梅汉纳开始我的田野调查。我的到来引发了关于我的住所的一场讨论。

"你可以住在露营地。"村长托尼·贝洛说。

"对，"他的跟班萨都说，"那是鲁什先生来梅汉纳时的住处。"

"鲁什先生？"我大声表示讶异。

"对，"托尼·贝洛回答道，"在你来以前，鲁什先生是唯一在这儿待过的欧洲人。"

"那是什么时候的事？"

"噢，那是三十年前的事了。"

"三十年前。我知道了。"

"你要住在露营地吗？"萨都问。

"他不想住在那里，"当天早上和我一起坐在卡车车厢到梅汉纳的布雷马·布拉哈桑插话了，"他应该待在我家的院子里，那里是镇中心。"

"但是鲁什先生住在露营地。"萨都坚持。

"保罗先生，你想住哪里呢？"托尼·贝洛问道。

"镇上。"当下我了解到我必须追求一条独立的道路。

我的工作进行得很顺利,虽然当人们以鲁什先生的事迹来界定我的努力时,让我感到极为厌恶。当我开始与梅汉纳的附身女祭司泽伊纳布·吉凯塔共事时,她告诉我鲁什先生在三十年前曾到访过她的院子。

"是的,鲁什先生在我妈做祭司的时候来过这里。他要我们把我们所有在神灵附体仪典上用的行头(带着响铃的手斧、服装、长刀、羚羊角)都拿出来。我们就全拿出来了,他给那些东西都拍了照。他付我们钱,我们也拣了几样行头给他。"

我抓住这个机会,问她我能不能再做一次鲁什先生三十年前做过的事。她拒绝了,宣称说那些行头已经坏了,不好拿出来拍照。

1977年3月,我决定探访传奇中的旺泽贝村——无可匹敌的桑海魔法的中心。年少轻狂的我,决定骑马走这趟120公里长的路。我的向导是出生在旺泽贝的伊德里萨·登博。能找到伊德里萨当向导真我之幸也,因为他的继母就是声名显赫的卡赛(Kassey)——旺泽贝法力最高的法师。和卡赛共事可能是民族学上一个重大的突破,因为她三十年来一向坚定地拒绝与任何研究者合作,不论对方是鲁什、其他欧洲人,还是尼日尔人。在马鞍上熬过了炎热、尘土飞扬的两天后,我们终于到了伊德里萨的父亲穆萨·登博家的院子,并得到了亲切的招呼和丰足的款待。当晚,有邻人过来。

"你是骑马来的?"一人问。

"是。"

"鲁什先生也曾骑马到这儿来。你认得他吗?"

"我见过他。"我答道。

"他当时是从阿约鲁骑过来的。你是从哪儿来的呢?"

"梅汉纳。"

"你怎么不像鲁什先生一样从阿约鲁来呢?梅汉纳太远了。"

"是啊,真的很远。"我表示同意。

"你是不是打算做鲁什先生做过的事?"

"不完全是。"

另外一个人加入了我们的对话。他对我打了招呼,然后问道:

"你认识鲁什先生吗?"

"认识。"

"他现在在哪里?"

"我不知道。"

"我们好久没见到他了。"

"多久了?"

"好多年喽。请帮我们旺泽贝这边的人向他问个好,好吗?"

"是,我一定照办。"我告诉他。

到第二天早晨我才知道,卡赛就在我到达之前才离开了镇子,而且要到我走之后才会回来。徒劳一场!伊德里萨建议我探访峪堡——在亚塔卡拉村正北边的一个永不枯竭的水源地——的猎户。于是我们策马到了峪堡,在那里见到了戈吉(*godji*,独弦琴手),也是鲁什的经典之作《以弓猎狮》里的两位主角:伊西亚基亚和他的兄弟旺加里。伊西亚基亚带我到了湖北端一座废弃的泥砖房。

"这是鲁什先生住的地方。"他说。于是我们走进房内,这时,我看见几根电线缠在一个关起来的窗闩子上。

"那是什么?"我问道。

"鲁什先生放在那儿的。他有个会发光的机器。"

"哦!"

"你认识鲁什先生吗?"

"认识。"

"你知道他什么时候会回来吗?"

"不知道。"

我们走回伊西亚基亚的屋子。"鲁什先生在这儿的时候,我总是拉琴给他听。我兄弟旺加里唱赞美歌。要我们演奏给你听吗?"

我拿出录音机,伊西亚基亚拉他的独弦琴,旺加里则唱着猎人的毒药和过去的伟大猎人。我对这首音诗颇为熟悉,因为我已经在让·鲁什的影片里看过同样的表演。

我们回到旺泽贝,正走在往登博家院子的路上,遇到了莫西·巴纳——一位索汉祈,鲁什在这个法师村子里最主要的报告人——的孙子。

"你是法国人吗?"从未见过我的他这么问道。

"不是。"

"好,我们不想再见到任何影片。我们已经受够了你们那些鬼电影。如果你要和我爸爸(哈利杜·巴纳)谈谈,你必须付他至少五万中非法郎 *。"

这个人是那种觉得鲁什的影片没能美化旺泽贝形象的人之一。(六年后,索汉祈卡赛告诉我:"我们不喜欢电影。我们不要陌生人笑话我们。")

"我不是来这里拍电影的,"我告诉他,"我只是来看看这里的人。我不是拍电影的,除非人家同意,我也不会乱拍人家的照片。我不是鲁什先生,他妈的!"

"我们不要你们的电影。"他坚持道。

对莫西·巴纳的孙子来说,鲁什的遗产简直是甩不开的梦魇。我彻底失望地离开了旺泽贝。

我在1979年与一位住在梅汉纳的长老伊萨卡·布拉哈桑(Issaka Boulhassane)有过一场对话。伊萨卡·布拉哈桑身为桑海帝国自1493至1528年的君主阿斯基亚·穆罕默德·杜尔(Askia Muhammad Touré)的直系后代,因母系亲属而与旺泽贝有着连带关系,负有盛名的卡赛就是他的阿姨。我对他描述我的工作,他则赞赏我的桑海话讲得很好。"人们很信任你,保罗先生,"他告诉我,"他们对你敞开了心扉。我想我可以说你在重复走鲁什走过的路。"

一个人能从乡下地方较年长的桑海人那里博得的最高赞美,莫过于被拿来与鲁什先生相比。但在当时,我还是一个年轻气盛的学生,我也不想被拿来与任何人比较。我怎能让像伊萨卡·布拉哈桑那样的人相信我并不是在重复鲁什走过的路?

---

* 根据现有资料查询,五万中非法郎当时约为人民币346元。——编者注

他们有没有可能了解我有我自己的研究构想（当时，我想从象征的观点而非格里奥尔式的观点研究桑海人的宗教）？我有兴趣诠释重要的象征，而非像马塞尔·格里奥尔一般着魔似的巨细靡遗地搜集资料。但如今我已经了解，对桑海人来讲，"重复走鲁什走过的路"就等于是把我放上了一条通往丰富的民族学成果的途径；它就是我民族学入门仪式的一部分。（见 Stoller and Olkes 1987; Stoller 1989a; Griaule 1956）

循着鲁什的道路，也就是桑海众神灵的道路，我被引到了尼日尔蒂拉贝里的法师兼附身祭司阿达穆·耶尼通勾的跟前，他变成了我学习桑海事物的老师。我在 1981 年见到鲁什时，告诉他我被一位旺泽贝的法师暂时弄瘫痪的经验。"你进步了，"他告诉我，"你一定要年复一年地坚持下去。你走在正确的道路上。"

1984 年，我彻底了解到"走在让·鲁什盛名的阴影下"意味着什么。我的一位同事到过司密里——一个多年来让鲁什拍摄过许多神灵附体仪典的村子。我从未去过司密里，但是当地人，尤其是司密里的附身祭司达乌达·索尔寇，却知道我循着鲁什的道路，而且从阿达穆·耶尼通勾那里学了很多关于神灵附体和法术的知识。我的同事讶异于他们为何对我所知如此之详。

"你知道在司密里他们叫你什么？"她问我。

"不知道。"

"他们叫你 Rouch'izo。"这个词可以翻译成"鲁什的儿子""小鲁什"或"鲁什的种子"。

故事是怎样讲述的

于是，这位吟游诗人的"儿子"打算讲讲这位吟游诗人的典故。故事将照这样的方式展开：属于第一部"民族学的根基"的几章，描述这位拍电影的吟游诗人在1941到1974年间如何、为何、在何处进行他的田野调查，以及这漫长的田野调查的成果如何呈现在他的民族志写作与影片之中。这些章节搭建起了鲁什的影片的社会背景。第一章"鲁什的田野生涯"详细地检视了发生在法国与西非的一些形塑了鲁什的田野调查——他的研究目标与田野技术——的外部事件，为探究鲁什的民族志写作的第二到第四章奠定了方法论与认知论的脉络基础。第二章"祖先的世界"省思鲁什在桑海历史与神话方面的作品（《桑海人历史研究》）。鲁什在移民与社会变迁方面的作品（《加纳的移民》）将在第三章"到新世界的移民"中回顾。第四章"有武力的人民、有法力的神灵"讲述鲁什在桑海人法术与神灵附体方面的作品（《桑海人的宗教与法术》）。

第二部"影人鲁什"旨在追索鲁什的——套句马塞尔·格里奥尔的话来说——"民族学入门仪式"与他的影片内容之间的连带关系，我将在这一部分描写鲁什主要的民族志影片（包括一部"民族志式虚构"［ethnofiction］电影）并以相关的民族志知识来一一加以系统化。在第五章《旺泽贝的法师》里，我用了一些民族志的细节来较详尽地说明桑海人的法术。第六章《以弓猎狮》探讨法术与狩猎的关系及话语与行动的关系。在这两章中，我揭示了这些影片如何从鲁什对桑海人社会生活之持续不断的参与里产生出来。第七章"《美洲豹》"分析一部以社会变迁及流徙（displacement）为题的民族志式虚构电影，我不仅讨论迫使成千上万年轻的桑海男子从尼日尔移民到尼日利亚南部、多哥、加纳与科特迪瓦——桑海男人所不断投入的移徙之旅，也比较他们的旅程与列维-斯特劳斯在《忧郁的热带》里所谈的远征。"离乡背井远赴'海滨'之后再返乡"究竟意味着什么？第八章"《疯癫大师》"说的是被已故的皮埃尔·布朗伯格（Pierre Braunberger）赞为鲁什的"大师之作"的一部关于加纳的豪卡神灵附体的影片，我提供了一份概述以勾勒豪卡运动的轮廓，并标定它在桑海神灵附体现象这一较广泛的脉络中的坐标。第九章"《昔日的鼓：图鲁与毕禔》"分析一部全长不过十分钟但发人深省的关于桑海神灵附体仪式的影片。这部影片激起了关于"神灵附体之现象学"以及"鲁什的出神电影（ciné-transe）概念在电影艺术上的创新"这两个课题的广泛讨论。在第十章"多贡的受难记"里，我探讨了鲁什关于多贡族司归祭典的六十年周期的系列影片，这些影片引发了关于影片与民族志之间关系的讨论，我在这章里证明：影片不只是民族志写作的一种补充——影片可以消解民族学的神秘。

在第三部"当影片变成了梦"中，我省思鲁什的作品在理论与认知论上的重要性。在第十一章"鲁什，理论与民族志影片"中，我说明鲁什在社会文化裂解、学院的帝国主义以及隐寓的田野调查（implicated fieldwork）等课题上所具之深刻的哲学观念是如何扎根在他的电影的叙事与结构之中的。以鲁什的民族学实践为模范，我呼吁一种更具感官性和艺术性的民族学，其中,影像的与叙事的民族志能够唤起其他不同的世界并激发我们的想象。在第十一章,我思考了鲁什对于欧美知识生活的贡献之后,在后记里,我要提一提他对于他以散文和影像所描绘的民族——尼日尔的桑海人和马里的多贡人——所作出的实质贡献。

桑海人说陌生人就像雾,日头上来就散了,但村子里出来的子弟就像沙丘芭蕉的深根。虽然吟游诗人会离开他们的村子,但他们总是会回到祖先的故土。这就是祖先的智慧。

在过去五十年中大部分的年头,让·鲁什都年复一年地回到桑海,回到尼日尔。这样一种时间、精力与热情的投注能被化约为田野研究吗?与他持续地亲密共事的人们能否被冰冷客观地界定为报告人?鲁什的书和电影能否被严格地视为其民族学研究之非私人性质的产物?

让·鲁什是一位拍电影的吟游诗人,一个在法国和尼日尔两地度过了他成年后的岁月的人。影片制作者鲁什是一个受到他在法国丰富的知识生活所影响的法国人;吟游诗人鲁什,则是个受到像旺泽贝的莫西·巴纳和尼亚美的达穆瑞·基卡这些人的智慧所深深影响的人。正是这种尼日尔-法国经验的交融创造了让·鲁什的影片所播映的故事,给了它们一种很少能在纪录片中看到的叙事的直接性与力道。它们是一位拍电影的吟游诗人所讲出来的故事。

第一部

民族学的根基

楔子

格里奥尔之子

Boro baba haw ga no boro ga faawa dondon.
人是通过宰他爸爸的牛学到怎么宰牛的。

——桑海谚语

想象这样一个景象：嵯峨嶙峋的沙岩峭壁从一块被烈日烤褐了的荒旱红土平原向远方绵延，空中飞扬的尘土像一片浓雾，稍稍掩蔽了萨赫勒上空那驱走了一切云翳的骄阳，腐烂驴尸的恶臭飘荡在倚着一片露天矿床而筑的村子里。那是1969年，彭沟（Bongo）长老们举行最近一次司归祭典之后的六十年左右，让·鲁什在那里，肩扛着摄影机——仿佛他身体的一个天然延伸物。

1969年，鲁什和马塞尔·格里奥尔的同事，自1930年代便开始研究写作多贡人的热尔梅娜·迪耶泰朗（Germaine Dieterlen），一道在彭沟拍摄影片《彭沟的洞穴》（*La caverne de Bongo*），也就是追踪马里多贡人司归祭典的七部系列影片中的第三部。由马塞尔·格里奥尔首次记述的司归祭典，一共包含七场年度祭仪，每六十年从东到西逐村巡回举行一次。

阿奈是彭沟人，1969年，他参加了他一生中第三次的司归祭典。在1849那年的司归祭典时，阿奈还在娘胎里；到1909年那回的祭典时，他已经是个喝过了祭典用的粟米酒——1849年那次祭典时保存下来给新生儿的——的入门者了；1969年仍然健在的他，准备参加这标志着他两甲子高寿的第三次司归祭典。

彭沟人当鲁什是个欧鲁巴鲁（olubaaru），也就是司归祭典的入门者，因为他已经在两场年度祭仪上喝过了祭典用的粟米酒——第一次是1967年在幽谷，第二次是1968年在啼幽谷（Tyougou）。以一名欧鲁巴鲁的身份，鲁什获准进入神圣的洞穴去拍摄其他入门者和助手们制作吼板（bull-roarer）及代表神秘蟒蛇的巨型司归仪式面具的情景。

入门者们又在彭沟村里广场上堆了一个土堆，当作死后转世为蟒蛇的始祖迪乌努·瑟陆（Diounou Serou）的祭坛。这祭坛以陶土覆盖，上面再点缀上代表蟒蛇斑纹的红白方块。同时，其他入门者画了一副新面具，和另外三副高而狭的面具一同放在司归入门者的洞穴门口。在日落时分,吼板破空震响,给彭沟带来了过去的语音。第二天,村里所有的人都看见了那四副耸立的彭沟的面具:两副漆着黑红白三色,代表那已死去的神秘蟒蛇;另外两副则漆着红白两色,象征着蟒蛇的重生。鲁什走到哪里就拍到哪里。

舞蹈开场了。入门者披挂上司归祭典的大礼服:"束紧脚踝的黑色长裤、贝壳耳环、从妻子或姐妹那里借来的戒指和项链,右手拿着苍蝇拍,左手提着盛了司归祭酒的葫芦,还……拿着……一把藤椅"(Echard and Rouch 1988, interview 10)。

彭沟的男人们一穿上这套礼服,就开始在神圣的广场上踱步,又在他们带的藤椅上坐坐,然后站起来排成四排,每排代表构成彭沟的四部落之一。接着分粟米酒,从最年长的开始,所有的男子依年龄顺序啜饮这浓烈的饮料。然后,一边用司归唆(Siguiso,司归的仪式语言)唱着司归祭典歌曲,一边在神圣广场上绕着代表他们逝去的祖先的土堆游行。男子们一直跳到傍晚。在黄昏时,老人们回到他们的洞穴,年纪较长的男孩子则在隆起的祭坛旁护卫着弟弟们;他们也一样跳了司归之舞,而且,如果能够活下去,他们将会在2029年再跳一次。鲁什跟在入门者旁边拍摄了他们。

在1970年,鲁什和迪耶泰朗回到马里去拍摄在阿马尼(Amani)举行的第四场年度司归祭典。不过,在启程前,鲁什先回到彭沟去放映前一年在当地拍的影片。惊人的是:老阿奈还活着,他那当过彭沟村长的儿子反倒先去了。鲁什用一块挂在标识着彭沟祖先广场的粗大猴面包树的枝干上的白布当作银幕，当他刚开始放映时，便有声声悲号划破邦贾加拉悬崖宁静的夜。这是彭沟人生平第一次看到已逝者的音容（Rouch 1989, 348）。他们看见了村长，阿奈的儿子。当他们看见一个在鲁什回来前两周才去世的小男孩时，他们默然无语。他们要求他一遍又一遍地重放影片——结果他放了五遍。在放完最后一遍以后，彭沟的新任村长，阿奈较小的儿子，谈到他生平第一次看到司归祭典的庄严宏伟时所感到的自豪。其他人纷纷附和他的感受——他们想让他们的孩子也能够看到这部影片，以确保未来的司归祭典仍然完美无瑕。看过这部影片后，彭沟人马上就了解了鲁什在非洲的长远使命。身为一名吟游诗人，他已经变成了他们的历史、他们的传统的一部分。在彭沟的那一夜，放映所获得的回响是"超乎寻常的；令人感到何其自豪，像是一场心灵交融的盛会。继承了哥哥的遗缺的新村长也在场。在那一刻，我真的是格里奥尔之子"（Echard and Rouch 1988, interview 10）。

《彭沟的葬礼：老阿奈》（*Funérailles à Bongo: Le vieil Anai*）。让·鲁什，民族志影片委员会

格里奥尔的民族学世界

要了解让·鲁什的民族学，就必须多少知道一点他的教授兼指导老师，法国史上以人类学方面的论文赢得国家博士学位的第一人马塞尔·格里奥尔所提倡的民族学方法与取向（Echard and Rouch 1988, interview 6）。大多数出身北美洲的人类学家都对格里奥尔的作品和影响甚为陌生；他丰富的著作中只有一本被翻译成了英文：无与伦比的《与奥戈特梅利的对话》（*Conversations with Ogotemmêli*, 1965）。此书记述了一位睿智的多贡长老为格里奥尔开示明言（*la parole claire*）——解开深奥的多贡宇宙论的秘密锁钥。

身为达喀尔-吉布提考察（1931—1933年）主事者的格里奥尔，是一位勤奋的田野人类学家，他坚信人类学家的事业应该是长期献身于对同一个社会的研究。关于他的数据搜集与诠释的理念，可以从一本旨在整理其1956年英年早逝前在巴黎所教授的民族学课程的简短专著《民族学方法》（*Méthode de l'ethnographie*, 1957）之中清楚地看到。

《民族学方法》一书读来极像是一本田野工作手册。借由通篇枯燥的文字，格里奥尔描述了民族学家应当如何在田野中坚持下去。他也呼吁组成以他的达喀尔-吉布提考察团为效仿对象的跨学科研究团队。他写道：这些团队应该囊括民族音乐学、摄影、电影、语言学、地理学和历史学专家。依格里奥尔的看法，跨学科的田野研究团队可以确保更精确地记录异文化；它也给予我们多样的视角以观察异文化的复杂宇宙，这些多样的记录终将融汇为一套具有深度与广度的民族志。[1]

格里奥尔建议读者观察"人的事实"（human facts），同时提倡"密集的"和"广延的"两种研究——亦即主位/客位（-emic/-etic）之分的一种早期表达形式。格里奥尔认为：密集的研究意味着对同一个社会进行长期持续的研究；至于广延的研究，并非指将密集研究所获得的成果应用于广泛的社会理论，而是将那些成果以控制性比较的方式来加以运用，以启发对于同一个地理区域的文化模式的理解。例如格里奥尔所提出的假说：除非比较在七个村落分别举行的年度祭仪在象征上的差异，我们将无法了解多贡司归祭典的意涵。尽管格里奥尔从未目睹过司归祭典，迪耶泰朗与鲁什所摄制的司归祭典影片（见第十章）却凸显了他的先见之明。

密集的记录和长期的田野研究是格里奥尔的方法的招牌。对他而言，民族学丝毫不逊于一段漫长的学徒生涯，民族学者"若有必要的话，用十年工夫"搜集实物资料和基本的事实（Griaule 1957, 36）。格里奥尔写道，想要接近一个文化更为本体论的层次，要花很长时间。

尽管因为相信在殖民时代的土著希望欧洲人表现得像个欧洲人，格里奥尔不太能接受"参与观察"这个观念，但作为自己搜集资料的癖好的一部分，他还是提倡利用问卷和对事实进行直接观察。这个以我们的后殖民时代观点看来显得相当有害的观点，出现在讨论民族学者与报告人之间关系的一个相当长的段落中："对民族学者而言，报告人最重要的道德与智识品质是记忆力与诚实……最危险的报告人是那种健忘的或者会为避谈细节而撒谎的人,还有那种会提供一套表面上看起来诚恳、连贯但其实掩盖了这套制度最重要而根本的信息的那种人。"(Griaule 1957, 56)在此,格里奥尔不曾设想过为何一个报告人会被驱使去提出一套马克思可能会称为"在地化的拜物教"(localised fetishim)的东西。

格里奥尔也坚定地要求民族学研究必须达到在语言学、历史语言学和历史学方面的精确无误。在追忆弗朗兹·博厄斯的段落中,他不厌其烦地反复呼吁进行大规模的、跨学科的资料搜集工作并避免提出不成熟的诠释。

知道了他搜集资料的癖好,我们就不会对格里奥尔会在《民族学方法》一书中花整章篇幅讨论田野调查记录感到惊讶。他提议用博物馆学卡片(*fiches muséographiques*)、田野图绘(field drawing)、地图、田野照片,还有空照图及纪录片来记录民族志数据。照格里奥尔的说法,利用这些数据搜集技术可以建造一个民族志文献库,作为精确的描述与诠释的基础。

然而收集文献数据并不等于制造出一份民族志。格里奥尔告诉我们:想要长保批判的观点,就必须交互检证报告人的说法并确证收集到的实物。最重要的是,必须确定自己的诠释从确证不疑的资料中谨慎地推导而来。

在《民族学中的权力与对话:马塞尔·格里奥尔的入门礼》("Power and Dialogue in Ethnography: Marcel Griaule's Initiation", 1988)这篇论文中,詹姆斯·克利福德强调了《民族学方法》一书所描绘的方法论与理论的原则。按克利福德的说法,格里奥尔的世界观基本上是剧场式的;他将田野调查视为投入一场长程的戏剧,一如鲁什在彭沟的经验,他者引领民族学者"入门"(initiate),进入他们的社会生活与文化的奇幻世界。格里奥尔自己在多贡人之中的田野调查持续了三十年。在其中的早些个年头里,他依循着自己提倡的方针,尽可能多地收集了低层次的数据;他借着搜集工艺品、拍照片和拍摄纪录片记录异民族的点点滴滴。

格里奥尔的《在多贡之乡》(Au pays des Dogon,1932)和《黑面具之下》(Sous les masques noirs,1939)是他的记录性民族学观点的例证。这些在田野拍摄的第一代法语民族志影片,是格里奥尔以35毫米或16毫米的黑白胶卷拍成、长十五分钟长的纪录短片。成片之后,1938年在格里奥尔与几个朋友于人类博物馆(Musée de l'Homme)内所建的影片播映室内首映。虽然在文字作品中,格里奥尔说影片不过是搜集民族志资料的方法之一,他给纪录片放映所赋予的重要性却足以反映出他的民族学视野中一个较倾向于剧场的面向(见 Homiak, n. d.; MacDougall 1975)。

在格里奥尔式的民族学框架内,记录——无论以影片、照片还是抄写成的文件形式——只是研究的第一阶段。长期的田野调查要能产生深刻的知识(本体论的和形而上学的知识),还必须经历格里奥尔所谓"突破"(breakthrough),要想将记录异文化的外在努力转化为进入一套宇宙论的深奥秘旨的入门礼,突破是绝对必要的。对格里奥尔而言,这场变化就体现在奥戈特梅利所说的话里:饱学的多贡长老将格里奥尔从一个傲慢的资料搜集者,变成了一个对多贡人智慧的复杂深奥表示尊敬的、谦虚得多的学生。[2]

简言之,格里奥尔的民族学包含三个主要元素:长期的田野调查、对记录的癖好,以及入门礼——意味着与有智慧的老师的对话。正如克利福德所证明的(Clifford 1988):格里奥尔式的取向在很大程度上是法国对非洲殖民主义的政治暨社会推进力以及法国的文化革命——特别是超现实主义——两者的产物。在此,我想要加上另一个重要因素:多贡人本身造成的影响。同萨赫勒地区其他许多族群一样,多贡人的认知论建基在从知识到入门这样一个渐进的、累积性的发展观念上。除非心灵已经经过历练,人不可能获得大智慧,以及随之而来的权力与责任。

格里奥尔与鲁什

循着他自己的方法论观点,格里奥尔在他的大部分民族志里都填满了巨细靡遗的民族志细节:当地人关于神话及历史的说法、器物及其用途的一览表、村落和村落集团的地图,还有照片,包括研究地点的空照图和社会活动、器物及人的相片。例如在规模上几乎是博厄斯式的《多贡人的面具》(*Masques dogons*, 1938)一书中,格里奥尔所提供的民族志细节淹没了他少量的诠释。

格里奥尔的学生通常追随他在方法论上的教导。他们为搜寻民族志资料而跑遍了萨赫勒地区,然后将之忠实地再现于他们的出版物里。借由强调当地人对仪式象征、神话与宇宙论的阐释，他们努力设法限制他们自己的欧洲中心主义的诠释。

在他的田野调查与写作——也就是本书第一部的主题——中，让·鲁什是名副其实的"格里奥尔之子"。他关于尼日尔桑海人的文字作品极少具有文学性质——大部分是地方文献与当地人对历史事件、宇宙论、神灵附体和法术的解释，还有到加纳去的桑海移民的社会与宗教生活。他对资料所作的少量诠释，仅限于充当这些种类繁多的作品的导论与结论的一些简短段落。

在第一部中，我首先将探讨让·鲁什的民族学的认识论、政治与方法论基础。我的意图不只是要证明从格里奥尔到鲁什的传承关系，更要强调被他的崇拜者与批判者同时忽略了的一项事实：他对民族学这门学问的赤忱与贡献。为此，我较为详细地审视了他的文字作品，以此证明他在知识上的深度及他在民族志细微处的审慎关注。

第一章

鲁什的田野生涯

Zankey ga cehan; dortigiyan ga wani suuru.

小孩子熟悉急躁；老人熟悉耐性。

——桑海俗语

桑海吟游诗人说确定的路绝不会太长，因为循着这条路走的人知道耐性。让·鲁什的路曾经是漫长、曲折的，从法国、摩洛哥一路逶迤到尼日尔、塞内加尔和马里。在这条路上的每个阶段，鲁什都敞开心胸面对他的遭遇，让那些经验形成他据以应对世界的框架。

自早年起，让·鲁什的生涯便被科学与艺术的恰当结合、科技与想象的适切融汇所形塑。在我看来，这仿佛是阿波罗式的严谨与狄俄尼索斯式的激情这两者的一种尼采式的混合，为他的民族学，特别是他的电影，创造了一种无可混淆的魅力。在这一章，我追述鲁什在田野中的长期经验——他的耐性——如何让他融合观察与参与、科学与艺术而建构起一套发人深省的民族学作品集，挑战了我们关于非洲许多自以为是的预设。

鲁什的早年

成年以前的生活为鲁什后来的民族学写作和影片设定了轨迹。我们将会在下面看到，这些作品融合了具有艺术性结构的叙事以及具有科学性基础的民族志。[1] 鲁什的父亲是一位探险家，曾和让-巴普提斯特·沙尔科船长一同搭乘名为"为何不？"（*Pourquoi-Pas?*）的著名探险船航行到南极。老鲁什，一位海洋气象学家，为让立下了足堪效法的科学的模范。同时，他也对艺术与影剧产生了极深的兴趣。鲁什的母亲出身自一个画家和诗人家族，族中的艺术家曾在两次大战之间活跃于巴黎的艺坛。

鲁什于1917年5月31日生于巴黎，"迁徙"成为他童年的标志。在布列塔尼的港市布雷斯特，他随着任教于当地师范学院的父亲度过了他的童年。同时，他们一家也曾在巴黎、阿尔及利亚和德国间居徙不定。

1928年，由于老鲁什被授命为卡萨布兰卡的海事指挥官，鲁什一家迁到卡萨布兰卡落户。于是，小鲁什自十一岁起就置身于马格里布地区[2]。在摩洛哥，他发现了阿拉伯世界，借着与一位柏柏尔（Berber）小男孩的友谊，他有了与他者的第一次接触。鲁什经常跟着他朋友的父亲——一位律师——四处走动，拜访客户，他因此而得以造访了马拉喀什等地，见到了摩洛哥的乡下人。

直到六十年后，摩洛哥的回忆仍旧让鲁什低回不已，屡屡引他思及德拉克洛瓦的世界。鲁什在卡萨布兰卡学了许多东西，他的柏柏尔朋友教他骑马以及在卡萨布兰卡港里游泳等技能，这些他日后在尼日尔进行初期田野调查时都用到了。他也学到了友谊对人生的重要意义：友谊能够为人打开通向不可想象的世界的门户。友谊是鲁什关于参与式人类学的观念中的一项关键要素。

一如鲁什的自白，他的少年时代是"非常美好的"，也是他学习去过民族学者生活的学徒阶段的一部分（Echard and Rouch 1988, interview 1）。1930 年，鲁什的父亲被法国任命为巴尔干的海事指挥官，为他在摩洛哥的这段插曲画下了休止符。老鲁什希望儿子在巴黎攻读学士学位，于是，小鲁什迁往姨妈家卜居，并在圣路易学院（Lycée Saint-Louis）注了册。

在巴黎，鲁什对艺术的世界深深着迷。1930 年代初的巴黎是世界前卫艺术的中心，安德烈·布勒东于 1929 年出版了《超现实主义第二宣言》（*the Second Surrealism Manifesto*），路易·阿拉贡于 1930 年出版了《对绘画的挑战》（*Challenge to Painting*），蒙帕纳斯大道上充斥着观念、运动与论战，这于知识史上令人振奋的时刻在鲁什身上烙下了他此后终生不曾磨灭的印记。

由于他母系亲属的影响力,鲁什潜心于艺术,尤其是绘画与诗。鲁什的姨妈和他的母亲一样是画家,鲁什的表兄也是一位画家,而且站在巴黎的前卫阵营中最激进的前沿,鲁什通过他而邂逅了巴黎画家与诗人的世界。表兄领着他到蒙帕纳斯大道上的咖啡厅与画廊,年轻的鲁什在那里见到了萨尔瓦多·达利,也见到了自非洲来的雕塑。表兄还带他到卢浮宫看库尔贝和德拉克洛瓦的画作。而鲁什的叔父,一位足迹广远的化学家,则让他这位侄子被他在阿富汗所摄的众多照片所包围。这些照片、咖啡厅和绘画激励着鲁什去写诗、画画。

但鲁什的父亲确保了这个舞象之年的儿子不致怠忽了硬性科学的精微之处。十六岁那年,鲁什通过了学士学位考试。他与父亲讨论了他下一阶段的学业,双方都将目标放在大学校(*grandes écoles*)——法国名声最好的几所学校。

父亲的想法是:若鲁什能从一所大学校毕业,他就可以在二十岁以前确保不必再为未来的生计担忧,因为大学校的毕业生保证可以在法国的文官体系里爬到高位。身为科学家的老鲁什,希望他的儿子准备升学到巴黎综合理工学院攻读科学与工程学。身为艺术家的小鲁什,却希望准备升学到巴黎高等师范学院攻读艺术与哲学。

鲁什参加了竞争激烈的大学校入学考试,结果功败垂成,未能如愿进入高等师范学院。在综合技术学院方面,虽成绩不差,却仍未达录取标准。最后,他获准升学公共工程界的大学校——路桥大学，于 1937 年 11 月开始攻读工程学。

梦幻学院

鲁什称路桥大学为 l'école de l'imaginaire——梦幻学院。他，或者随便一个什么人，怎么可能称呼一个工程学院为梦幻学院呢？因为路桥大学对鲁什而言是个完美的选择。第一，这个学校的课开始得比其他大学院的课要晚，这点让他极为满意。第二，这个学校临近他最喜爱的花神咖啡馆，这点也让他极为高兴。最重要的是，路桥大学的教授强调鲁什素来信奉的观点：任何一座桥梁或一条道路的建筑都是一件艺术品。为基里科（Chirico）僵硬荒芜的意象和达利狂野的夸张所指引，鲁什糅合了他既有的艺术倾向与工程学研究所赋予他的科技性的严谨。他无法认同勒·柯布西耶的反人性的功能取向现代主义（functional modernism）。

1937 到 1938 年，正是巴黎的一段精彩时期。1937 年，超现实主义运动的叛将乔治·巴塔耶、米歇尔·莱里斯（Michel Leiris）和罗歇·凯卢瓦建立了社会学学院，厌倦了安德烈·布勒东的心理学主义（psychologism）的他们，设法将超现实主义与莱里斯所指称的"神圣社会学"（sacred sociology）牵连在一起（Richman 1990）。1938 年，巴黎举行了国际超现实主义展。同年，人类博物馆成立。

鲁什善用了这些知识上的机遇。有空闲时，他就到博物馆史上第一座设有影片播映室（马塞尔·格里奥尔与友人合力建设的影片播映室）的人类博物馆。鲁什写道："而当时的我，一个除了微分公式啥也不知道的年轻人，在特罗卡德罗（人类博物馆所在地）发现了其他不一样的公式，其中红、黑、白三个未知数在梦幻的空间中展现了其炫目而神秘的结构。"（Rouch 1978c, 4）当他在蒙帕纳斯大道上徘徊、在花神咖啡馆啜饮浓缩咖啡、在人类博物馆的展览中漫步之际，鲁什又发现了他在1930年代初首次在蒙帕纳斯大道上见到的非洲面具，而这些面具燃起了他的梦想。

尽管鲁什家曾担忧战争会在1938年夏天爆发，但希特勒兼并奥地利之举尚未摧毁脆弱的和平，鲁什因而得以继续他在路桥大学的学业，直到1938年秋——这一年成了他民族志电影生涯中一个重要的里程碑。从幼年时被父亲带着去看《横越黑非洲》和《蓝天使》起，电影就迷住了他。在青少年时期，鲁什一有空就跑去看电影，他看过，也喜欢上了马克斯兄弟和巴斯比·伯克利的电影。1938年，日后深深地影响了鲁什的电影手法的亨利·朗格卢瓦与美丽的玛丽·梅尔松（Mary Meerson）——一位流寓巴黎、号称"蒙帕纳斯女王"的俄国模特儿，联手建立了法国电影俱乐部（Cinémathèque Française）。基于人类博物馆馆长保罗·里韦（Paul Rivet）的建议，该俱乐部就在这新建的博物馆里活动。同年，里韦邀请罗伯特·弗拉哈迪到该博物馆播映他的两部电影《北方的纳努克》和《莫阿纳》（Moana）。鲁什参加了这场播映会，看到了引发他对人类学兴趣的平生第一部民族志影片。

在1939年夏天之前，鲁什成功地结束了在路桥大学三年学业中的两年，期待着能在 1940 年 6 月毕业后施展身手，建设他的艺术品——桥梁。可惜这一壮志终未实现。1939 年 9 月德国入侵波兰后，法国旋即对纳粹德国宣战，然而，法国的陆军无力抵御德国的闪电攻击。

> 然后就打仗了……在退缩避战的那些年里，我幻想我们会有个荒谬的机会安然度过这个精神错乱的时代。不料，在 1940 年 5 月这一个月之内，我们在过去二十年间所学的一切都被现实证明不过是一纸谎言：陆军、凡尔登、法国、荣誉、尊严、钱、教会、工作、社会、家庭、经济人（homo economicus）、性冲动（libido）、历史唯物主义，统统被"全世界阳光最灿烂的春天"的风刮得一干二净。而且，如同一个怪异的悖论一般，我们用炸毁法国最有名的桥来展开我们路桥大学的工程生涯，包括与让·德·拉·封丹同样闻名的蒂耶里堡桥和卢瓦尔河下游、由钢与水合成的布丽亚尔运河桥。（Rouch 1978c, 4）

1939 到 1940 年间，鲁什大部分的时间都花在与他路桥大学的同学让·索维一同骑着单车在法国西南部的乡间逡巡，四处炸毁桥梁——真可谓是名副其实的梦幻学院。彻底挣脱了一切束缚的鲁什，觉得自己好像在度假。在德军占领了法国后，他们要求鲁什重建那些他亲手炸毁的桥梁，他拒绝了。

1940 年春，鲁什收到了路桥大学校长的信，建议所有和鲁什同届的学生完成他们最后一学年的课业,所以,鲁什在秋季回到了沦陷后的巴黎以完成他的工程学课程。

1940 到 1941 年间,鲁什在沦陷后的巴黎度过了黑暗的一年。尽管为德军所占领,反抗的火星仍旧在这城市阴暗的角落里闪烁:"1940 到 1941 年间,在德军占领下空虚的巴黎,人类博物馆是通往世界其他地方唯一还开着的门。每周总有一两次,让·索维、皮埃尔·蓬蒂和我会离开圣父街的路桥大学,骑着自行车穿过死寂的巷弄去攀爬夏约山丘。"(Rouch 1978c, 4)人类博物馆里的电影俱乐部还在活动,电影和艺术自由的捍卫者亨利·朗格卢瓦放映了一系列为维希政府所禁的苏维埃电影。人类博物馆变成了法国反抗运动的中心之一,在博物馆影片播映室的银幕背后,有三个人印制了地下反抗运动的第一份新闻纸。

即使置身在沦陷之后的巴黎,路桥大学仍然是一个梦幻学院,因为它的校长允许学生自由选修,不管那些课程偏离该校的专业方向有多远。1940 到 1941 年间,鲁什选修了马塞尔·格里奥尔开设的关于埃塞俄比亚的课。

> 我根本没把这些枯燥的研讨课程听进去,只记得一些神秘的词汇:在秘鲁,"太阳是'双轮'(diabolo)所创造并更新的……""身体的装饰有三种:畸形(头、躯干、头盖骨)、疤痕(要拍好在黑皮肤上的疤痕,先在疤上点上一些小米粥)和截肢(例如截去手指)"。怎么解释那种沉迷——让我们能够在同一周里

一边被傅里叶级数的发展、内河航行问题或预灌水泥问题搞得焦头烂额，一边还揣想着那些怪异的观念的那种沉迷？无论如何，非理性的人文科学是我们工程学领域的理性之无可避免的对称物。（Rouch 1978c, 4）

同年，他邂逅了热尔梅娜·迪耶泰朗，借着幻灯片，她对鲁什展示了一片"失落的土地"——多贡人的邦贾加拉悬崖——的照片。

尽管巴黎反抗运动的火星在1940到1941年间的确闪烁了几次，整个城市还是悲伤阴郁的：鲁什感到需要换个环境。为何不回到他童年时代的海滨都市布雷斯特？于是，在1941年的复活节，鲁什、皮埃尔·蓬蒂和让·索维搭上了开往布雷斯特的火车，去寻找美丽的海滩和可口的海鲜。在布雷斯特，他们沿着海岸漫步，和渔人闲话。海鸥在头顶上聒噪，刚猛的海风刮着脸，他们深深地呼吸，品尝着海边的新鲜空气。这时，几个德军士兵打断了他们的享受，逮捕了他们。鲁什和他的两个朋友被带到当地军事指挥所接受审讯，审讯他们的一名德国军官怀疑他们是正在设法逃亡到英国的法国官员。此时，蓬蒂插话说他们是来布列塔尼游泳的："你不可能游泳到英格兰去，对吧？"

几名德军士兵押着这三个人回到旅馆，结果在他们的房间里发现：他们的行李只有三件泳裤和一点牙膏。德国军官于是释放了他们，并把他们送回巴黎。他告诫他们：以后他们若想要离开巴黎，必须先申请到德军的准许。

扫兴至极地回到巴黎后,他们决定离开法国。身为路桥大学的工程学毕业生,他们知道自己可以到法国的殖民地去为法国特拉佛公共工程公司工作——去建设而非去摧毁道路和桥梁。于是,工程师兼艺术家让·鲁什终于遇上了他的天命,1941年10月,年方廿四的梦幻学院毕业生自法国首途尼日尔,他不可能想到:这向尼日尔河的纵身一跃,终会把他冲到桑海宇宙。

鲁什在尼日尔,1941—1942年

1941年的尼亚美是个虽大但偏僻的城镇,没有一般殖民地首府所具备的各项设施——虽然有少许交通工具,却没有驱动它们的汽油。所以,熟悉两轮交通工具的鲁什便骑着单车活动。尼亚美四万多居民中的绝大多数居住在泥砖小室和茅草屋里,而法国人则建了殖民式的房子和办公室——粉刷成白色的水泥建筑、长方形的大窗户、铁质的百叶窗、回廊、露台,为了捕捉偶然降临的微风所想出的一切设计。但就算是最精巧的建筑设计,也无法纾解尼亚美铄石流金的酷热。

幸而,尽管有酷热和欠缺建材的烦恼,鲁什马上就感觉到公共工程公司同事们对他的欢迎之忱。和他自己一样,他们都是戴高乐主义者——在尼亚美的维希殖民政府的反叛者。他们在尼日尔的任务是建两条路:一条连接尼亚美和皋(Gao),另一条连接尼亚美和瓦加杜古。

鲁什的上司指派他参加"尼亚美—皋"路的工程队。由于

尼日尔严酷的气候条件——火焰般的热、令人窒息的尘土加上散播疟疾的蚊子，本已繁难的筑路工程更显得困难重重，更糟糕的是：鲁什的上司要求他不要用水泥、汽油、卡车、十字镐或桶来筑这条路——对一名梦幻学院的毕业生而言，真可谓是完美状况。殖民政府征召来的过剩劳动力，弥补了建筑设备和材料的短缺。劳工们惧怕强迫劳动小组的淫威，在蒂拉贝里，工人们称呼他们顶上的法国工头——一名怀抱种族主义的诺曼底人——为"卡马布"（*Kar ma bu*，意为：打到［他］死）。虽然其他工头比较有同情心，但鲁什还是觉得自己同胞们的种族主义甚为可厌。

少了必要的重装备，鲁什实在做不了多少事，于是他对自己辖下两万之众中的少数几个人产生了兴趣，特别是他和一位受过教育的尼日利亚籍领班工人达穆瑞·基卡交上了朋友，达穆瑞教鲁什如何在尼日尔河的湍流中游泳，如何驾着独木舟避开沙洲（Echard and Rouch 1988, interview 4）。

1942年7月，正当尼日尔的雨季，鲁什收到了一位任职于"尼亚美—瓦加杜古"路工程队的工头庞瑙夫（Pangnouf）所发来的一封让人莫测高深的电报，电报上说东勾（*Dongo*）在三十五公里路标处杀了十个工人。东勾是谁？他又为什么杀了十个工人？鲁什把尼日利亚籍工人们召集到他的办公室里开会，请他们给他个解释。席间大多数的回教徒都说这事不重要，他们说东勾是"雷之'魔'"（"devil" of thunder），而那些被害人的厄运则与伊斯兰教无关。然而，达穆瑞·基卡却发言说他的祖母卡力雅（Kalia）能摆平这件事。

在交易日时的阿约鲁港。让·鲁什,民族志影片委员会

鲁什和达穆瑞·基卡将工人们遭雷殛一事禀告给了卡力雅。身为尼亚美渔民首席女祭司(priestess)的卡力雅,旋即召集了由瓠鼓手、独弦琴师及灵媒组成的团队前往甘格尔,达穆瑞·基卡和鲁什随行。于是,卡力雅将鲁什引进了令人惊骇的桑海神灵附体的世界。

在甘格尔,鲁什生平第一次目睹了神灵附体仪典。他看见老卡力雅用泼洒鲜奶的方式给那十具尸首净身以备入土为安。随后,鲁什听到了神灵附体仪典的音乐:独弦琴裂耳的哀号配上瓠鼓毕毕剥剥的声响,鲁什这就目睹了桑海宗教几套较重要的仪典之一——东勾侯礼(*Dongo hori*),他碰巧撞见了神灵附体——桑海人社会文化生活中的一个核心元素。

很快，被控行凶的东勾咆哮着降到了他的灵媒——裹着靛青色土棉布的一个虚弱的老妇身上。

"你为什么杀了这些人？"卡力雅问那魔神。

"这些人开垦了我的地。"东勾挑衅地说。

为证明他的不悦，凶暴的东勾拿走了十条人命。

这场仪式不但吓到了也吸引了鲁什——恐怖源于它的超现世性（otherworldliness）、赫然暴露的尸首、令人毛骨悚然的乐音及神灵附体时的肢体暴力；魅力则衍生自它戏剧性的召唤。对鲁什而言，进入神灵附体的情境就是跨过门槛，进入一个不可思议的神技异能的世界。这场仪典让他想起了安德烈·布勒东和保尔·艾吕雅的超现实主义诗作——两人的诗作都产生于他们称之为"自动写作"（automatic writing）的一种癫狂状态。被引进桑海神灵附体仪典，是给出身自梦幻学院的他的一份合适的毕业礼物；鲁什进入了一个真正的超现实世界。受到东勾威武的现身所启发，鲁什开始梦想拍电影。在当时，正如曾经给他灵感的超现实主义诗人与画家一样，鲁什可能已经了解到，"如曼·雷、布努埃尔与达利或德斯诺斯的电影所显示的那样，电影是糅合语音和视觉拼贴的最理想媒介"（见 Lippard 1970; Kuenzli 1987）——电影是捕捉他所经历的梦境的最佳方法。

而且，由于卡力雅又邀请鲁什参加其他仪典，这场梦得以持续。在如今已并入大尼亚美的渔村甘卡勒，一名渔夫于一场风暴中溺死在尼日尔河里。卡力雅要求鲁什见证一场神灵附体仪典。当生龙活虎的舞者踏起漫天沙雾蹭着神灵附体舞的坛场时，尖锐的乐音随之破空扬起。当东勾降到他的灵媒身上，卡力雅要求他和他的"母亲"哈拉寇依·迪寇（Harakoy Dikko，尼日尔河女神）给这场悲剧一个说法。借着达穆瑞·基卡之助，鲁什抄下了卡力雅在这场仪典中诵念的文本，在获得卡力雅的允许后，鲁什拍了照片。

几天后，鲁什将他的笔记寄给在巴黎的马塞尔·格里奥尔。鲁什的资料引起了格里奥尔的兴趣，回信勉励之余，他还寄给鲁什一份民族学问卷，建议他尽可能多搜集文本和仪式用具，于是，被人类学的魔箭给刺中了的鲁什便开始了他的研究。刚开始时他什么都不懂（Echard and Rouch 1988, interview 4），到尼日尔时，他身上只带了两本书：一本是莱里斯的《非洲幻影》（*Afrique fantôme*），其中大部分在描写埃塞俄比亚的扎尔（zar）神灵附体仪式；另一本是黑格尔的《知识现象学》[3]，其中大部分没解释任何东西。两本书都不能帮助他去理解桑海神灵附体仪典。

同时，鲁什的民族学研究沸腾了地方政治的茶壶。鲁什的第一个顶头上司，一位戴高乐主义者，被一个维希派分子所瓜代，这个人曾经在戴高乐主义者的堡垒乍得遭到排挤，因此被准予调到在1942年时仍为维希派权威中心的尼日尔。鲁什马上就和这名新上司交恶，后者拒斥他对戴高乐主义者的同情和他与土著群众日渐增加的接触。1942年10月，鲁什的领队谴责他——这在当时是个很严重的判决，维希政府的官员经常处决遭谴的叛国贼或将他们放逐到毛里塔尼亚一处荒废的集中营——不过是一种较缓慢的死法。

尼日尔殖民地行政长官托比（Toby）决定将鲁什发配到达

喀尔,由当地的总督布瓦松(Boisson)决定他的生死。幸而,当时的法属黑色非洲研究中心(Institut Français d'Afrique Noire[IFAN])主理人泰奥多尔·莫诺介入,使鲁什免于被送往一所劳改营(Rouch 1990b)。莫诺曾风闻过鲁什的人类学研究,并鼓励他继续他的民族学探索。他安排鲁什到位于尤夫(Yoff)的达喀尔机场预期工程处工作。

莫诺还给了他一个"欢迎台",让他能整理尼日尔的资料。在他被羁留于达喀尔的期间,鲁什利用空闲时间在法属黑色非洲研究中心的图书馆里研读西非的民族志。在这几个月的研读中,他发现历来针对非洲的神灵附体仪典的研究,就算是有的话,也如凤毛麟角一般。他读了当地殖民官员特别是曾经担任蒂拉贝里提督的勒卡(Léca)的报告,[4] 他也研究了德皮·亚库巴(Depuis Yacouba 1911)关于马里的巴拉伊萨人(Bara Issa)的神灵附体仪典——勾(Gow)——的论述。1943年,鲁什在法属黑色非洲研究中心的一场研讨会上宣读了他的第一篇论文,这篇论文后来得以出版,名为《非洲笔记》(*Notes Africains*)。

1943年的达喀尔是个奇怪的十字路口。鲁什写道:"何其怪异的一个时代!海天交际的一线,让我们遗忘了昨日的耻辱和明日的恐惧;涛声阵阵的海滩,只不过是一个过渡的假期,在这期间——从新到的美国人的例子就可想见——非洲绝不可能丢掉它的殖民地的头盔,让她的发丝在被封锁在钢盔里之前,先在贸易风里短暂地散放。"(Rouch 1990b)在达喀尔,鲁什第一次遇见了保罗·里韦,当时里韦正在从他流亡寄寓之处的中美洲往自由法国临时政府(the Provisional Free French

Government）的中心阿尔及尔的路上。里韦有许多关于拉丁美洲、他在厄瓜多尔建立的黄金博物馆以及南美洲的大江大河边印第安人的故事可说；鲁什则谈说尼日尔、神灵附体仪典，还有他那获得了里韦鼓励的梦想——驾着独木舟顺尼日尔河而下。结果，他们约定于大战结束后在人类博物馆再聚（Rouch 1990b, 1）。

大战的最后几年

1943年年初，鲁什被征召进自由法国军（Free French Army）的工兵营，归属于第一装甲师管辖。他的单位向北穿过毛里塔尼亚和摩洛哥（利奥泰港或盖尼特拉）抵达该营的出发港奥兰，然后向里维埃拉进发。鲁什所在的师里有科西嘉人、柏柏尔人、"黑脚"（pieds noirs），以及穿过西班牙、跨过地中海来参加自由法国军的法国年轻人。他们乘船渡过地中海到了马赛。在马赛，他所在的工兵营执行了第一项战斗任务——清除马赛的卡特兰海滩的地雷（Rouch 1990b, 6）。之后，他们坐火车从马赛到里昂，最后到达了他们在阿尔萨斯的目的地。在那里，鲁什的工作就是不停地布雷和炸桥。

1944年12月，正等待着盟军的攻势解放阿尔萨斯残余的沦陷区的鲁什回到了解放后的巴黎。当他还在西非时，维希政府任命格里奥尔为索邦大学的教授，此事激怒了他在人类博物馆那些志在反抗的同仁。于是，流亡归来的保罗·里韦立刻将曾经是黑色非洲部核心人物的格里奥尔赶出了人类博物馆。

虽然如此，鲁什还是决定继续跟着格里奥尔做研究。他喜欢格里奥尔令人喷饭的幽默感、对谐趣的热爱和他对多贡文化的执着,有空暇时,他就去听格里奥尔在地理学研究所的课。1945年6月,鲁什获得了人类学修业及格证。1945年10月,他辞卸军职,回到巴黎去完成他的人类学硕士学位。随后,他又获得了心理学、社会学及艺术史的及格证。在1945年11月到1946年2月间,他一共获得了六个科目的及格证明。

鲁什觉得1945到1946年间的巴黎是个新且怪的城市。在音乐方面,比波普取代了两次大战中间的年代所流行的爵士乐;在文学和哲学方面,存在主义压倒了已过时的超现实主义;安德烈·布勒东未从流亡之地美国返法,德国人则已处决了鲁什所有住在圣日耳曼德佩修道院附近的犹太人朋友。

为这个世界的失序无度所异化的鲁什,和他的朋友索维与蓬蒂一起打算花至少一年的时间沉浸在远离政治的欢乐中。他们决定实施驾独木舟从尼日尔河的源头顺流而下直抵河口三角洲的计划。他们已经在军队里获得了一年的假,但还需要另外开源来补贴他们微薄的假期薪饷。在花了几个月钻研哲学与文学之后,他们一起以"让·皮尔让"(Jean Pierjean)的笔名跃入了新闻报道的世界。身为存在主义的探索者,他们在法国游历并投稿给多家报纸——包括著名的《世界报》,通常是由索维构思主题,鲁什写稿,蓬蒂用他优美的书法重新誊录。他们"边荒漫步"式的故事获得了成功,一个电报电讯事业集团法国新闻社雇用了他们。在短时间内,他们就达到了目标:他们可以自由地去完成他们想做的事了。

尼日尔河的航行，1946—1947 年

1946 年，鲁什收到了达穆瑞·基卡询问他何时返回尼日尔的来信，同时，马塞尔·格里奥尔也同意指导鲁什以桑海宗教为题的博士论文，而索维则准备写一篇关于经济变迁和发展的论文，于是，"让·皮尔让"漂流尼日尔河的壮举已经是如箭在弦。在巴黎的跳蚤市场上买了一台二手的 16 毫米贝尔豪威（Bell and Howell）牌的摄影机后，1946 年 7 月，这三名志在探险的记者飞到了尼亚美，展开了大部分是由"让·皮尔让"的新闻摄影所得来支付的"尼日尔计划"（Project Niger）。

在抵达尼日尔不久之后，鲁什、蓬蒂和索维就离开尼亚美到阿约鲁——邻近马里-尼日尔的边界、拥抱着尼日尔河东岸的一个村子——过了一个月。在阿约鲁附近的尼日尔河通常是宽阔且湍急的，但在 7 月却萎缩成交织如网的细流。鲁什在当地有认识的人，而且，那里也是能让他们强健体魄以备迎接艰苦旅程的理想地点，此外，他们也需要住在一个便宜的地方以等待更多的财务支持。

在阿约鲁，他们收到了泰奥多尔·莫诺的音信，表示愿意资助他们从尼亚美到巴马科的旅费，当然，他们欢天喜地地接受了这项资助。后来，在巴马科，他们又遇上了格里奥尔，他正准备与索龙·德·加奈（Solonge de Ganay）、他的女儿热纳维耶芙（Geneviève）和热尔梅娜·迪耶泰朗一同回到多贡人的领土。这趟旅行是他自开战以来的第一次田野工作，其结果就是他那开启新纪元的巨著《与奥戈特梅利的对话》（1965）。鲁

什、蓬蒂和索维保证会在三个月内前去邦贾加拉悬崖拜访他们一行。

就这样,在苏格兰探险家蒙戈·帕克展开他那迍邅多舛的尼日尔河漂流探险壮举后的一百五十年左右,鲁什、索维和蓬蒂首途尼日尔河的发源地。他们乘卡车到了前往几内亚的路上的最后一个村落,然后与几名脚夫、一位翻译和一位厨子下车继续步行(Rouch 1954a, 6-7)。那时正是 8 月,雨季的高峰,这意味着山洪淹没了低地,肥硕了蒿草,加深了泥沼,更增添了地狱般的湿气。

尽管地图是错误的,他们最终还是碰巧撞见了尼日尔河的源头。在一块为树丛所掩蔽的潮湿、单调的低洼地,他们碰见了一个泄出一湾小溪的池塘,他们的导游叟洛宣称这个池塘就是尼日尔河的源头。有感于这一刻,鲁什写道:

> 就在我们驻足处,诞生了这条泱泱巨流。它将方方正正地转个身流入大海,但在[对我们来说]近处的这一段,它不遗余力地朝着北方推送它年轻的劲气,抛弃了丛林和莽原,冒着葬身在撒哈拉沙漠的风险,直到它同意屈身向南,经一个广于三百三十公里宽的三角洲而倾泻注入贝宁湾:从我们的足下缓缓地漫溢而出的,是四千二百公里长的滔滔江水。(Rouch 1954a, 7)

他们一边用开山刀清除着荆棘般的灌木丛,一边循着涓涓细流步行,直到抵达林克马(Linkema),不料,当地并无独木舟可买。厌倦了在上游那段冒榛莽、辟草莱地步行的做法,梦幻学院——路桥大学——出身的富于创意的工程师们竟用他们采集来的材料造了一只木排。脚夫们拒绝乘坐他们的克难木排下尼日尔河,他们扛着那三人的行李沿河道边的山路走。

强劲的水流挟着他们快速地北去,但水位很高,棘刺的树枝不停地刮着他们的手臂、脸和腿,同时兵蚁也不断地啃咬他们,"那真是地狱"(Echard and Rouch 1988, interview 5)。

在上尼日尔河诸多不知名的支流里走了三个星期、一百五十公里后,他们抵达法拉纳,在那里雇了一位尼日尔河的领航人穆萨引导他们穿过这条河变幻莫测的一段河道,又买了一艘独木舟,造了一条筏子。他们继续向北推进,穿过不见载于图籍的河段,抵达库鲁萨,向当地的法国行政官员打了招呼。至此,他们已经熟悉了上尼日尔河,自信满满的他们于是又买了第二艘独木舟,继续朝向东北的巴马科驶去。

将上尼日尔河抛在脑后,他们不再关注这条河的地理学。当他们航行过曼丁邦时,鲁什研究了一种渔民的崇拜活动,索维则研究了当地的市场。他们记笔记、拍照片,并在独木舟上冲洗相片。到达巴马科以后,他们卖掉了筏子,并在法国联合会(Alliance Française)发表了一场演说,借以赚得了一笔亟需的酬劳。因为打算在莫普提买一艘较好的独木舟,他们租了一艘独木舟从巴马科到莫普提。在班巴拉地区的首府塞古,他们的一个船夫偷走了他们全部的钱。

对资源丰富的"让·皮尔让"而言,失窃只能算一个小麻烦。他们住在船上,直到彻底一文不名地划进莫普提。在尼日尔河的重要渔业中心莫普提,他们打电报给法新社,结果该社慷慨地汇给他们算是极大的一笔钱。他们买了一艘大型的"擅跑河道"(riverworthy)的独木舟并加以修整,以备下水的航程。

在返回河上的行程前,他们先从莫普提前去走访了在多贡山区的马塞尔·格里奥尔及其同伴。邦贾加拉嶙峋的怪石和壁立的山崖迷住了鲁什,他走进了一个嵌在耸立的砂岩峭壁上的孔隙和皱褶内的村落所构成的世界。在村落上方,鲁什、索维和蓬蒂探索了通往多贡人墓穴的甬道。"就这么一下,我就又发现了少年时的乡愁——达利无机的荒野、基里科的透视与冷硬的光影、老特罗卡德罗的气味"(Rouch 1978c, 10)。被这牛头人身怪(Minotaur)之乡震慑了的鲁什,发誓日后必将回到这多贡人的天地。结果,在1951年,他实现了这个誓言。

他们与格里奥尔相聚了一天,还写了一篇文章《在崖壁间的格里奥尔》("Griaule among the Cliffs")。回到莫普提,他们配备好了独木舟,然后向北与东航去。穿过了实可称为内陆海洋的代博湖,他们缓缓地朝向东北的廷巴克图前进,告别了索维的曼丁世界及其宗族社会,进入了鲁什的桑海世界及其神灵附体仪典。

廷巴克图令人失望,空荡荡的街道和颓败的建筑,象征着一个已死的传统,一个"失落在[撒哈拉的]沙中"的城镇(Echard and Rouch 1988, interview 5)。河流载着他们继续东行。到了邦巴(Bamba),鲁什在当地收集了关于法兰·马卡·波特(Faran Maka Bote)——索尔寇家族的祖先,也就是老卡力雅和达穆瑞·基卡的祖先——的典故。终于，他们抵达了桑海帝国以前的首都皋。长了一个严重脓疮的蓬蒂脱队返回巴黎，鲁什则收集到了更多关于索尔寇家族征伐的史料，这些资料后来刊行在他的《桑海人历史研究》（1953）之中。

离开阿约鲁六个月之后，鲁什和索维又再次定泊在它的岸边。当地的大酋长亚库巴告诉他们在费尔岗（Firgoun）的索尔寇人将要开展一次猎河马行动，他们要鲁什来录像。

这可是个大好机会。但要拍这个影片，鲁什必须得到在尼亚美的区域环境官的许可。于是，他们构思自己的猎捕行动计划，鲁什和索维则航行到下游的尼亚美去做必要的安排，然后坐卡车回到阿约鲁。鲁什在公共工程公司的朋友建议他先向地方行政长官托比打个礼貌性的招呼，而此君正是曾在1942年把鲁什逐出维希派治下的尼日尔的那个人，正如鲁什在当时所说的："同一个人，不同的制服。"（Echard and Rouch 1988, interview 5）在会面时，托比表现出满腔的温情与感谢——因为鲁什没出席战后的一场平反赔偿审判作证指控他。

拿到了许可，他们乘车跑了两百公里路回到阿约鲁。鲁什不会录像，还笨手笨脚地弄坏了录像机的三脚架。由于这场意外之灾，他被迫要扛着录像机去拍摄那最后变成了他第一部电影的素材。这就是真实电影的最初版本，鲁什的"为何不"方法的一部分。[5]

后来，鲁什和索维又回到尼亚美去参加达穆瑞·基卡的第二次婚礼；他的第一任妻子不幸于生产时死亡。达穆瑞是如此高兴见到他们，以至于坚持要和他的新娘一起与这两位法国朋友一同泛舟尼日尔河，搞一趟尼日尔河蜜月之旅。于是，达穆瑞与新妇陪同鲁什和索维到了卡勒卡普图（Kare Kaptu）——尼日尔河流域的索尔寇家族的始祖及第一位附身祭司法兰·马卡·波特的诞生地。鲁什接受了达穆瑞·基卡的建言，雇了一位正在尼日利亚找工作的福朗（Fulan）年轻人朗·伊卜拉辛（Lam Ibrahim），鲁什就此遇上了与他有毕生友谊的三名尼日利亚人中的第二位。

时光流逝。河水载着独木舟上的一伙人南下，渐渐靠近那著名的波飒（Boussa）急湍。当逼近那急湍时，他们又想起了葬身于这白花花的急流中的蒙戈·帕克。自他死后，人们传说波飒总有阴魂不散。关于这急湍的田野报告警告过往行人极度小心；就算是最轻微的错误也会导致灭顶之灾。在波飒附近有两段最主要的急湍，而以接近奥鲁（Aourou）的第二个尤为闻名，整条尼日尔河在此处被收束到宽度不过像圣米歇尔大道一样十米左右的隘口里，然后狼奔豕突地喷涌过长三百米左右的峡谷，水下还有暗礁，造成足以激起两三米高的浪头的乱流。

但鲁什这一帮人有备而来。他们把独木舟的位置调得完美无瑕而得以轻快地滑过第一段急湍，几乎毫发无伤。接着，为过奥鲁这一关，他们全神贯注，再次将独木舟的位置调到完美，接着，独木舟以四十公里的时速挤入急流，不过三十秒后，他们就已在激流之下了。通过波飒急湍终究还是造成了些许损失——当激浪掀翻独木舟的顶篷时，一并将索维的田野笔记卷走了。

到了波飒以南，尼日尔河便开始懒洋洋地流向大海，两岸的莽原也渐渐地为浓密的森林所取代。慢慢地，他们通过了三角洲地带。1947 年 3 月，他们的独木舟滑进了大海；在河上航行了九个月的他们，此刻已经筋疲力竭。

返回法国，1947—1948 年

鲁什和索维准备返回法国。他们没有负债；他们以探险故事为题所发表的诸多文章，为他们赚得了足以支付一切旅途上开销的笔润。他们在拉各斯安排将所有行李运回法国：仪式用具、装备和那艘独木舟。

当鲁什回到人类博物馆时，他发现那艘独木舟被锯成两截，放在博物馆的停车场里，其他所有的东西都被偷得一干二净——1947 年时的拉各斯和今日的拉各斯并无二致，都是窃贼的天堂。鲁什也发现了自己在摄影上的初试啼声之作实在令人失望，其中有几个拍代博湖的镜头拍得不错，但那些拍曼丁猎人的定格和连续镜头却根本没法凑出一部电影，只有拍费尔岗猎河马行动的连续镜头似乎还有点可能。

结果，鲁什制成了以猎河马行动为题、长三十分钟的默片。应安德烈·勒鲁瓦-古汉（André Leroi-Gourhan）之请，鲁什在人类博物馆放映了这部影片，观众包括勒鲁瓦-古汉本人、当时是该馆副馆长的克洛德·列维-斯特劳斯、马塞尔·格里奥尔、米歇尔·莱里斯和热尔梅娜·迪耶泰朗。他们都喜欢这部片子，莱里斯和雅克·多尼奥-瓦克罗兹（Jacques Doniol-Valcroze）更邀请鲁什到一家前卫俱乐部——东方（Orienté）——去放映这部片。东方俱乐部的钢琴师克劳德·阿齐（Claude Azi）建议鲁什去结识他父亲——一家制作法语新闻影片的公司的负责人，后来，老阿齐一看完这部影片，马上就说"这个行"（Echard and Rouch 1988, interview 6）。

鲁什、蓬蒂和索维和阿齐签了约——后者同意将16毫米的影片放大成35毫米、加上几个"资料镜头"（stock shot），再提供声音和片头。结果，这部影片变成了《黑法师的国度》（*Au pays des mages noirs*），于1947年面世。它是法国有史以来第一部以此种方式放大的电影，其最终产品与鲁什及其友人拍的原片其实有着相当大的差距，但这个结果未让鲁什感到不自在，因为它不只能引起人类学界同仁的共鸣，更能吸引广大的观众。鲁什从绘画与诗改行到公共工程，又从公共工程改行到人类学和军事，再从人类学与军事改行到电影。但是，诚如桑海吟游诗人所言，"确定的路绝不会太长"。

回到田野，1947—1948年

1947年，泰奥多尔·莫诺提名鲁什为法国国家科学研究中心（Centre National de Recherche Scientifique [CNRS]）——提供研究资金和薪饷给学者的一个法国政府机构——的研究员。由于莫诺的支持，法国国家科学研究中心接纳鲁什为最低阶的研究助理，而其委员会主席保罗·里韦则坚持给鲁什一个暂时性的职位；他必须在三年内完成他的论文。

鲁什回到尼日尔，与他的尼日利亚朋友达穆瑞·基卡和朗·伊卜拉辛一同花了七个月的时间做田野调查。他们骑着马从阿约鲁经过如今属于布基纳法索的多里和阿里宾达，到达马里的洪博里山区。他们也在尼日尔的泰拉地区盘桓了一些时日，在伟大的索汉祈法师的原乡旺泽贝停留了一个月。这七个月的旅程是一个"民族学实务"（practical ethnography）的实验室（Echard and Rouch 1988, interview 6）。鲁什没有计划，没有构想，没有问卷，没有特定目标，就如同尼日尔河泛舟之旅一样，他实践了他的"为何不"方法。他走进村子，听人们讲话，沿着这种兴之所至的游踪，鲁什采集了神话、抄录了许多历史文献、为库尔奇（Kourki）的史前雕刻拍了照。就这样，他为他那本百科全书式的论文《桑海人的宗教与法术》搜罗了大量的原始资料。

在1947年以前，鲁什拒绝对电影与民族志加以分别看待——这在今日的民族学影片的世界中仍是一个革命性的观念（见 Östör 1990；并参见 Rouch 1974 和 Ginsburg 1991）。他发现摄影机可以打开像笔记本一样多的民族学之门，一贯追随超现实主义的鲁什，发现电影不仅能捕捉到桑海神灵附体与法术这一混杂的真实（hybrid reality）的片段，也能够激发他对桑海世界的领悟。所以他把他那台贝尔豪威摄影机拴在马上，带着它走过一村又一村。无视恶劣的环境条件，鲁什在1947到1948年间拍了三部影片：《旺泽贝的法师》（见第五章）、《割礼》和《被附体者的舞蹈入门》。在田野中的这七个月，让鲁什相信了"参与式民族学"的功效。他在桑海疆域内留下了既远且广的足迹，他生活在他所探访的人群中，也证明了他对他们的敬意。他会骑马到一个村子，这样的作为，将他从一个观光客转变成一个游方客——对桑海人来说，这是一个重要的区别。鲁什已经跨过了他与桑海人之间诸多民族学的疆界中的第一个,也用散文和影片记录下了他的印象。

往返萨赫勒,1948—1952年

1948年秋季,鲁什在写论文以及剪辑他的三部影片。1949年,勒鲁瓦-古汉邀他在人类博物馆为非洲学会(Société des Africanistes)播放他的影片。格里奥尔不喜欢鲁什关于桑海神灵附体与法术的影片,但他却为那部关于洪博里割礼的短片(仅九分钟长)而兴奋不已。这次放映促使雅克·多尼奥-瓦克罗兹邀请鲁什参加让·科克托(Jean Cocteau)主办的前卫人士聚会——1949年的比亚里茨电影节(Biarritz Film Festival,又名被诅咒的电影节[Festival Maudit])。鲁什在场得到了让·科克托、亨利·朗格卢瓦和皮埃尔·布朗伯格的热情接待,在电影节上,鲁什放映了他的《被附体者的舞蹈入门》,影片博得了影展大奖。鲁什变成了法国前卫电影界的一分子;布朗贝热毛遂自荐,要制作他未来的影片。

在1951年年初,法国国家科学研究中心委员会开会认定鲁什未履行他的契约义务,因为自他初次获聘至今已满三年,而鲁什尚未完成他的论文,所以委员会决定免除他在法国国家科学研究中心的职务。值此困难关头,鲁什的忠实保护者泰奥多尔·莫诺伸出了援手,给予他一份来自法国非洲学院(Ecole Française de l'Afrique)的奖学金,这份奖学金虽然微薄,却足以让鲁什在写论文期间不愁没米下锅。

同样在 1951 年，格里奥尔向鲁什提了一个关于多贡人的拍摄计划，他要鲁什拍一部特别着重表现语音的影片。结果，鲁什与同为格里奥尔的学生的一位语言学家朋友罗杰·罗斯费德（Roger Rosfelder）拍摄了一部彩色片《崖壁中的墓园》（*Cimetière dans la falaise*），而且罗斯费德为这部片录制了原音。在 1952 到 1953 年间，鲁什和罗斯费德又制作了另外两部影片：一是《大河上的战斗》，即鲁什的第一部影片《黑法师的国度》的重制；二是《耶南地：求雨者》，关于桑海人在司密里为祈求神明降雨而举行的一场神灵附体仪典。罗斯费德和鲁什也在黄金海岸花了几个月的时间，安排将来要在当地的萨赫勒移民劳工之中进行的田野调查计划。

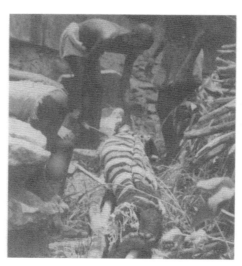

《崖壁中的墓园》。
让·鲁什，民族志影片委员会

鲁什回到法国拿到了他的博士学位,泰奥多尔·莫诺顺势要求法国国家科学研究中心委员会再度聘用他。在1953年,鲁什受聘为专责研究员,他获选参加了一个曾写作过人类学论文的法国学者小组,其中包括格里奥尔、勒鲁瓦-古汉、列维-斯特劳斯和迪耶泰朗。1953年,鲁什发表了他的桑海民族志的历史性研究——《桑海人历史研究》。1954年,他出版了民族志《桑海人》以及关于他尼日尔河漂流之旅的图文集《独木舟下的尼日尔河》。

稳住了在法国国家科学研究中心的职位以后,鲁什开始筹备他的下一项非洲任务。此时法国的人类学正在转变,最早一辈的法国人类学家都是从其他领域转行过来的。保罗·里韦以前是兽医;格里奥尔曾在巴黎的玛莱区卖过衣服、受训当过驾驶员,然后被文学所吸引。此外,我们可以从《忧郁的热带》中看到,列维-斯特劳斯最早是念哲学的,而莱里斯则是一位诗人兼作家,安德烈·舍夫纳(André Schaeffner)更替斯特拉文斯基的交响乐编过曲。然而,自1950年代早期起,法国国家科学研究中心便开始雇用科班出身的人类学家。一个时代就此过去,再也不会有一个从梦幻学院毕业的公共工程师逛进人类学领域这种事了。

参与式影剧

1954年,新婚不久的鲁什为了在阿约鲁放映《大河上的战斗》而专程赶赴尼日尔。借着在比利时发表一系列的"世界探索者"讲座，鲁什在一个月之内赚到了相当于他在法国国家科学研究中心一整年薪水的钱，于是，他买了一辆越野车，载着新娘雅内横渡沙漠。经历了一连串在撒哈拉沙漠的冒险之后，鲁什夫妇抵达了尼亚美，随即转往阿约鲁（Echard and Rouch 1988, interview 7）。他们等到夜幕降临，在一面泥砖墙上挂了块白布，就放起那部彩色电影来。刚开始，阿约鲁的民众将好奇心投注在那部放映机本身；但当画面一出现在那张临时银幕上，民众就了解了电影是怎么回事。他们很快地就认出了自己，而当看到自 1951 年影片拍竣后去世的人的"鬼影"时，他们更哭喊起来——因为，这就好像死者已逝的灵魂（桑海语称为 bia，重身）竟神奇地具现在他们的眼前。鲁什评论道："不到十分钟，他们就学会了电影的语言。"（Echard and Rouch 1988, interview 7）

有些观众要求鲁什一再地播放那部影片——当晚他一共放了五遍。将近午夜，民众开始评论鲁什的电影，那是桑海人第一次批评他的电影。他们说这部片不好；它应该要有更多的河马，少一点音乐。鲁什请他们给个解释，结论是：他为了增加狩猎的戏剧性而在片中添加了一首传统的狩猎曲调《勾威-勾威》（gowey-gowey），但民众告诉他猎河马一定要保持安静，噪音会把河马吓跑。

1947 到 1948 年间，鲁什生活在旺泽贝和洪博里的桑海人中间，聆听他们过去的传说，观察他们现在的仪式，但他们不了解他的使命。在旺泽贝，地方民众视他为一个奇怪的、顽固不懈的白人，老是问些累人的问题，在笔记本上抄抄写写，肩上扛着一台摄影机绕着村子转来转去。1954年，观众中有一位桑海渔夫抓到了旺泽贝人没弄明白的一点——鲁什作品的紧要之处。他们也纠正了那部电影中的重大错误。当晚，鲁什和阿约鲁民众一同目睹了"参与式影剧"在非洲的诞生，而对鲁什来讲，民族志更变成了一种集体创作。他从《大河上的战斗》的原声带中删掉了音乐。

参与式影剧在那一夜的诞生带来了其他意料之外的结果。从阿约鲁以西八十公里左右的魏泽班古来的一位桑海猎人塔希鲁·寇洛碰巧也在观众群中，有感于这场影片放映，他邀请鲁什去拍一部人们用弓箭猎狮子的电影。就这样，鲁什说"一部片子创生了另一部片子（即《以弓猎狮》）"（Echard and Rouch 1988, interview 8）。当晚的放映还衍生出另一部片子，因为出现在《大河上的战斗》里的达穆瑞·基卡和伊洛·顾德利兹二人都是第一次"在银幕上"看到自己，结果，达穆瑞说"On va jouer"（"我们要演戏"），于是，在至今仍为阿约鲁港提供蔽荫的大法瑞树下，达穆瑞、伊洛和鲁什决定拍一部关于移民到黄金海岸的尼日尔年轻人的冒险经历的民族志式虚构影片——《美洲豹》（见第三章和第七章）。

移民研究

1953到1954年间，鲁什展开了对桑海移民的全面性深入研究。他发现了正处于变迁的阵痛中的黄金海岸：克瓦米·恩克鲁玛正在竞选；政治示威者在街头游行；而政治犯正在监狱中受难。关心因政治因素被囚禁者的状况的记者雅内·鲁什想亲眼观察阿克拉监狱，结果，鲁什夫妇意外发现狱中有许多尼日利亚人。于是，鲁什问典狱官能否让他放映《大河上的战斗》——能让他们忆起家乡、提振他们士气的一部电影，典狱官表示同意。鲁什遂在狱中放映了这部片子，结果，这部片子让尼日利亚籍囚犯感到充满了自豪。在他们当中有几名豪卡灵媒——气力之神，或殖民主义之神的灵媒，他们告诉鲁什：放这部片给我们的兄弟姊妹看！放给豪卡看！

于是鲁什到黄金海岸去研究豪卡。他想要了解：那里的生活是如何改变了桑海会附体降灵的众神"家族"？他们是否仍像猛犬一样地口吐白沫、吞食有毒的植物？有没有新的神祇出现？为此，鲁什来到豪卡的"麦加"来寻找答案。

鲁什在一百多名的豪卡灵媒面前放映了《大河上的战斗》。在影片结尾处的几个豪卡的镜头促使他们恳请他们的大法师蒙凯巴（Mounkaiba），使他终于同意邀请鲁什去拍摄黄金海岸豪卡的年度法会。当鲁什到蒙凯巴的家院时，他走进内堂的密室——豪卡的"麦加的克尔白"。参与式影剧就此生出了另一部影片：《疯癫大师》（见第八章）。

鲁什在黄金海岸待了将近一年的时间，他拍好了《疯癫大师》和《美洲豹》一片的四分之三。同时，他雇用了一个研究小组，借着一批问卷和一系列小组讨论，这个小组搜集了关于黄金海岸移民社群的社会结构、经济活动和宗教生活的资料。

英国的撒哈拉以南非洲技术合作委员会及撒哈拉以南非洲科学咨询委员会（此二单位联合缩写亦即后文简称为 CCTA/

《大河上的战斗》。
让·鲁什,民族志影片委员会

CSA)所给的一份丰厚的研究奖助金让鲁什得以将他的移民研究延伸到科特迪瓦,集中注意力于阿比让的移民劳工。运用类似于他在黄金海岸计划所采用的调查研究工具,他的研究小组搜集了移民社会学的各项资料。同时，他开始在尼日尔的亚塔卡拉拍摄《以弓猎狮》（见第六章）。同年，克瓦米·恩克鲁玛邀请鲁什参加加纳独立庆典，鲁什借此拍了纪录短片《婴儿加纳》（*Baby Ghana*）。当鲁什在加纳时，加纳电影单位（Ghanaian Film Unit）的负责人借给他一个音效工作室以录制《美洲豹》的旁白，于是，达穆瑞·基卡和朗·伊卜拉辛在看那长达三小时的素材时开始喋喋不休地讲话，就这么产生了——用鲁什的话说——"一篇精彩至极的评论"（Echard and Rouch 1988, interview 8）。

当鲁什在阿比让的一位研究助理奥马鲁·冈达首次看到《美洲豹》的素材时，他请求鲁什拍摄一部以他这样一个实实在在地经历过移民生活的人为背景的电影。他们谈出了这样一个暂定的标题《特雷什维尔的邹邹人》（*Le Zouzouman de Treicheville*），后来，这个构想终于变成了一部民族志式虚构电影《我是一个黑人》。1958 年夏季，还在阿比让工作的鲁什又拍摄了《人类的金字塔》（*La pyramide humaine*），此片描写了在阿比让的一所中学里欧洲人和非洲人之间的紧张关系。

鲁什对西非移民的长期研究让他掉进了西非政治的竞技场里，增进了他对移民与土著群众间复杂关系的了解。鲁什这一阶段的民族学研究也创生了他最令人难忘的，也最具争议性的几部影片，以及他本人及一些其他作者关于西非移民与都市化的一系列专著。

参与式人类学

在西非移民的研究之后，鲁什随即开始继续他在尼日尔和马里的田野工作，只不过，此后他集中全力于民族志影片的摄制。自 1960 年起，他拍了几十部电影，但在文字作品方面，虽然他还继续在学术性期刊上发表文章并更新、扩增他之前出版的著作，但却不再有任何民族学专著问世。[6] 自 1960 年起，他在民族学方面的想法——关于桑海文化或其他文化——借由他的影片、几篇文章和一系列的访谈而间接表达出来。

从 1960 年起，让·鲁什一直是民族志影片的提倡者。他培训了几十位非洲的影片创作者，并且将他们的作品择优展示在联合国教育、科学及文化组织（后文简称"联合国教科文组织"）所出版的目录上，更借着他开在每周六早上的电影研讨课，继续启迪年轻的影片创作者。鲁什是法国电影资料馆（电影博物馆）的馆长，这个职务为他提供了绝佳的机会在"舞蹈电影/出神电影"（Ciné-Danse/Ciné-Transe）这样的活动之中去融合艺术与科学。在一篇文章中，德玻采克（DeBouzek 1989, 313）描述了这场活动的各项节目之一："或许最'超现实'的，就是'嵌入的舞蹈表演'（intervention chorégraphique）——在播放鲁什的《阳塔拉的祈雨舞》（*Yenendi de Yantalla*, 1969）片段的同时，一位活生生的舞者在银幕前表演。在场观众包括许多艺术家、电影创作者和人类学家，他们似乎毫无分别地热爱这一炫目的'奇景'。"

对于让鲁什创生出这些民族志作品与主要影片创作的田野调查，我们能说什么呢？打他在尼日尔和马里的田野经验一开始的时候，鲁什就了解到投身民族学和民族志影片——对他而言，这两者是相互穿透而非相互分离的领域——是一种极度取决于人的工作。尽管他的田野调查系本于科学的原则和学术上的问题，但它同样也必须建基在长期的友谊与相互尊重的原则上。借由沉浸在桑海的万事万物中，鲁什尊重"他的他者"，也赢得了他们的尊重。

鲁什的田野调查方法是潜藏的，它要求研究者积极地参与——而且花很长时间——到被研究的群众的生活里去。在1947到1948年在马背上的七个月田野调查期间，鲁什潜藏的取向推促了他，使他将电影创作的成果与他的研究对象一同分享。

让·鲁什的故事，是一位真正参与到他所描绘的民族的生活里的人类学家的故事。这意味着，就像一位吟游诗人，他在桑海人之中有敌人，也有朋友。鲁什涉入桑海社会生活之深——他的长久的友谊——在人类学界算是罕见的，而这也为他的毕生作品带来了罕见的叙事张力。鲁什的民族学延续了梦幻学院——路桥大学——的传统，将艺术与科学、真实与虚构融合为一。鲁什的民族学也延续了吟游诗人的传统，借着文字的表达与意象的创造让逝者重生。

第二章

祖先的世界

Boro kan dirgan bi, a si hunkuna guna.
一个忘了过去的人,绝对抓不住现在。

——桑海谚语

吟游诗人主要的工作是重述历史——颂赞过去的王国、过去的诸王和过去的战役的光荣。在桑海,吟游诗人在主要的穆斯林节庆中讲述历史,例如在斋月结束时、纪念易卜拉欣为服膺安拉的旨意而同意杀掉自己儿子的古尔邦节,以及先知穆罕默德的生日。在这几个节庆中,吟游诗人提醒桑海人记得他们光荣的过去、他们的勇气以及他们根深蒂固的文化。

正如历史是桑海吟游诗人的挚爱，它也是拍电影的吟游诗人——让·鲁什——的挚爱。正是一种对历史深刻的珍视，让鲁什拍出了像《以弓猎狮》《美洲豹》《旺泽贝的法师》以及以多贡人的司归祭典为题的系列影片那样值得纪念的电影。鲁什关于桑海神灵附体仪典的影片——他影片作品中的大部分——同样与桑海历史有联系，因为神灵附体仪典正是桑海历史经验的再造。在这一章，我将描述鲁什的民族学在历史方面的根基，因为若没有一点关于桑海人过去的知识，将无法完整地鉴赏鲁什的毕生作品。

在前一章，我为分析鲁什三部成文的民族志——《桑海人历史研究》《加纳的移民》及《桑海人的宗教与法术》——而摆设好了时空脉络。在接下来的这三章，我要比较详细地讨论这些作品，因为以下五个理由：第一，它们都以法文写成，且较难找到；第二，它们描写的祭典如今已不再举行；第三，它们提供了能够为鲁什一些较富争议性的电影标定时空脉络的材料；第四，它们能够证明鲁什确实是马塞尔·格里奥尔的衣钵传人；最后，这些作品揭示了鲁什的民族学知识的深度与广度。

桑海的过去

任何一位吟游诗人的表演都足以证明：对大部分桑海人来说，历史是活生生的真实。在《桑海人历史研究》中，鲁什完成了一幅背景与前景交融、过去与现在混合的历史壁画。对

正在拍摄历史的让·鲁什:《巴巴图的三个秘诀》。
让·鲁什,民族志影片委员会

桑海人而言，历史的的确确是一份活生生的传统：数世纪前发生的战役在当下仍具有重要性。在神灵附体仪典中，来自遥远过去的神祇回来启示他们的后裔。在仪典中，礼诵生唱着"旧话"，提示听众追忆桑海帝国光荣的过去。我所要说的鲁什故事的这个部分，主要是关于《桑海人历史研究》的一篇详细说明。这部作品是桑海研究专家不能不一再参考征引的经典，因为它包含着早已为现代桑海人所遗忘了的材料——关于过去的故事。

《桑海人历史研究》一书呈现出鲁什广泛运用在他其他民族志写作的一种体例：少量的人类学——亦即理论性的——诠释。《桑海人历史研究》自初开卷处起便清晰地显示出：鲁什无意用他所搜集的丰富史料来修饰他那个时代的社会理论或者阐扬某家某派的史学。本书的体例无疑深受格里奥尔式对记录（documentation）的重视所影响；同时也根植于吟游诗人"述而不作"（唱诵故事而避谈经典之外的诠释）的文化传统。此种观点的融合，证明了鲁什堪称一位十足的非洲史学研究者。

只消稍事浏览本书，就足以掌握到鲁什对于记录的癖好。鲁什的绪论仅有两页，交代本书潜在的主题：对桑海人而言，历史是活生生的、恒存于当下的传统。他没有回顾史学、宗教人类学或英国结构功能论者的文献，也没有引述他的老师马塞尔·格里奥尔的作品。这篇简短的绪论的目的，完全是在描绘他对于"与桑海宇宙论密切相关的桑海人的历史观念"的了解。

接在绪论之后的两章摆定了鲁什的研究框架。第一章是对气候与生态的简短描述。人们会预期一本传统的民族志包括这种介绍性的材料；的确，在鲁什的那本薄薄的《桑海人》中是有这样的一章。但为何要在一本史学性的作品中花几页篇幅讲生态？理由简明而扼要：气候与土地正是桑海历史的主角。尼日尔河，多石、干燥的地带与旱灾都在桑海的历史里扮演了要角。

第二章"前人"是关于桑海史前史的一篇简短的讨论。在1950年代，学界对于"过去的人类"所知甚少。鲁什在此未作任何诠释上的跳跃，而是列出许多能够为桑海史前史提供线索的在桑海领域内发现的考古基址：石碑、石雕、构筑工事遗迹、石穴、墓地、远古村落遗址、远古水利工程（贮水池）以及陶器标本。

鲁什承认过去的人类留下了大量物质性遗迹，只不过这些遗迹散落于各处。本着格里奥尔式的审慎，鲁什警告读者：在没有完成系统性的考古研究之前，我们无法对先民的生活作出科学的推估。然而，出于吟游诗人式的浪漫情怀，他又为远古的先民编织了一袭神话的披风，将他们称为 laabu koy——"大地的经营者"（proprietor of the earth），与如今被称为桑海邦域土地上的诸神奠定了联系的第一群人。先人们借由对土地之神的定期献祭，保持他们与超自然世界的沟通。这些仪式传统据说来自库尔梅人（Kurmey）——可能是如今住在布基纳法索说沃尔特语（Voltaic）的古尔马人（Gourmantché）和古伦巴人（Kurumba）的祖先，这两个民族的口述史传统显示：他们远古时代的先祖曾居住在今日的尼日尔境内。

在此之后，《桑海人历史研究》还有两卷："桑海帝国"与"侵略"。"桑海帝国"一卷的各章以具体的细节与精确的语言详细地描述了一个小国转变成一个强大、显要的中世纪西非帝国。

桑海人的起源被包围在神话之中，众多的史家各逞一家之言，而桑海吟游诗人则说该族群源起于马里（有些人说是曼德，有些人说是皋或也门。不过，鲁什显然较有兴趣的是关于"最早的民族"（the First Men）——留下了可用以分析重建过去的考古遗址的那群人——的传说。

从这些物质性残迹以及从重要桑海仪典（神灵附体与对土地神的献祭）所提供的象征文献里收集到的见解，鲁什的结论认为桑海人由四个群体的接触所逐渐塑成：都人（Do）、勾人、索尔寇人和可能是利比亚南部的嘎尔曼地斯（Gharmantes）迁移至此的柏柏尔人。都人是"水之主"（masters of the water），最早定居于尼日尔河岸边不同区域的族群。勾人是"榛莽之主"（masters of the bush），狩猎野生鸟兽的族群。索尔寇人是渔人，他们的神话祖先法兰·马卡·波特主宰着众河神，并且变成了第一位附身祭司。这几个群体的后裔如今都居住在尼日尔，其中少数人仍旧延续着祖先传下的远古风俗。虽然鲁什在描写这些族群时笔调不带感情，他们却在他关于桑海法术与神灵附体仪典的影片中活了起来。

鲁什花了相当的篇幅讨论索尔寇人的起源，他认为吸引了猎户、农夫、渔人，以至于铁匠和织工的寇祈亚（Koukya）市场，就是他们发展出来的，而早期的桑海人就从这诸多民族汇聚之处出现，是故，无疑为法兰·马卡·波特所属氏族的后裔的一位索尔寇人，当上了这个新族群的酋长。当然，索尔寇人在鲁什毕生事业中的角色极为突出，鲁什得以进入桑海神灵附体仪典的世界,仰赖的是索尔寇人卡力雅的引介,而其孙达穆瑞·基卡从更多方向引导鲁什,使他得以了解桑海宗教。此外,与索尔寇人如出一辙,鲁什自认为是一个"水之子",因为,说到底,他的父亲是一位驾着"为何不?"号航行的海洋气象学家。

话题回到桑海人的过去。索尔寇人在寇祈亚立定了脚跟,这样的社会情境为煞人(Za)的到来——可能发生在八世纪下半叶时——搭好了舞台。鲁什认为煞人是来自利比亚的黎波里地区、信奉基督教的连布塔柏柏尔人(Lempta Berbers)。在被寇祈亚的桑海人接纳后不久,煞人就变成了一个统治的氏族。在口述传说中从来未曾被提及的煞人,却获得了卡提(Kati)和艾撒迪(es-Saadi)等中世纪廷巴克图历史学者的大量描述。

煞人迅速地主动整合到当地社会里去,他们娶寇祈亚的女人,并快速地忘却基督教的风俗。除了几则语焉不详的神话和廷巴克图年表,我们对桑海人的这个早期阶段所知甚少,对于此一时期桑海人的社会、政治、宗教习俗更是所知寥寥。鲁什的假说是:在七到十二世纪间,煞人的政治压制迫使曾经是该地区主人翁的索尔寇人向西往尼日尔河的上游迁徙。暂且不论索尔寇人的迁徙,鲁什将寇祈亚描述为法术与战术——几世纪后桑海人对外扩张的基础——的中心。这便是在鲁什后来的文字及影像作品(《旺泽贝的法师》《美洲豹》《以弓猎狮》以及《昔日的鼓:图鲁与毕褆》)中扮演了主角的桑海宗教习俗的历史基础。

约莫在十一世纪前后,伊斯兰教传遍了苏丹。在摩洛哥的阿谟拉维兹（Almoravids）的唆使之下，数百名马拉玻特（marabout，穆斯林教师与传教士）在萨赫勒地区四处逡巡，寻找传教对象。同时，移徙的索尔寇人在690年前后建立的皋城变成了一个重要的商业中心。为了振兴商业，皋城的商人敦请煞·科索伊（Za Kosoy）在该地建都，于是他在1010年迁都于皋，从此，寇祈亚变成了一个宗教上的首都，煞人必须返回该地以法术强化自身及其政权的合法性。煞·科索伊迁都至皋之后不久，便被穆斯林教士劝服改宗伊斯兰教。令人惊讶的是：鲁什告诉我们，这次改宗从一开始就没能造成任何影响，煞·科索伊的继位者没有任何一人的名字带有伊斯兰教的特征。相反，他所有的继位者都是大法师；他们都知道那赋予他们单凭言语就能杀人的超自然力量的经帝子·吉纳（gind'ize gina），即"元始咒"（the first incantation）。

在煞·阿西拜（Za Assibai，字意为无知者）在位期间，桑海沦落为马里帝国的藩属，但鲁什认为：尽管马里对桑海的统治大体上延续了近百年（即十四世纪），但一直难称巩固。到了十五世纪，马里的权势与威望便趋于衰微。1431年，图亚瑞格人（Tuareg）寇掠了廷巴克图。然后，在1463年，松尼·阿里·伯成了桑海的领袖，日后他的军队建立了桑海帝国。

煞·阿西拜是最后一位冠上"煞"这个头衔的桑海统治者，他的两个儿子之一阿里·寇伦（Ali Kolen）被马里征召为军官，但他从军中潜逃，然后收齐了他藏在往皋城途中的武器，返回桑海的首都。他推翻了煞·巴达（Za Bada）而成为桑海酋长，并冠上头衔司（si）或松尼（sonni）。鲁什再度肯定了德拉佛塞（Delafosse）的学说，认为此事件并不意味一个新酋长国的诞生，只不过是将君主的尊号从"煞"改为"松尼"而已。（见Rouch 1953）

在十五世纪前半叶，桑海的声威和权势日增，而马里却渐趋凋零。依照塔利赫·艾苏当（Tarikh es-Soudan）的说法，松尼·苏莱曼·丹地（Sonni Souleyman Dandi）征服了在马西纳（尼日尔河的内陆三角洲）东北的梅玛村，从而灭亡了马里："桑海因松尼·阿里的大冒险而得以丰熟。"（es-Saadi 1900, 180, 181）

诚哉斯言。鲁什在写松尼·阿里时，显露出一位吟游诗人对这位先王毫不犹豫的尊崇。松尼·阿里是桑海帝国的开基祖、一位伟大的战士和一位更伟大的法师。他运用超自然的力量使他的部队无坚不摧，也运用这一力量合法化他的统治。松尼·阿里从父亲处习得经帝子·吉纳——主宰法术的秘语、开启煞的神力的灵钥，而从出身自法露族（Faru）的母亲（她可能来自尼日利亚的索科托附近）处，他习得了以木石塑成小人形的法术。他将这些东西运用在战争中，于是乎，艾撒迪写道："当松尼·阿里在桑海掌权时，他是苏丹人所听说过的法力最强的大法师。"（es-Saadi 1990, 181）

在他在位期间，松尼·阿里·贝尔不断地南征北战。他从图亚瑞格人手里夺取了廷巴克图，又与博尔古（在现今贝宁的北方）的巴里巴人（Bariba）打了一仗。他与莫西人（Mossi）、多贡人与古伦巴人交战，桑海人的征伐部队俘获了上千名战俘来充做桑海人的奴隶。阿里·贝尔还建立了一支水师，并建立了一套包括地域性的督抚和军事指挥官的政治结构。

鲁什描述了松尼·阿里·贝尔的军事战略与战术。他与山区民族及图亚瑞格人之间的战役让他得以掳获勇武的士卒，然后将他们纳入自己的军队。关于松尼·阿里的部队如何作战，鲁什所知较少，不过，据二十世纪的索汉祈说，松尼·阿里·贝尔发给他的将士一种使他们能够隐身、飞翔或者变化为蟒蛇的护身符。传说松尼·阿里·贝尔能将自己和他的神驹辛辛巴杜（Zinzinbadou）变为秃鹰，这些想象鲜明地反映在几位索汉祈所拥有的戒指的形制上：一个秃鹰人骑在一匹秃鹰马上。关于松尼·阿里·贝尔，有这样的说法：

> 司在夜间飞翔
> 司在雄鸡初啼之际飞翔
> 司夺走一切魂魄
> 司能在一个人的帽子与脑袋之间杀死他
> 司能在一个人的鞋子与脚之间杀死他
> 司能在一个人的衬衫与颈子之间杀死他。
>
> （es-Saadi 1990, 184）

正如他的前辈诸王一般，松尼·阿里·贝尔表面上是一位穆斯林、一名喀勒吉特（Kharedjite）派的信徒，但让廷巴克图的穆斯林经师（scribes）——桑海帝国最神圣兼"最有智慧"的人——气沮的是：松尼·阿里·贝尔拒绝避讳他的法力。于是，这些为鲁什和其他研究者提供了关于桑海帝国第一手历史记载的经师,对松尼·阿里采取了一种怀疑的观点。马赫慕德·卡提(Mahmoud Kati)认为这个喜欢用杵把虔诚的穆斯林的脑袋打成浆糊的酋长根本无异于异教徒(Kati 1911, 104)。

身为一名精明的政治人物,松尼·阿里·贝尔软禁了廷巴克图的经师。鲁什写道(Rouch 1953, 185):"于是,就算这位法师仇视伊斯兰教,他还是准备利用伊斯兰教所提供的机会。松尼·阿里甚为看重廷巴克图的圣徒们所掌握的科学,但这些人渐增的影响力似乎危及他的权威,于是他屠戮了这些敌人,仅留下少数能教他一些东西的人。"不管廷巴克图的史家给他描绘的负面形象,鲁什相信松尼·阿里·贝尔是桑海历史与桑海文化经验的最重要人物。依照鲁什的说法,阿里·贝尔就像一位真正的法师般,死于神奇的情境之中。据说他是在结束一场在东方的战役回师时,溺死在一场突如其来的大水之中。他的士兵们为他的尸首涂油后下葬,但是,鲁什说,没有人知道他的墓址。"我愿意相信松尼·阿里死得像是一位真正的法师,他的尸体消失在灌木丛中,但他的灵魂仍然存在,从他的儿子乃至代代子孙们的感恩祝祷而获得给养,并继续不断地指引着他们的事业"(Rouch 1953, 186)。传说松尼·阿里的头颅葬在桑海法力的中心,也是鲁什成就非凡的影片《旺泽贝的法师》(见第五章)的现场——旺泽贝。

鲁什写道(Rouch 1953, 186):"这就是松尼·阿里。他那可畏而且恼人的人格支配了桑海整个历史,在其中,他就是那既纯洁又残暴的英雄主角。在征服者、工程师、组织者兼大法师之间,司在位的二十七年代表了桑海文明短暂的巅峰。"或许就因为如此，桑海人将他神化为第一位法师与水部众神之父——煞·贝里·旺杜（za beri wandu），即"伟大而危险的煞"。

在1491年松尼·阿里·贝尔逝世后，桑海陷入了短暂的内战时期。松尼·阿里的儿子司·巴鲁（Si Baru）与松尼·阿里手下的一名将领穆罕默德·杜尔争夺大位。司·巴鲁扬弃伊斯兰教而死心塌地地拥抱他父亲的法术，穆罕默德·杜尔则拥抱伊斯兰教而变成了廷巴克图经师的捍卫者，于是，本来是一场权力斗争，很快地就变成了宗教主导权之战。在鲁什看来，桑海历史的转折点就是1493年4月12日的安法澳（Anfao）之战，伊斯兰军击败了"叛教的"司·巴鲁部队，结果司·巴鲁往南方败逃到蒂拉贝里群岛。鲁什写道（Rouch 1953, 187）："安法澳的'胜利'实际上是［桑海人的］第一场败仗，也是后续灾难的先兆。"

在该卷的第三章，鲁什描写了松尼·阿里·贝尔的继任者阿斯基亚治下的桑海帝国。在这一章以及《桑海人历史研究》余下的各章中，他深为仰赖桑海史学家马赫慕德·卡提（Tarikh al Fattach，又名塔利赫·阿尔法特）与阿布杜拉哈马尼·艾撒迪（Abdoulrahamane es-Saadi，又名塔利赫·艾苏当）所记载的文献。出身廷巴克图经师的卡提，是阿斯基亚王朝的第一手观察者，以阿斯基亚·穆罕默德手下的史官的身份，他跟随了阿斯基亚王朝首任君王光彩夺目的麦加朝圣之旅。一场从法师到君王的政治转型于焉展开。

从他在位伊始（1493年），阿斯基亚·穆罕默德就以高明的组织能力让他的追随者拜服。他在松尼·阿里奠下的基础上精益求精，建立了强大而有效率的政府结构，断然挑选他的兄弟和诸子担任政府要职。鲁什（Rouch 1953, 192）列举了阿斯基亚治下最重要的政府职位。

首先是地方长官：

库尔米纳·法利（Kourmina fari），库尔米纳的长官兼阿斯基亚朝中首席大员。

巴拉·考伊（Bara koy），巴拉省总督，又号曼撒（mansa）——马里王的头衔。是百官中唯一有权驳回诏命者。

丹地·法利（Dendi fari），丹地（即南方）省巡抚，职在向阿斯基亚进忠谏。

迪尔马·考伊（Dirma koy），迪尔马省总督。

班古·法尔马（Bangu farma），湖泊总理大臣。

洪博里·考伊（Hombori koy），洪博里省总督。

阿里宾达·法尔马（Aribinda farma），阿里宾达省——"农艺法术之师"古伦巴人的居住地——总理大臣。

其次是军方长官：

巴拉马（Balama），军机大臣，唯一得到御前赐座的大臣。

希·考伊（Hi koy），水师提督或舰队司令。

塔拉·法尔马（Tara farma），骠骑将军。

哈里·法尔马（Hari farma），商业航运总理大臣。

再次是内阁：

巴瑞·考伊（*Barey koy*），对外盟约仪礼大臣，下辖两名参赞。

卡立西·法尔马（*Kalisi farma*），财政大臣，下辖国有财产监督官、薪俸监督官及总采买官。

法理·蒙地欧（*Fari moundio*），农业大臣。

阿撒拉·蒙地（*Asala moundi*），司法大臣，佐以一名决审法官。

绍·法尔马（*Sao farma*），林业大臣。

侯·寇寇瑞·考伊（*Hou kokorey koy*），宫廷太监总管。

寇芮·法尔马（*Kore farma*），"白人"（图亚瑞格人和谟尔人［Moors］）事务大臣。

在巩固了他在本土的权威数年之后，阿斯基亚·穆罕默德便意图借由在 1497 至 1498 年间的一次麦加朝圣之旅来合法化他的统治。鲁什敏锐地指出，在卡提对此一历史性盛举的官方说法与关于阿斯基亚的朝圣之旅的口述传说两者之间存有诸多歧异。卡提将阿斯基亚描绘成一位谨严的穆斯林，到麦加去求取圣城的大谢里夫（Sharif，先知穆罕默德的后裔）的嘉勉，然后以苏丹的哈里发的身份回到皋城。但是，在旺泽贝的口述传说里，阿斯基亚是以一名桑海异教徒的身份到麦加去的（见 Rouch 1953, 194；并参阅本书第五章斯托勒对旺泽贝的卡赛的访谈记录）。照旺泽贝的卡赛的说法，他到麦加时，身上配满了铁器——"喝过"献祭的血、"吃过"用树皮和药草所研成的法力强大的粉末的铁环（1984年7月5日访谈记录）。

按照口述传说，"穆罕默德一开始应该是以司（Si：神灵，象征主宰权的徽记，貌似一种形制特殊的长矛）的法力来奠定其权威的基础的；但松尼的儿子们刨掉了他的法术（埋在一个岛上的七面鼓），逼得穆罕默德去另外寻求权威的基础，也就是靠上伊斯兰教"（Rouch 1953, 194）。鲁什认为阿斯基亚·穆罕默德朝圣之旅的口传版本比较接近十五世纪末的真实状况。

自麦加回国后，阿斯基亚·穆罕默德开展了一系列军事行动以扩张其帝国版图——为了宣扬伊斯兰教。1498到1499年，他发动了一场针对亚腾噶（Yatenga）的莫西（Mossi）异教徒的战争。1499到1500年，他攻击了在今日马里的马西纳以西的巴噶纳人（Bagana）。1501到1502年，他在马里的迪亚拉省作战，掳获战俘以充奴隶。1502到1504年，阿斯基亚在皋城的宫中蛰伏，然后在1505到1506年间，他发动了在如今贝宁之北的博尔古那场让他伤亡惨重的倒霉战役。1506和1507两年太平无事，但在接下来的1508年，阿斯基亚·穆罕默德又与马里的余党交战。1512到1513年，他与非穆斯林的福朗·腾贵拉（Fulan Tenguella）交兵。1513到1514年，又与豪萨人的卡齐纳（Katsina）国交战。此后，阿斯基亚·穆罕默德持续对阿加德兹、凯比（在今尼日利亚西北部）的反叛民众和巴噶纳（在马里境内）用兵。

1519这一年是阿斯基亚·穆罕默德衰落的开始。他的兄弟坎法里·欧马尔（Kanfari Omar）去世，而阿斯基亚·穆罕默德本人则双眼渐盲,他那据有农业大臣之位的儿子穆萨则开始密谋篡弑。终于,在1528年,穆萨杀了矢志效忠于阿斯基亚·穆罕默德的坎法里·雅亚(Kanfari Yaya),黜废了他的父王(Rouch 1953, 197)。

就像写松尼·阿里和煞族诸王的那几章一样,鲁什在这一章中评价了他的数据源,比对了伊斯兰版与口述传说版的阿斯基亚·穆罕默德(他在口述传说中被称为马马尔[Mamar])传记。照伊斯兰学者的说法,阿斯基亚·穆罕默德一朝的成就应完全归功于这个萨赫勒王朝在麦加获得的巴拉卡(baraka,神恩),但是口述传说却认为神奇的符咒在他的文治武功里扮演了决定性的角色,同时也是他在对凯比的战役中溃败的主要因素。事实上,鲁什根本就认为:阿斯基亚·穆罕默德对伊斯兰教的崇信,正标志着桑海帝国覆灭的开端。

最后,阿斯基亚·穆罕默德的儿子们彻底夺去了他的权力,将他放逐到一个充斥着蚊子和癞蛤蟆的荒岛上。

> 这个可怕的结局,迥异于松尼·阿里在其权势的顶峰上神秘地消失。在这悲惨的十年间,阿斯基亚·穆罕默德无疑会了解到:他的毕生功业不过是镜花水月。从一个以战无不胜的神王松尼·阿里为核心而复归一统的桑海国到一个由凭借着彻底晦暗的信仰来保证其不可议论的权威所僵固了的桑海国,伊斯兰教的使徒阿斯基亚·穆罕默德的确扩大了一个管理妥善的国家。然而,他的权威——基于无疑声名显赫,

但却无论如何是一个外来的而且影响力有限的宗教的权威——却欠缺形塑这样一个国家的力量。最初的几场战败,不过是[即将到来的]土崩瓦解的一个预兆。(Rouch 1953, 199)

鲁什以一段关于阿斯基亚帝国快速覆亡的简短回顾终结了这悲凉的一章。除了阿斯基亚·达乌德(Askia Daoud)在位期间(1549—1582年),桑海为一连串垂涎于帝位的疯子、蠢汉和残暴的独夫所统治,而桑海的朝廷上,则是一派充斥着嫉恨、恩怨、腐败与致命阴谋的气象。这种同室操戈的冲突大大地削弱了桑海国,使得摩洛哥人得以于1591年在通迪比一战击败桑海军,桑海帝国就此灭亡。

鲁什也尽了全力去描述在阿斯基亚帝国治下社会生活的性质:贵族与军人之间轻松和谐的关系,萨赫勒地方在经济上相对的富庶,某些买回了自由人身份的帝国奴隶所曾达到的高社会地位。他也提到了十七世纪从马里到尼日尔的泽尔马(Zerma)移民——基于历史文献里的断简残编以及口述史诗马里·贝罗(Mali Bero)的传统的一项历史重构。

最后,曼苏尔手下的安达卢西亚陆军司令乔德尔(Djouder)征服了桑海。然而,依鲁什看,阿斯基亚帝国不过是某种离经叛道:"远在乔德尔和他的安达卢西亚大军逼近尼日尔河岸以前,真正的桑海——古松尼的旧党,或者依旧忠于古老信仰崇拜而叛教的泽尔马人——已经退缩到了南方,后来也就是以这个团体为中心,才组织起了一场反抗运动。"(Rouch 1953, 209)

在《桑海人历史研究》的最后一卷，鲁什详细描述了摩洛哥人的入侵、通迪比战役（1591年）以及乔德尔与最后一位阿斯基亚之间的协议。桑海人的战败导致帝国被一分为二：乔德尔和他的摩洛哥部卒统治了北半部的皋城与廷巴克图；在南半部，也就是丹地，阿斯基亚王室仍旧保有其政权，阿斯基亚·努胡（Askia Nouhou）领导着一场反抗运动。独立的桑海国在1591年桑海的初次战败之后不久便与摩洛哥人再度开战，并且一直坚持到1598年。当皋城被"击碎"——与口述传统用以描述通迪比战役大败一事相同的词汇——后，邻近的各邦旋即宣布独立（1984年7月5日与旺泽贝的卡赛的访谈）。于是，马西纳的福朗人劫掠了乡野，而图亚瑞格人则寇掠了定着的村落，1591年，图亚瑞格人进攻廷巴克图，纵火焚毁了该城。这些攻击使摩洛哥人陷入了政治和军事上的困境——他们面临着全面烽起的反抗运动。然而，诸王子之间的阋墙之争却伤耗了南部桑海人的反抗力量。从1635年到1660年前后，一些王子从桑海国分离出去，另行建立了自己的国家。结果，至1660年时，南方诸王子已经将他们的国家分裂成了科科洛（Kokoro）、加鲁尔（Garuol）、阿约鲁、泰拉、达尔戈尔（Dargol）和纳马洛（Namaro）等一群小封邑。此外，在北方还有一个洪博里国，在南方还有一个洛拉密（Loulami）国（Rouch 1953, 213-20）。

自1660年以后，到法国人征服苏丹西部以前，与桑海直接相关的数据甚少。"据此，在十七世纪以后，真正的桑海不再以廷巴克图或皋城为中心，而是远在南方，接近安祖鲁

（Anzulu）、加鲁尔等地区，还有就是在为急湍环绕的河中岛上"（Rouch 1953, 224），很讽刺的是，这些地区正是桑海法术与神灵附体仪式的中心。

在十八与十九世纪间，福朗人和图亚瑞格人盘踞着桑海。福朗人在马里的马西纳所建的谢伊库阿马杜国（Sheiku Amadu）以及在尼日利亚北部建立的奥斯曼丹福迪奥（Ousmane dan Fodio），扩张了他们在桑海的权势与影响力，不过，比他们的军力更重要的，是他们将"异端"民众伊斯兰化的宣教行动。在福朗人所建的国家之前，萨赫勒地区的穆斯林大多居住在大城镇里，但在这些国家建立以后，伊斯兰教便在苏丹西部广远地传布开来。

福朗人在赛（Say）——在现今的尼亚美以南 45 公里，尼日尔河西岸处——所建的一个小国，更直接地威胁到弱小的桑海诸国，而图亚瑞格人从北方南下的侵略，则更进一步地恶化了桑海的政治处境。图亚瑞格人对大片本属于桑海和泽尔马人的土地宣示了宗主权。桑海诸国会每隔一段时间建立一个对抗图亚瑞格人的合纵之盟，而图亚瑞格人已与其他桑海封邑结成了连横之会，此外，赛城的福朗人则会与丹地联合对抗泰拉。依鲁什所说，这些聚散不定的联盟导致了"肠子般的连年征战"（guerres intestins），一直延续到最后一次的大入侵——1898 年法国人的入侵。这场入侵带来了殖民化，并终于在 1960 年结果为尼日尔国的诞生。

历史、人类学与桑海

有一种贯穿了整本《桑海人历史研究》的对峙张力：信奉伊斯兰教的与不信伊斯兰教的桑海人之间的冲突。鲁什为久远的、非穆斯林的桑海人的过去所进行的历史重构，深深仰赖廷巴克图的编年史家卡提与艾撒迪——两人都是虔诚的穆斯林，致力于让后世子孙留下对于桑海的某种特定的观感。鲁什细审了塔利赫·阿尔法特（卡提）与塔利赫·艾苏当（艾撒迪）的作品，试图从宗教偏见里还原出历史观察。这是项令人却步的困难工作，因为他必须仰赖欠缺确定性的口述传说去支持他在对桑海历史经验的看法上屡屡暴露的非穆斯林立场（见 Vansina 1985）。

尽管有这些历史学上的困难，鲁什还是一再指称穆斯林版的桑海史是有错误的。他宣称旺泽贝的口述传说为阿斯基亚·穆罕默德到麦加的朝圣之旅提供了一幅较好的写真，他也严厉批判穆斯林给松尼·阿里·贝尔描绘的形象，他认为松尼·阿里·贝尔是桑海历史与文化经验的核心人物。从《桑海人历史研究》的字里行间，我们可以得到这样一个印象：鲁什赞赏忠于桑海过去荣光的索汉祈和乩码的活动。对他而言，伊斯兰教是造成桑海瓦解的外来因素，说到底，萨赫勒地区的"伊斯兰教使徒"阿斯基亚·穆罕默德是被他自己的宗教狂热给打败的，终至沦落到盲了双眼，然后被他诡诈多端、渴望权力的儿子们放逐到一个蚊蚋丛生的小岛上。鲁什也写道，远在被摩洛哥人征服以前，真正的桑海——松尼·阿里·贝尔的后裔——以及保有古典宗教崇拜的泽尔马移民其实已经迁居到了南方。在鲁什心目中的桑海的框架里，阿斯基亚·穆罕默德及其后裔几不异于外来的窃据神器者；他们给桑海引进了一个异端的而且终究是具破坏性的宗教。

鲁什是一位民族史学家（ethnohistorian），他对桑海史的观点，无疑受到他在旺泽贝的索汉祈中间以及在司密里的泽尔马附身祭司中间的田野调查经验的影响。他对桑海的过去的观点其实是一位吟游诗人的观点，而这种观点浸透了他的电影。其他学者为桑海历史所描绘的图像却大相径庭。于尔瓦（Urvoy）和德拉佛塞几乎完全仰赖可从廷巴克图编年史中找到的原始资料，较晚近的史学著作，如卡巴（Kaba 1984）、亨威克（Hunwick 1985）、萨德（Saad 1983）与阿毕特玻尔（Abitbol 1977）等书也仰赖成文的史料——主要是廷巴克图编年史，在他们所必备的关于史料来源的讨论之中，这些史家清一色地鲜少顾及口述传统。

相对于关注桑海帝国时期的史学著作，出现了一些类似于鲁什、采取一个比较倾向人类学观点的桑海民族史学（ethnohistory）作品。亚当·科纳雷·巴（Adam Konaré Ba 1977）关于松尼·阿里·贝尔的研究审慎而明断地结合了史学家的成文记载与民族学家的口述传说，如此而塑成的专著，是给松尼·阿里·贝尔的一幅平衡、公正的画像，既刻画了他的行政与政治技巧，也描写了他本人的残酷。正如桑海吟游诗人所言，松尼·阿里·贝尔是一个强人、一个勇敢不屈的人的极致象征，这位强人赢得了同侪的崇敬。循着同样的思路，让-皮埃尔·奥利维尔·德萨尔丹（Jean-Pierre Olivier de Sardan）的史学研究深切仰重口述传说，他的一些作品——如《当我们的父亲是战俘时》（*Quand nos pères étaient captifs*）这个最显著的例子——可以名之为"来自社会下层"的历史，描写了桑海俘虏和其他边缘性社会团体的经验。他的目光主要是盯在十九世纪，因为鲜少有任何真正关于桑海人在这段时期的活动的成文记载（见 Olivier de Sardan 1976）。他也大量运用口头说法来为许多从历史记忆中导出的文化概念加上血肉，从而深入地铺陈出了十九世纪桑海-泽尔马社会的政治社会动态（见 Olivier de Sardan 1982, 1984）。

在桑海史领域，最晚近的研究计划当属托马斯·海尔的计划，他记录、誊清并翻译了阿斯基亚·穆罕默德的史诗。在海尔的《经师、吟游诗人与小说家：桑海帝国的记叙性诠释者》（*Scribe, Griot, and Novelist: Narrative Interpreters of the Songhay Empire*，1990）中，这阕史诗为一场关于桑海历史经验的诠释学式的分析提供了基础。这本书融汇了最高明的历史学功力与对一阕史诗文本一丝不苟的精读，结果形成了关于桑海帝国时期历史的一部具有极高文化敏锐度的作品。

从一个桑海人的观点看

在《桑海人历史研究》中，鲁什——尽可能地——从一个桑海人的观点来看桑海的社会与文化。对穆斯林来讲，桑海历史经验的主角无疑是那位将帝国朝廷从异教的中心转变成一个皈依安拉的中心的阿斯基亚·穆罕默德·杜尔。对许多桑海人来讲，阿斯基亚·穆罕默德仍旧是一位豪杰、一个在历史上具有毋庸置疑的重要性的人物、一个声名远播的人——甚至直到今日依然如此。然而，在鲁什看来，桑海历史经验的核心人物是松尼·阿里·贝尔。阿里·贝尔及其后裔是"真的"桑海人、"煞"与"松尼"仪式的传承者。正如他们著名的祖先一样，这些人有着能够扬弃死亡本身的无边法力，因为被虔谨供奉的松尼·阿里·贝尔的神灵仍然昭明，并指引着他们前行。

按照鲁什的观点，桑海人的历史是一系列制造了社会失衡——容许世界以其终极、稳定的秩序去安排自身的一种根本的不稳定性——的事件。在桑海，过往历经的生活不过是一场游戏：

> 伊里·考伊（*iri koy*）——"我们的主"——这位神祇，在他手下的诸多次级神明的辅佐之下，毫无慈悲地主导着这场游戏。不管是单纯的老百姓还是英雄豪杰，只要是人，其所作所为都必然源于他们对这些游戏规则的态度。有些人谨慎戒惧地避免去破坏秩序，其他一些人就不怕从事比较危险的行动。法师以一定的慎重态度，透过次级的中介来设法让它们变得比较有利 [有比较有利的倾向]。相反，法师却亲冒一切风险，虽明知后果如何，仍然大胆地挑激神祇本身。这就是他们的老祖宗——支配了整部桑海历史的松尼·阿里——的作风。（Rouch 1953, 245）

因此，在鲁什看来，桑海历史的要旨不在于导致阿斯基亚帝国建立的那一连串事件本身，也不是让松尼·阿里得以变成一个伟大君王的经济力。只消一览《桑海人历史研究》便可明了：就一个桑海人的观点来看，桑海历史的要旨是象征性的。历史为桑海人创造了一个象征性的根基、一个在横潮汹涌的世界中的锚。

归根结底，桑海历史并非活在某些尘封书卷的字里行间，而是活在经验里。它活在神灵附体仪典的表演艺术里，活在一阕仙法咒语的"旧话"里，活在召请神灵的香烟里。于是乎，桑海历史变成了"拍电影的吟游诗人"所拍摄的主要民族志影片的框架，在鲁什的电影中，桑海历史的氤氲，并没有被当代社会生活的科技性再现所驱散。

鲁什的历史研究最终引导他去研究迁居黄金海岸的桑海人移民。鲁什已经知道了在十九世纪中叶移民到黄金海岸的泽尔马-桑海佣兵——这些早期的军事移民，为以后的泽尔马人与桑海人开出了一条移民之路。在下一章，我将详细地描述鲁什针对移民劳工所做的一项具先驱性的社会学研究，亦即为《疯癫大师》和《美洲豹》这两部他最伟大的电影作品提供了民族学基础的一项研究。

第三章

到新世界的移民

Boro kon mana naaru, nga no mana laakal.
没出过远门的人绝不会有智慧。

——桑海俗语

自十九世纪起,城市的诱惑、战争与现金把年轻人从萨赫勒拉到了几内亚海滨,年轻人希望能以当移民劳工来发财。大量的外来劳工——有些是为了冒险,更多的则是迫于生计——充斥在熙来攘往的港口和拥挤繁华的都市。当鲁什对此产生兴趣时,加纳(当时称为黄金海岸)是一个热门的移民目的地;

一个世代之后，最热门的目的地转移到了多哥、科特迪瓦或尼日利亚——视当时的政治状况而定。必然是穷人的移民们，大多数早已预料到他们的旅程既不舒适，也不特别顺利。多数人带着少得可怜的包袱，坐卡车或莽原出租车（bush taxi）到达目的地。多数人知道边界检查哨的严格与规矩。"喂！走私的，你们带着武器吗？""让我看看你们的行李！""你们在这儿好好待着吧，所有的事儿都搞清楚了再走。要多久？我怎么知道，也许要等到……"直到穷苦的移民奉上了贿款为止。然而，只要到了洛美或阿比让，出租车还是会把他们送到穆斯林的聚居区，让他们先在当地寻找同乡。某些事情已经变了，但许多事情还是老样子。

以其既浪漫而又真实的气氛，出于两个理由，鲁什的目光在 1950 年代捕捉到了"那条路"。第一，他意识到这种移民有一种历史性的模式，一种他可以追溯到十九世纪中叶的模式。第二，他要去探访豪卡——在黄金海岸的桑海殖民势力之神——的麦加。1953 年，他在 CCTA/CSA 的部分资助下，展开了他第二阶段的田野调查（1953—1960 年）。这个财力丰厚的研究计划，产生了一个在加纳与科特迪瓦进行的广泛、跨学科的田野调查，也产生了鲁什 1956 年的《加纳的移民》以及由潘诺夫斯基（Panofsky 1958, 1960）、普洛泰洛（Prothero 1962）、贝尔努斯（Bernus 1960）和杜皮尔（Dupire 1960）等人所撰的一系列其他移民研究（另请参阅 Rouch 1960；Schildkrout 1978）。鲁什在加纳的先驱性研究为其他重要的西非移民研究奠定了框架（Painter 1988）。

鲁什进入加纳，目睹了两个世界的冲撞：一个是包含着其独特亲属风俗、法术与神灵附体仪典的"传统"非洲，一个是带着其社会错乱的气质与其工业化工厂的欧洲。加纳变迁的气候激发了鲁什去了解一个没有疆界的世界——一个事实与虚构、文本与故事、确定与不确定都已被泯没了的混沌不清的下层世界。在这一阶段的社会学研究之中，鲁什雕琢出了《美洲豹》和《疯癫大师》这两部他最著名的电影——两部直接逼视一个充斥着被欧洲的殖民控制所制造出的紧张冲突的世界之荒谬费解的电影。

不过，我们跑得太快了点。因为，要从吟游诗人的观点去了解这些大师级的影片作品，我们必须要回到起点，回到那拍电影的吟游诗人对西非移民的研究和写作。

一贯忠于他得自格里奥尔的真传，《加纳的移民》和《桑海人历史研究》一样，是本厚重但单调无趣的书。它表现了托马斯·佩因特（Thomas Painter 1988）所称的"有史以来对西非移民最大规模的研究"的成果。在鲁什及其伙伴所搜集的大量资料之外，鲁什的诠释——其中有些在最近遭到了批评——仅占极小的部分。《加纳的移民》读来较像是一位提供咨询的社会学家的"总结报告"，而非一位民族学家的专著。全书分为七章，分别探讨在加纳的移民的历史、地理、结构、经济、政治、社会组织及宗教等面向。这项研究之资料丰富的肥硕躯干，夹在一个两页长的前言、四页长的绪论和不过五页长的结论中间——和《桑海人历史研究》及《桑海人的宗教与法术》（本书第四章）一模一样的文本结构。

社会学方法

鲁什对黄金海岸的最初体验发生在1950到1951年间,当时他与罗杰·罗斯费德在该地盘桓了两个半月。一开始,鲁什想研究新的桑海神祇豪卡,但因为豪卡的灵媒大多数是移民,所以鲁什决定跟着他们到黄金海岸。不过,他的最初体验让他相信自己必须扩大研究范围。

1947到1948年,鲁什采用了一套相当无结构的方法。他与跟班达穆瑞·基卡和朗·伊卜拉辛一道骑着马一村一村地跑,进行非常松散的一种考察。若他们的"应答者"建议他们去探访某个特定地点或村子,他们就上马到那里去。然而,移民社会学研究的复杂性,迫使鲁什放弃他那套曾在尼日尔功效卓著的"为何不"研究策略。于是,鲁什在恰当的地方建构出了一套就算马塞尔·格里奥尔也会觉得自豪的方法。但是,鲁什对计量社会学兴趣缺缺;他讨厌控制性调查。好比在尼日尔,他喜欢参加仪式,和个别的人进行非正式的谈话(Echard and Rouch 1988, interview 7)。鲁什对计量社会学之非人性化的方法的反感,或许是这个研究计划终究未能彻底完成的原因之一。CCTA/CSA曾希望鲁什研究这些移民如何再融入桑海社会,但这一阶段的研究计划根本从未开始过。

姑且不论他的方法论喜好,鲁什雇了一群专家来探索他所认知的移民所涉及的诸多复杂事物的方方面面。这个由五位非洲人——包括达穆瑞·基卡与朗·伊卜拉辛所构成的小组——将鲁什带进了移民的世界:有钱的牛肉贩和鱼贩、穆斯林和传统的法师、劳工、失业者各色人等所组成的一个社会文化纷歧的大杂烩。

鲁什以三种方式搜集移民社会的资料。第一，他的小组成员在移民工作时采访他们。第二，针对码头工人、矿工和商贩等类型的移民劳工，举办大型团体会谈。第三，发放问卷。他的研究小组做了五百份个人问卷，并以每二十到三十人为一群体，调查了另外上千位移民（Rouch 1956, 42-44）。鲁什明了研究方法的陷阱，并依此来评量其研究成果。虽然要求填写问卷会惊吓到应答者而产生不确切的信息，但统计的需要却迫使研究小组不得不使用这些形式化的技术。群体讨论产生了较好的成果，那些被记录下来的会谈提供了一个表达情感、失望和社会政治情绪的良好论坛。最后，针对个人的访谈产生了足以增进研究深度的资料（Rouch 1956, 42-44）。彰显着格里奥尔式的审慎，鲁什提醒读者：他所提出的资料尚未穷尽，要想彻底了解在黄金海岸的移民的社会动态，还需要对其他移民社群进行系统性的研究。

移民的历史

与任何一位吟游诗人相同，鲁什的豪情壮志是因历史而起的。因此，他在《加纳的移民》一书中给了"那条路"的历史以极大的篇幅。他详论了诸多群落迁入黄金海岸的经过，在阿坎人（Akan）从北方到来以前，黄金海岸是蓝蓝人（lamlam）——不穿衣服的小矮人——的栖息地（Rouch 1956,

46）。第一波阿坎移民在十二世纪到达黄金海岸，此后，阿丹希（Adansi）、契维（Twi）、噶（Ga）和方提（Fanti）移民便络绎不绝地迁入该地。十七世纪，正当马里的万加拉人（Wangara）势力在现今加纳的所在地鼓动着伊斯兰化浪潮时，欧塞·屠图（Osei Tutu）在该地创建了阿善提（Ashanti）联邦。

1471 年，葡萄牙人在沙马（Shama）登陆，从而为黄金海岸的历史揭开了新的一页。除了带来欧洲的商品、语言和文化，他们也引进了西方的家产奴隶制度，这一制度成为阿善提与达格邦巴（Dagbamba）的发展历程中的一项重要经济因素。大多数的奴隶来自北方（如巴撒里［Basari］和顾伦西［Gurunsi］），为争夺这些奴隶，阿善提和达格邦巴陷入了冲突。1735 年，火器协助阿善提击败了达格邦巴，无力向胜利者进贡两千名奴隶的达格邦巴，被迫每年依定例向阿善提缴交两百名奴隶——这项定例后来一直延续到 1874 年才废止（Rouch 1956, 51）。这项年复一年的负担，迫使达格邦巴掳掠北方族群（顾伦西人）的村落，为此，它先后与莫西和泽尔马佣兵交锋，而这些泽尔马佣兵，正是第一个从尼日尔迁徙到黄金海岸的族群。

占据了十九世纪大部分时间的兵连祸结，摧毁了桑海和泽尔马的社会政治格局（Painter 1988）。在 1850 年福朗战争的破坏之后，阿尔法·哈诺（Alfa Hano）与加扎里（Gazari）这两名泽尔马士兵流落到达格邦巴卖马。他们在卡拉加（Karaga）得到了善意的接纳，于是他们的战友旋即前往加入他们的行列，形成了一支十五人的骑兵队。1856 年，这一小群归化的泽尔马佣兵协同达格邦巴人一起到顾伦西去掳掠奴隶，结果任务失败，这群在阿尔法·哈诺领导下的泽尔马人便留在了北方。在1856到1862年间,这些泽尔马人劫掠了顾伦西的村落,甚至用强拉顾伦西年轻人充做步卒的手段建立了一支军队。1863年,加扎里接替了阿尔法·哈诺的领袖地位,这位精明的行政人才兼协商高手与其他顾伦西人集团缔结了联盟,并击退了一支达格邦巴侵略军。在一个接近今日加纳-布基纳法索边界的村落卡撒纳(Kasana),加扎里建立了他的营寨:"由泽尔马骑兵与顾伦西步卒所构成,下分为八个营,各由一位泽尔马营长领导。这些营长各自发展出部落的徽记,以避免各营混淆了奴隶与军士。在这些徽记中,有许多至今还可以在顾伦西人之中看见。未被指定充军的囚犯,会被从卡撒纳送到莫西换马,送到泽尔马去耕作或者送到萨尔加(Salga)去卖掉。"(Rouch 1956, 54)加扎里领导这群手下直到他1872年英年早逝为止。到他的继任者巴巴图——鲁什的故事片《巴巴图的三个秘诀》中的主角之一——上台以后,泽尔马军很快地就丧失了它的组织效能和政治上的灵敏度。1875年,巴巴图蹂躏了达加堤(Dagati)和洛比(Lobi),他曾想进攻万加拉人,却无力实现。1877年,巴巴图败于达格邦巴人之手,损失惨重。在1878到1890年间,他手下的泽尔马军到达了其势力的顶峰;他征服了洼(Wa)与宫嘉(Gonja),变成了加纳北部的领主。

欧洲人的占领迅速终结了巴巴图的霸业。在权势被法英两国削弱之后,巴巴图旋即丧失了军力上的优势。在桑(San),汉斯·里格勒博士(Dr. Hans Rigler)的德国远征军击溃了巴巴图的部队,并将他的败兵驱逐到空孔巴(Konkomba)。然而,败退到空孔巴的巴巴图仍继续打家劫舍、掳掠奴隶。为此，德国人派兵到了烟地（Yendi），在那里"巴巴图和他手下的营长们还活着……但下级校尉们却在黄金海岸四处流窜，再不然就回到了泽尔马。泽尔马战士变成了移民"（Rouch 1956, 56）。

1900 到 1910 年间，欧洲人的支配将萨赫勒与几内亚海滨之间旧时代的奴隶通路变成了商业孔道。豪萨商人增加了盐与可乐果的贩运；福朗与说曼丁语的民族赶着牛走往海滨，而桑海与泽尔马的"失业军人"则南下"去看看"（Rouch 1956, 57）。刚开始的时候，他们卖符咒，当他们的人口愈聚愈多以后，就开始为欧洲人做工。"南方"也吸引了大量出身萨赫勒、当过奴隶的人，到 1911 年为止，在所有于欧洲人殖民之前当过奴隶的人当中，可能有三分之一跑到了黄金海岸去追求独立和财富（Roberts and Klein 1980, 363）。在二十世纪的头十年里，黄金海岸热吹遍了桑海。1903 年，尼亚美人迁往南方。1905 年，达尔戈尔、旺泽贝和萨考瑞人（Sakoire）亦跋涉南行。1909 年，阿约鲁、泽尔马甘达（Zermaganda）以及加鲁尔大部分地区的人们开始迁徙。1910 年，皋人也跟着走上了"那条路"（Rouch 1956, 58）。

依鲁什的说法，到黄金海岸的旅程对于这些或早或晚的移民来讲是一场大冒险、一种过渡仪式：

> 到黄金海岸的旅程无论如何是场很大的冒险。那条路虽说是"开放"的，但绝非轻而易举。怀着备战心态上路的移民，身上带着长矛、棍棒和弓箭；以规

模二十到六十人大小的团队结伴而行；还带着符咒以抵御飞矢和子弹。他们多半带着几只牲口、一些烟草和盐，用以在路上卖了换东西吃。他们循着过去的奴隶之路迤逦前行，历经一个半月的栉风沐雨方能到达目的地。（Rouch 1956, 57）

在第一次世界大战之后，移民成了很平常的事。1920到1939年，黄金海岸的经济蓬勃发展。实业家开了矿场和工厂；英国人开辟了道路，并在科拉迪建设了深水港。这一发展着实扩大了劳动力的需求。到1931年为止，已有二十万人从法国殖民地移入黄金海岸（Rouch 1956, 59）。

在第二次世界大战之前，大多数"北方人"是季节性劳工。他们会在10月秋收之后从尼日尔迁徙到黄金海岸，然后在次年5月回家种小米。在第二次世界大战期间及以后，许多移民在黄金海岸，尤其是在阿克拉与库马西（Kumasi）定居下来，娶了当地女子安家落户。他们学说埃维语（Ewe）、噶语（Ga）、契维语（Twi）和英语，有些人还当上了公务员。在1956年加纳独立以后，扎布拉马人（Zabrama）——加纳地方人对北来的桑海人和泽尔马人的称谓——在克瓦米·恩克鲁玛所建的这个新国家待了下来。他们在市场上买卖货物，在港口和矿场劳动。在尼日尔，人们称这些在加纳的退伍老兵为泽尔马泽纳（*Zerma zena*，意为"老泽尔马人"）。不幸的是，扎布拉马人在加纳的桃花源没能维持多久。1969年，以"加纳人的加纳"为号召的总统 K. A. 布西亚（K. A. Busia）将外劳赶出了加纳，在那一年，数千名泽尔马泽纳丢下了事业和家庭逃回了尼日尔。但是，布西亚的命令并没有斩断移民运动，它只不过让移民的目的地转移到了洛美、阿比让和拉各斯等地。

就这种意义来讲，移民的历史为《美洲豹》和《疯癫大师》提供了框架：在《美洲豹》一片中，鲁什实际上在讲昔日的伟大移民——例如阿尔法·哈诺和加扎里这些以军人的身份跑到加纳的第一群人，鲁什在这部片中将今日的移民拍得像是十九世纪的那些英雄豪杰。同样地，在《疯癫大师》中，他以对神灵附体仪典的描绘来作为历史主题的索引，无论是献祭、独弦琴的音乐或咒语中的"旧话"，都在召唤着桑海人的历史经验。

"那条路"

在鲁什看来，"那条路"是桑海与泽尔马移民冒险犯难的世界的一部分。这个属于追求冒险旅人的世界是如此让他着迷，以至于成为他的《美洲豹》中的一个主轴。

当他们还在北方时，移民还会以族群甚至次族群的差异来区分彼此（见 Olivier de Sardan 1982, 1984），但到了黄金海岸，这些区别便泯灭了。举例言之，从尼日尔来的桑海人、泽尔马人、库尔泰人（Kurtey）、丹地人、沃戈人（Wogo）和贝拉人（Bella）统统变成了"扎布拉马人"；他们也相应地自称"库尔米泽"（kurmi'ze，意为远方来的孩子）。从马里来的桑海人、阿尔马人（Arma）、贝拉人和图亚瑞格人则统统被称为"皋人"。此外，从达荷美（Dahomey）北方来的移民叫作"祖古"

(*Zugu*);从多哥北部来的人叫"寇托科里"(*Kotokoli*)……依鲁什看:就这一点来讲,"那条路"导致了以地理而非以族群文化为基础的"超部落"(supertribal)的建立。

不管他们的族群文化背景,"那条路"强迫移民去遵循那些确立已久的通往黄金海岸的路,而《美洲豹》的主角们所走的便是这当中的一条。按照鲁什的说法,早年的行旅是用双脚走完大部分的路程。这些移民跨过边界进入黄金海岸境内以后,还要搭火车或卡车继续前进到阿克拉或库马西。1945年以后,西非基础建设的普遍发展促进了运输方式的转型,所以大多数晚近的移民可以搭汽车或卡车到黄金海岸。

从桑海地方出发,有好几条路可以保证从"最轻松的"检查哨跨过边界抵达阿克拉和库马西。福朗的牧羊人则会跨过布基纳法索与加纳在包库(Bawku)的边境,然后前行过甘巴加(Gambaga)到帕腾加(Patenga)以及另一个重要的十字路口萨拉加(Salaga)。他们从萨拉加再走到叶集(Yeji)和葡壤(Prang),然后再决定把羊赶到库马西还是阿克拉。

从尼亚美出发,可以搭卡车或出租车走两条不同的路到阿克拉,人们可以依相对成本和传说不同的边界检查哨刁难旅客的程度的差别来决定走哪一条路。从尼亚美启程,某些移民会先到法达恩古尔马(Fada N'Gourma,在布基纳法索),然后南行到多哥北部的桑萨内曼戈(Sansane Mango),再从桑萨内曼戈过边界进入黄金海岸,然后到达格邦巴的首府烟地。从烟地出发,他们再搭卡车到塔马勒(Tamale),从那里转往库马西。如果库马西不是他们的最终目的地,他们可以再搭火车到阿克拉。另外一条路是先从尼亚美到多索（Dosso），再继续南下经马伦维勒（Mallenville）、帕拉库最后到达几内亚海滨的科托努（三地俱在今日的贝宁）。从科托努折往西，经格兰德波波（Grand Popo）（在多哥）抵达洛美，再从洛美乘卡车自阿福劳（Aflao）进入黄金海岸境内，然后坐泰孚勒渡轮续行至阿克拉。

鲁什的研究小组考察了移民选择特定路径的原因。对我们来讲，在时间、距离与金钱上最经济的路就是最好的路，但鲁什发现：对扎布拉马人来讲，路径选择的首要考虑是入境关卡的名声（Rouch 1956, 81）。

一旦到了黄金海岸，多数移民会到库马西、阿克拉或塔科拉迪；小部分人会栖止在黄金、钻石或锰矿的采矿区；其他大多数移民则以种植可可或在丛林中伐木为生。

移民的社会经济层面

在他这本总共163页的专著里，鲁什用了56页的篇幅探讨移民的社会经济层面。我们可以假定这些数据是从鲁什的研究小组所做的个人及群体问卷调查中得到的。不过，在这之外，鲁什也阅读了文献记录（特别是人口调查资料）以补强他的资料。虽然这些信息枯燥乏味，但却是鲁什借以陶铸出《美洲豹》《疯癫大师》和描述在科特迪瓦阿比让移民生活的《我是一个黑人》等著名影片的原始材料。

我们可以在其中看到关于移民滞留在黄金海岸的时间长度、他们的平均年龄、性别（绝大多数是男性）、在家乡与侨居地之间往返的频率等数据。鲁什估计了移民人数，并建立了他们的移民目标（在尼日利亚的）地区、乡镇及族群身份的交叉索引。他也做到了能够准确指明他们的移民目的地的程度。例如，所有蒂拉贝里出身的移民都是移往黄金海岸的；相对的，出身尼亚美的移民有半数到了尼日利亚。鲁什也提出了在阿克拉与库马西两市依来源地划分的各族群（扎布拉马人、万加拉人、莫西人等）移民人数的估计。

鲁什将移民的职业区分为受雇支薪和经商两大类工作，并且列出了移民所获得的支薪职务的种类——从农业（可可种植）、渔业到矿业、建设工程、军队与警察。鲁什为每一种职业提供了依族群别划分的就业人数分析。通过这些资料，鲁什归纳出各族群的就业人口分别集中在各自特定的行业。例如扎布拉马人多半在钻石矿场工作或者经商。

商业活动被划分成几个范畴：交通运输业（脚力运输［搬运工］、卡车运输［卡车"小弟"，即捆工］、汽车运输［司机、学徒、售票员］），牲口贩卖（从萨赫勒赶下来的牛、绵羊与山羊），布匹与衣饰（布品商、裁缝、二手布品商）。鲁什也将尼阿马·尼阿马（nyama nyama，意为杂乱的孩子）——摆小摊的和把商品摆在小台子上用头顶着四处走街串巷的流动摊贩——包括在其中。《疯癫大师》一片的开头处以及《美洲豹》的整部片，将这些信息中的大部分变得栩栩如生。

在鲁什所采的样本中，绝大部分移民都是挣工资的或者是靠做生意维生的人，但有少数人是无法归类的，他们是吟游诗人、法师和巫师、私枭与窃贼。

鲁什对黄金海岸移民社会的表述在此采取了一个比较经济性的说法。在确立了职业的类别以后，他列出了一个移民可能挣到的各种不同水平的工资或利润，并拿这些所得水平与在阿克拉、库马西、塔科拉迪和其他商业中心生活的成本相比较。鲁什甚至尝试去估计移民的平均预算。大部分人都尽可能地省钱，因为他们都想要寄钱回家以帮助家计并为自己博得名声——这就是鲁什的《美洲豹》一片的前提。在十九世纪时，离乡背井的人通过军事掠夺来赢得尊重；二十世纪黄金海岸的移民则是以经济上的发达来博得名誉——此一成功系通过当他们回到尼日尔时对乡人所分送的厚礼来证实，这也是《美洲豹》片中最后一幕的主题："黄金海岸为他们加上了寄钱［回家］的义务：因为在返乡时，他们被迫要去吹嘘他们在黄金海岸过的是如何富裕的生活，他们的听众自然也就不能不相信寄钱回家对他们而言不过是轻而易举的事"。（Rouch 1956, 144）于是，移民将累积下来的储蓄大部分花在从黄金海岸买来的"豪华的礼物"上，然后，当他们付完交通费和种种关税后，除了那些已经买好的礼物以外其实已经身无分文，最后，那些礼物将在一天内送尽——这是桑海版的夸富宴。

社会生活

在关于黄金海岸的扎布拉马人的社会生活那一章中，鲁什再一次强调了移民活动的历史延续性——这也是他当初之所以会被吸引到加纳去的原因之一。从西非出现移民之初，豪萨移民就开始携家带口地跑到黄金海岸及其他地方去建立小的定居聚落（Cohen 1969）。鲁什比较了他们的习俗与扎布拉马人的作风："这群人自巴巴图的时代就已来此，在烽火中一直打滚到1939年前后，整日生活在行伍之间的他们，是寂寞的。他们先是在掳来的战俘中找寻对象，然后是从生活于他们四周的村民之中找寻配偶。即便是在今日到黄金海岸去的迁徙，扎布拉马人也还是保留了他们这种'［不］被一个女人所羁束'的迁徙特质。"（Rouch 1956, 154）在没有女人的情况下，许多扎布拉马人和侨居地的女人发生了关系；有些成了他们的情妇，有些则从事卖身。鲁什在此讨论了1950年代黄金海岸性产业的结构，他将之分成三种形态：图图（*tutu*），大半是离了婚的艾威族女子；美洲豹（*jaguar*），海岸地区出身的未婚女子，这些偶尔下海（客人多半是欧洲人与列凡丁人［Levantines］）的捞女常穿着豹子装——短裙和欧式的鞋子；卡露阿（*karua*），尼日尔来的卖身的女性，清一色是离了婚的女人。在《疯癫大师》的开头之处，观众可以看到一队从事卖身的豪萨女性抗议工资太低的情景。

在黄金海岸的扎布拉马人口主要由二十至二十五岁之间的年轻成年男子构成。就像在桑海和泽尔马地区一样，每一个小区会推举两位青年领袖——一位负责青年男子，一位负责人数稀少的未婚青年女子。这些团体偶尔会聚会讨论他们共同的问题，有时候则主办舞会。

在其他领域，黄金海岸的扎布拉马人社群采用传统的政治与社会结构来组织他们在异邦的社会活动。例如，从同一个桑海村落来的人会聚居在阿克拉，好比从戈泰伊（Gothèye）——

位于尼日尔的尼日尔河西岸的一个桑海村落——来的人组织了阿克拉的木材市场，于是，从戈泰伊来的新移民知道他们应该在刚到的时候就向木材市场报告，他们的同乡就会为他们提供工作、住房、食物和其他社会生活的必需品。这些习俗也在《美洲豹》一片中成为被引征的典故。

在政治领域，二十到三十名长老对外界的团体代表该社群，但这个位阶秩序并不能舒缓"村落"集团之间的对抗。与在黄金海岸的其他移民群落相同，扎布拉马人集体推举一位首领，这位首领拥有许多与在他们故乡的乡镇长一样的权力与责任。

鲁什认为，虽然许多扎布拉马人会讲当地的主要方言——洋泾浜英语，但扎布拉马人社群与侨居地土著人群的关系还是深为语言所限制，由于这些限制，扎布拉马人与土著之间的关系是友善但却形式性的。一开始，南方人想象北方人是野蛮的畜生——榛莽丛里的野猫，但随着相处日久，他们渐渐地开始尊敬扎布拉马人在商业上的成就（Rouch 1956, 154）。在《美洲豹》一片中，达穆瑞·基卡就是在一位拥有汽车的富裕扎布拉马人手下做事，这位老板甚至拥有一座木料场。

宗教生活

鲁什对几内亚海滨移民的兴趣，最早源于他对豪卡神灵的着迷；在1950年代，豪卡神灵在黄金海岸风靡一时，结果黄金海岸成了豪卡心灵运动——塑造出了属于殖民武力之神的一套操控火焰的狂野而怪异的把式的运动——的中心，这使得鲁什称呼黄金海岸为"豪卡的麦加"。鲁什在尼日尔时就已经遭遇过豪卡崇拜,并且在他的《黑法师的国度》及《大河上的战斗》两部影片中拍摄了一系列豪卡神灵附体场景。1954 年,他下决心到黄金海岸研究豪卡崇拜。

令人惊讶的是,在他的那部专著中,鲁什只用了极小的篇幅来讨论移民的宗教生活——全书 163 页中的 16 页。在这 16 页中,只有 5 页在描述移民在伊斯兰教之外的各种宗教。或许鲁什的想法是:一本枯燥的社会学论述,根本无力去描绘因传统和现代在黄金海岸的爆炸性对峙而产生的各种宗教生活的动态——例如豪卡崇拜。

鲁什将他的注意力集中在土著族群与伊斯兰教有关的宗教生活。就像他的其他著作,他在此处对伊斯兰教的评论也是同样引人入胜。在《桑海人历史研究》中,他提出伊斯兰教在桑海的兴起与桑海帝国的衰亡相呼应的观点。在《加纳的移民》一书中,他自我设限地将移民中的穆斯林分为两类:真正的和表面上的。他认为福朗人和豪萨人的移民是真正的(狂热的)穆斯林。[1] 而扎布拉马人、皋人和寇托科里人则是表面上的穆斯林;他们有些时候会诵念祷告,但他们心灵深处的信仰却寄于他处。以扎布拉马人为例,鲁什认为其真正的宗教根源于在伊斯兰教传入前的信仰:神灵附体、法术、巫术和祖先。

鲁什在如下这段话中把他的底牌亮得一清二楚:"在一面多少有些脆弱的伊斯兰教的外衣下面,存在着如假包换的黑色非洲的远古宗教崇拜。他们在黄金海岸究竟遭遇了什么?"(Rouch 1956, 185)他接着描述了在当地呈显的桑海神灵附体崇拜及豪卡崇拜。传统的神灵附体崇拜在黄金海岸并不盛行,其理由很简单:大多数神灵附体崇拜中的灵媒是女人,而她们并没有跟着丈夫到黄金海岸来。

结果,黄金海岸为大体上属于男性的豪卡运动提供了一个完美的发展情境。鲁什最终得以接触到豪卡社群,并得以参加了许多次仪典,包括那场被他的《疯癫大师》一片永远留存下来的年度仪式(见"在过去,在此时"及第八章)。在高度浓缩的几页里,他呈现了关于豪卡运动在尼日尔之源起的诸多掌故,以及关于其在加纳的岁月里增多的一些说法。

豪卡约在1929年前后传到黄金海岸,而于1935年以后在当地日趋显要(第八章有一份关于豪卡运动的比较详细的历史考察)。随着该运动的力量在黄金海岸逐步增长,豪卡灵媒在扎布拉马人当中的声誉也水涨船高起来,这种声誉是他们在尼日尔求之不得的,因为在尼日尔的正统附身祭司对豪卡神灵野蛮、怪诞的动作向来没有好脸色。

移民的政治

若缺少了关于独立的政治动态一章,鲁什对于黄金海岸的移民社群研究将难称完整。因此,通过对英国殖民史及间接统治政策的讨论,他为恩克鲁玛的登场铺设了舞台。他缕述了加纳独立运动的发展历程——自1947年约瑟夫·丹夸(Joseph Danquah)所领导的黄金海岸团结大会(United Gold Coast Convention)倡言独立开始,延续到1950年恩克鲁玛所领导的人民大会党（Convention People's Party，缩写为 CPP）之成立，以至该党在 1951 年立法机构选举中所获得的胜利。在 1953 到 1954 年鲁什进行这项研究之时，有几个政党正在挑战恩克鲁玛所领导的人民大会党。《美洲豹》一片也反映了这些政治上的发展，鲁什在其中拍到了人民大会党举行政治性集会的场景，也拍到了穆斯林协会党（Moslem Association Party）的活动。

移民社群在加纳独立的政治风潮中的确扮演了角色。人民大会党和穆斯林协会党都曾争取扎布拉马人的效忠。鲁什报道说，经过了几番斟拔人才的努力之后，人民大会党似乎赢得了扎布拉马长老们的信任："当我们在 1954 年 3 月抵达此地时，扎布拉马人的立场显得很清楚。他们穿戴着人民大会党的各色标记，参加他们的会议，喊那些赞美该党的口号，唱赞美克瓦米·恩克鲁玛的歌曲：在整个黄金海岸南部都是一样。"（Rouch 1956, 192）

对移民的再审思

《加纳的移民》一书的结构与《桑海人历史研究》相似，鲁什呈现了琳琅满目的一大堆统计资料，然后从中引出他极保守的推论。在整本书中，他不曾尝试以社会理论来诠释他的发现。在《加纳的移民》一书中最一贯的诠释，就是鲁什关于"从尼日尔到黄金海岸的'具冒险精神的'远行具有一定的历史延续性"这一定见。

研究桑海与泽尔马的历史及移民的晚一辈学者，延续了对移民佣兵——阿尔法·哈诺、加扎里、巴巴图及其手下的战士们——的历史传奇的关注。这些作者同样将冒险当成解释桑海-泽尔马人"向南奔涌"的因素（见 Diarra 1974; Fugelstad 1983）。

福格尔史塔（Fugelstad 1983, 87）写道：

> 泽尔马/桑海的年轻人开始循着他们十九世纪时征服了曼普鲁西-达贡巴（Mamprussi-Dagomba）地区的战士祖先留下的足迹（只不过更向南推进了一些），前往黄金海岸——主要是库马西地区——当季节性劳工。……因此，在"具冒险精神的"泽尔马/桑海人中间有可能存在着有利于移民劳工出现的某种形式的文化传承。特别是，前往黄金海岸的那段漫长而且有时候相当危险的旅程，变成了"现代化的"入门仪式的一部分。

福格尔史塔在这里错用了一些鲁什所提供的材料。照鲁什的说法，泽尔马佣兵并没有征服曼普鲁西-达贡巴，而是在年复一年不断的劫掠之后变成了顾伦西的主宰者。毋庸置疑，在1900到1910年间，到黄金海岸的旅程当然是危险的。但当加纳的经济与基础建设发展了以后，情况便不复如前了。到了1930年代，贪婪的边境关卡守卫所造成的危险，早已超过了不怀好意的"土人"。

在一份最近的研究中，托马斯·佩因特说道：移民到黄金海岸的驱动力，主要并非源于冒险意识，而是法国的殖民政策。佩因特并不否认泽尔马/桑海与黄金海岸之间在殖民时期以前就已存在的联系的重要性，但他批判鲁什未能细考移民发生的社会经济与政治的基础：

> 早期泽尔马移民的特征显示：在解甲归田的战士以外，早期移民中的绝大多数迅速地包括了一般平民、自由人身份的农业垦殖者以及赎了身的奴隶，这些人并无意采取四处流窜、佣兵式的生活方式。如果实情真是如此，而且它似乎的确如此，那我们要如何解释自尼日尔西南部迁徙到遥远的几内亚海滨地区的农民垦植者的人数增长，以及他们因此所显示出的惊人的机动性？在尼日尔西部到底发生了什么？（Painter 1988, 82）

在十九世纪末前后，尼日尔的社会生活是悲惨的。在1890年代，尼日尔遭遇了持续的旱灾和蝗灾，导致了广泛的饥荒。1898年，法国军队占领了尼日尔。1899年，恶名昭彰的武勒-夏努安远征队（Voulet-Chanoine mission）刺穿了尼日尔，留下了一路的死亡与残破。一经确立了对尼日尔的占领，法军随即安营扎寨、征饷抽税，并征用健全的男丁以充强迫劳动队伍之需。到了1909年，尼日尔的殖民政府严令税款须以法国通货支付，该政府也在1905年正式废止了奴隶制度，让"以前的"奴隶得以离开奴隶主的土地——而他们也真的在1900到

1910年间大批地离开了奴隶主的土地（Painter 1988, 93）。

在佩因特看来，大多数扎布拉马移民并不是为了追求冒险：他们是为了逃离法国的经济迫害。移民"是被强迫去这么做的，所谓流落异乡的战士借着从战士到移民的转型这一历程所演出的始初联结角色，根本就无关紧要"（Painter 1988, 93；并请参阅 Roberts and Klein 1980）。

尽管现今的尼日尔政府已经降低了荼毒百姓的殖民式人头税，还是有大量年轻人持续不断地移民到几内亚海滨。殖民时期的政策将尼日尔西部的民族与世界市场联系在一起，并且引进了增加通货需求的税赋，所以尼日尔乡区的农民只好离乡背井以寻求工资劳动的机会，而要寻求工资劳动的机会，到黄金海岸去便是必走的第一步。殖民时期结束后，尼日尔的政策使乡区农民的经济处境进一步恶化了，他们还是一样缺少现金。如今，他们跑到几内亚海滨去逃避尼日尔政府无餍的需索。正如一位在梅汉纳的桑海农民告诉我的，"世事变得愈多，它们就愈发像以前一样"。

尽管作出了上述洞烛幽微的批判，社会学家佩因特还是认为鲁什的《加纳的移民》是一部"开路先锋之作"（Painter 1988, 94）。但鲁什自己对这本书的看法可就保守得多了，他甚至曾经宣称不会有任何一个桑海移民去读这本书，在拍摄《美洲豹》时，他把这本书挂在他车子的后视镜上——或许是一个象征性的处决？（见 Collet 1967）

鲁什的移民研究是在西非所做的同类研究中的第一个，也是最有野心的一个，后起的移民研究的焦点均较具有局限性，鲁什的计划所采用的跨学科式研究设计——来自格里奥尔的方法——产生了大量明晰的社会学数据，其中有些并未被用在《加纳的移民》一书中。

　　鲁什为何要鄙视他为自己在加纳的研究所写出的成果？首先要考虑的是田野调查方法的对比。鲁什在尼日尔采取了两种技巧：即兴发挥与共享的人类学。在黄金海岸，他以能够产生量化数据的系统性研究工具取代了这些技巧，而那些研究工具是他本人所厌恶的。其次要考虑的是鲁什在这一时期产生自共享式拍摄手法与参与式人类学的影片。虽然《加纳的移民》是一部"开路先锋之作"，但鲁什在好几次访谈中一再地提到他关于移民的几部影片（《美洲豹》《疯癫大师》和《我是一个黑人》）才真的能唤起在海滨的社会生活的质地和内涵（Collet 1967；并请参阅 Rouch 1978c）。就像《大河上的战斗》在尼日尔的阿约鲁的例子一样，加纳和科特迪瓦的移民也看了并批判了这些影片；但若非全无的话，也仅有极少的移民读过《加纳的移民》。

　　谈到《加纳的移民》，鲁什说："它是一本关于在加纳的移民的很严肃的书，充满了统计和数字。如今，我拿这本书来和《美洲豹》进行比较，我发现《美洲豹》才称得上提供了最好的表述方式。"（Collet 1967）鲁什对于《加纳的移民》的贬抑对他自己造成了损害。在接受访谈时，鲁什经常褒扬影片而贬损成文的民族志的价值——包括他自己写的在内，这些评论给予读者"鲁什的观点是排斥严肃的民族学调查"这样一种印象。然而，我自己的观察却与此迥异：鲁什依旧是一位严肃认真的民族学者，他仍然持续不辍地研读非洲民族志，撰写民族学与民族史学的文章。[2] 他对于桑海历史与史前史的兴趣并未随时光而消逝。我在鲁什的民族志和他的影片中看到的是一种辩证关系——当鲁什在黄金海岸时，他并不是先搜集完社会学资料然后再开始拍电影的。正如1940年代晚期在尼日尔的时候一样，影片在他的研究中扮演着核心角色。是鲁什在民族学上的深度，经过辩证发展，使得他在拍摄《疯癫大师》和《美洲豹》时的"电影眼"变得如此敏锐，给予这些影片以一种大多数电影难以望其项背的召唤力。

在下一章，我将探讨鲁什关于桑海宗教的文章与影片之间的辩证关系。简言之，我将把对于鲁什所书写的民族志所做的分析延伸到他的大师之作——《桑海人的宗教与法术》，这本书囊括了他关于法术与神灵附体仪典的所有正片作品——他毕生电影作品的主干——的民族学参照资料。

第四章

有武力的人民、有法力的神灵

Zanka kan mana lamba dottiijey ga si du ndunnya bayrey.
不常去长老那儿走动的孩子绝对得不到知识。

——桑海谚语

正如桑海吟游诗人告诉我们的，知识是长者的财产。通过生活历练，长者在学习过去与现在的教训当中发展出了智慧。正值盛年的让·鲁什对这句桑海谚语有着深刻的理解。在旅行期间，他始终常常拜访桑海长老，并推崇他们的智慧。老驱魔师对他讲松尼·阿里·贝尔的智慧；老乩码向他揭示神灵的道路。鲁什聆听、学习这些智者的开示,并像任何一位优秀的吟游诗人一样,将这些知识妥善保存在他的百科全书《桑海人的宗教与法术》里。

当让·鲁什在1947至1948年间第一次到旺泽贝时,旺泽贝还是个由茅草屋构成的小村,而如今的旺泽贝,已是个由泥砖房构成的城镇了。当鲁什第一次造访时,他必须骑马走至少一百公里才能到达该地;如今,有每周一班到旺泽贝的卡车和出租车。但是,旺泽贝大抵仍旧和以前一样。萨尔古美山依旧环绕着村子,像一座欧洲中世纪的城堡。卡力雅与索汉祈仍旧是旺泽贝两个主要的街坊,而陌生人依旧住在村子南沿的一个名为宗戈(Zongo)的角落。而在这块仿佛脱了水的空间里,仍然可以感受到有武力的人民、有法力的神灵的赫然存在。正如"过去"借着"现在"而持续在旺泽贝回响着,鲁什在《桑海人的宗教与法术》里对古往的表述,不断地提醒我们尼日尔的现在——这便是吟游诗人的职分。

我之前已经讨论过那套架构了鲁什的田野调查从而产生了他的桑海历史、神话与移民研究的格里奥尔式框架,在此,我简短地重述一次:马塞尔·格里奥尔教导他的学生要搜集大量详尽的资料:照片、器物,以及最重要的——报告人的证言。在他看来,资料搜集是人类学家入门仪式的第一阶段,在搜集好了这些资料以后,则应依照格里奥尔式的现象学处方的指引,以尽可能最少量的发自欧洲观点的诠释,把这些资料展现呈现出来。第二章所讨论的《桑海人历史研究》一书,将来自考古学研究、穆斯林手稿以及神话等方面的信息交织起来,形成一套全面的历史巨帙。《加纳的移民》则呈现了关于在黄金海岸的桑海–泽尔马移民社群的大量社会学资料。然而,直到本章所要讨论的《桑海人的宗教与法术》一书,鲁什才真正神完气足地体现出格里奥尔及他本人的桑海友人如何形塑了他的书写表述,以及他对于桑海人的世界的取向。在这一章中,我将分析《桑海人的宗教与法术》一书,以证明鲁什在进行民族学研究时怀抱的谨慎与敬意。

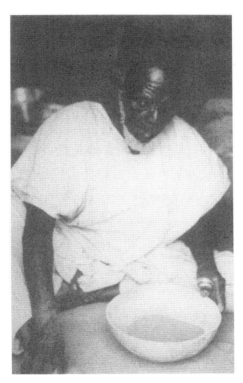

正在念咒的索汉祈阿达穆·耶尼通勾

全书的轮廓

出版于1960年的《桑海人的宗教与法术》，是鲁什获得国家博士学位的论文。鲁什将之题献给马塞尔·格里奥尔，理由是"若是没有他，就不会有这项研究"。在该书前言中，鲁什描绘了使这项工作得以完成的情境条件（见本书第一章）。简言之，他与达穆瑞·基卡和其他桑海友人一同造访了许多不同的田野工作地点，他在各处拍了许多照片，搜集了众多民族学标本，记录了神话与仪式中的诵祷词，还拍摄了法术仪式以及神灵附体仪典的影片。

《桑海人的宗教与法术》是对格里奥尔式的资料辑录工作的一项赞礼——它是关于桑海宗教信仰与习俗的一份极尽完备的手册，也是一份吟游诗人的说唱文本。鲁什以桑海宗教的一贯原则展开全书，然后引领着读者走上桑海世界那沙尘漫漫的道路。其中有多篇关于神话、仪式诵祷词、所崇拜的众神灵的身份、神灵附体之舞以及法术等主题的章节，可谓曲尽刻画之能事，例如在"神话"（Les mythes）一章中，鲁什缕述了妖魔、祖灵及诸灵（holle）的神话；在"法器"（Les objets rituels）一章中则有对于神圣乐器、祭坛、服装、圣石、小手斧、令牌形制的详尽描写，不仅如此，鲁什还说明了每样法器的来源、制造（当这个问题有意义时）与神圣化的方法。在关于神灵附体的几章中，鲁什为读者介绍了所有与神灵附体仪典有关的人物以及所有列名于桑海神谱之上的一百五十多位神灵。

作为一份文本，《桑海人的宗教与法术》的民族志描述不由得令人忆起博厄斯的民族志。依循着他自《桑海人历史研究》与《加纳的移民》以来一贯的文章体例，鲁什将他的诠释性推想局限在一个四页篇幅的前言与一个五页长的总结论里面。正如他在最重要的几部正片作品中一样，他那具有先知卓见的理论贡献是隐含在文章之中而非显扬于外的。

《桑海人的宗教与法术》一书最重要的文体特征，或许就是鲁什对几位报告人身份的明确交代。该书中的每个神话，都经过诵念它的报告人"签署"，这些"签名"在《桑海人的宗教与法术》整本书中随处可见。鲁什所引入的每一项民族志元素，都有一个切中要旨并且有人署名的定义、观察或解释。鲁什列出了用自己的话表达了自己的知识的那六十七位报告人的姓名、行业与所在村落，以这种方式，他的这部在桑海民族学方面的主要作品，具现了许多"原著者"的声音与观点。尽管有些当代的批评家会说这些"将版权归于原著者"的动作预示了后现代的"作者之死"，我却认为，将他人的声音与观点具体包括进来，构成了对于桑海人智慧的一幅发人深省的画像。

然而，让·鲁什是如何快速而彻底地跨越了他与桑海人之间藩篱的呢？能够以言语杀人的旺泽贝法师，为何会对鲁什这样一个欧洲来的雏儿推心置腹？一个简单的答案是：鲁什的成功得自殖民主义权力运作的庇荫。人们会很自然地想到：在殖民统治下的尼日尔，没有一个报告人敢拒绝对有权势的白人讲话。可是，虽然作为一名欧洲人的身份的的确确给了处于殖民时期的鲁什以无碍地接触桑海群众的特权，但这样的接触并不能保证桑海群众的合作，事实上，桑海人在整个殖民时期一贯地反抗殖民主义的军事性与文化性政治宰制（见 Kimba 1981；Oliver de Sardan 1984；Stoller 1989a）。此外，也许有些人会设想：鲁什与一名索尔寇——达穆瑞·基卡——的友谊为他打开了桑海神力世界的幽闭之门，但实情是：达穆瑞·基卡的索尔寇身份根本无助于鲁什去接触到住在萨尔古美山阴影之下的索汉祈法师。所以，对于鲁什在田野工作上异常的成功，最好的解释就是将之归诸他对桑海人及他们的智慧之明显、坦白的推崇，也就是：他知道怎样和长老一起"坐着"（to sit）。

读者能从《桑海人的宗教与法术》的前言里看出鲁什对桑海人的景仰。他在前言中反省了他的民族学研究取径以及民族学观察的性质，在下面这一段里，他写到了他如何进入桑海神灵附体的世界："然而，当观察者变成了看热闹的人群中一个单纯的旁观者时，当他听与说一种语言的能力充分到足以明白人家说了什么并且能够不时地作出回应时，从那一刻起，他就算是像他的邻居一样的**参与**者了。从那以后，在我每次旁观神灵附体之舞时，起驾的神明都会和我以及我的邻人打招呼，还会跟我讲许多的话。"（Rouch 1989, 17；重点为笔者所加）鲁什也评述了他进入桑海魔法世界的经过：

> 要渗透到更多私密的领域——诸如法师的出身背景——里去，涉及另外一些困难问题。在一段缓慢而渐进的深入过程之后，我才建立起一定的来往关系（凭借着神祇们在神灵附体之舞过程中的介入协助）。慢慢地，我进入了这场游戏。然而，一旦某些门在我

面前开启时，它们也将马上从我身后关闭，禁止了任何退后的打算，也断绝了一切与外界的联系。观察者彻底被他所观察的事物给淹没了，这还算是观察吗？我向这些人保证：我绝不会在未经他们同意的情况下重述或出版任何东西，这一保证让我学到了许多东西，但也限制了我所能泄露的范围。无疑，要进入入门仪式的世界，不仅要服膺一些关于保持缄默的条件，也要求我对那些欢迎我的、把我当朋友的人保持一种显而易见的尊敬。民族学者不能像警察那样拷问别人，逼迫他们说出他们不愿讲或不愿泄露的事情，而他基本的诚恳，就在于尊重那些他学着要去认识得更深刻——也就是学着要去爱得更深刻——的人。（Rouch 1989, 17）

总之，《桑海人的宗教与法术》是一本比较无我（selfless）的书，它同时反映着鲁什得自马塞尔·格里奥尔的启迪，以及他对于桑海知识的推崇。

《桑海人的宗教与法术》中的宗教

依鲁什来看，桑海的宗教是一个开放的系统。他认为桑海群众倾向于一面维持老传统，一面吸收、消化陌生人所带来的新宗教成分。表面上看来，桑海人已经彻底伊斯兰化了，大部分人一天礼拜五次，参加每周五晚上在清真寺的主麻礼拜，遵循斋月的斋戒。在他们的出生、成婚和丧葬典礼中，桑海人也遵照穆斯林的习俗。但是，照鲁什的说法，在尼亚美或皋城的桑海人团体每周日都会聚会表演神灵附体之舞。在距离周五聚会的清真寺不远处，男人们在大索汉祈法师的家院里，演出让他们变得比神还强壮的仪典。

桑海人认为他们的宗教是充满了危险的一连串曲折的道路："照桑海人的讲法，宗教就是丰朵（fondo，'道'），它由许多盘根错节似的小径构成，人们往往会在其中迷失方向和勇气；但是，最有毅力和最敏锐的人将通过一个又一个的考验，不会在他人可能会觉得足以自满的境界上耽溺停留，直抵那最高主宰者的禁地边缘的一条险峻步道，这条险径将让少数到达这个高处的人变得比最高主宰者更高一筹。"（Rouch 1989, 20）

构成桑海宗教的道路并不纷歧，它们并存于桑海经验中的各项传统所组成的一个网络。依照鲁什的说法，这些宗教的道路包括：

土地之主；
水之主；
索尔寇，或名河流之主；
勾，或名榛莽之主；
寇祈亚柏柏尔人；
马里帝国；
伊斯兰和其他外来的影响。（Rouch 1989, 22–24）

土地之主极可能是一群古尔马人、莫西人和古伦巴人。这些讲沃尔特语的民族如今居住在布基纳法索境内，在过去，他们会举行丰饶仪式（fertility rites），就像鲁什的影片《旺泽贝的法师》（见第五章）中所刻画的对于旺泽贝的萨尔古美魔神的献祭仪一样，这些丰饶仪式中有些关联到当境的魔神。这些仪式中的某些部分——例如黑神（Black Spirits）或土地之主根基弼（Genji Bi），也就是被鲁什的《昔日的鼓：图鲁与毕褆》一片搬上银幕的那一群神明（见第九章）——被融入了桑海神灵附体仪式之中。水之主被称为都人，他们控制了河流的特定部分，渔民要获得许可才能从主宰者都（the master Do）的水域里捕鱼。法兰·马卡·波特的后裔索尔寇是河流之主、为诸神灵唱赞美诗的歌者、图鲁众神——尤其是雷神东勾——的男女司祭。勾人是狩猎之主，他们与榛莽精灵阿塔库马（Atakurma）的关系，给了他们在灌木丛中"工作"的能力（Rouch 1989, 23），鲁什的《以弓猎狮》一片刻画了这些人。寇祈亚的柏柏尔人（即煞人）开启了法术的道路；马里帝国的影响则导致了有力的石头崇拜，当然还有伊斯兰教，在阿斯基亚·穆罕默德·杜尔在位的年代（1493—1528年），它变成了桑海地区一股强大的势力。

　　这些重建了桑海人对于世界之经验的纷歧势力，为一套桑海人的形而上学提供了框架。鲁什的长老说：桑海的世界是一块平坦的圆盘，上头错落着村子和河水过处的无人居住的土地（或丛莽）。天上总共有七重天，上帝（伊里·考伊）居于最远的那一重天上；他是世界的创造者。次等的神祇住在其他各重天上。恩德比（上帝的信差）居于第六重天，而天使居于第六到第二重天之间，诸灵住在第一重天。此外，还有居于某个仿佛是地狱的处所的恶魔（*Iblis*，即撒旦），还有精（*zin*）——住在山上、树林中、河流里或丛莽中的一些有法力的生物。

一名被朵古瓦（Doguwa）神灵附体的灵媒

桑海的长老说，人由肉（ga）、生命力（hundi）和重身构成。梦就是由重身的夜游所造成的。由于自我之普遍性的衰弱无力，桑海人实行了——用鲁什的词汇来说——种类繁多的"崇拜"，鲁什列出了其中七种。第一种是对独一真神的崇拜。第二种是魔鬼崇拜，鲁什对此没有交代任何资料。第三种是对天使的崇拜，这是一种家族性的崇拜，某些法师的家里会"喂养"一只羊，然后在宰羊节时宰了，以餍某位保护天使之欲。第四种是魔神的崇拜，这是地方性的崇拜，村落为此举行仪式，其中通常包括一场最主要的、为飨保佑村落的当境魔神的牲醴献祭。第五种是祖先崇拜，这也是地方性的，且限于法师的家庭。第六种是遍布桑海人文化区的神灵附体崇拜，神灵附体是鲁什在民族学上真正最专精的领域，《桑海人的宗教与法术》一书将此后的大部分篇幅都用于描写这种崇拜。第七种是法术崇拜，其中法力最强的专业人士——索汉祈——试图累积比神还要大的法力。

《桑海人的宗教与法术》中的神灵附体

神话凸显了桑海人宗教的主题。有地方性魔神的神话以说明某个池沼、森林、村落以及祖先——尤其是伟大的桑海法师索汉祈的祖先——的起源。神话也构成了桑海神灵附体崇拜的张本。鲁什在《桑海人的宗教与法术》一书中追述了许多诸灵家族起源的神话，在呈现诸灵的神话时，鲁什追溯了他们的谱系，提供了桑海神谱所包含的一切家族的姓氏与族群源起——包括从来不曾附在灵媒身上的那些神灵在内。

他也检视了关于索尔寇（渔民）的祖先、第一位能禁咒诸灵的法师法兰·马卡·波特的神话。法兰的父亲是一位普通的渔民，但他的母亲马卡（Maka）却是河流里的魔神。马卡用她的超自然法力将一个可厌的鳄鱼魔吉耳宾·桑黑·莫由（Zirbin Sanghay Moyo）变成了一柄铁鱼叉，给了她的儿子。得了这件神兵的法兰此后便无畏地在尼日尔河里纵横游走，没有任何可与之匹敌的人物。

法兰在河流里的霸权很外地就遇上了津奇巴鲁（Zinkibaru）的挑战。津奇巴鲁是个能用甜美竖琴操控河界诸灵的河流魔神，他手下的诸灵破坏了法兰的稻田，又赶跑了猎物和鱼。于是，法兰便对上了津奇巴鲁。然而，津奇巴鲁在魔咒方面的造诣高过法兰，所以在初次交手时便胜过了法兰。败下阵来的法兰迅即遁往卡勒卡普图老家。尽管马卡禁不住要骂法兰脑袋空空，但她还是教了他一首能击败津奇巴鲁的咒语，于是法兰便出发去寻找那逍遥的仇家。

他们终于又交锋了。津奇巴鲁又祭起他曾借以打败法兰的咒语，但这回法兰马上响应以马卡所教的反制咒语，结果津奇巴鲁败倒在他的膝下。法兰掠走了津奇巴鲁那把有蛊惑力的竖琴以及河界诸灵的独弦琴和瓠鼓当作战利品。

法兰彻底宰制了河界诸灵一年，但雷神东勾日益不服羁束。终于，东勾与哥哥曦瑞（Cirey）和穆萨·牛力（Moussa Nyori）离开了河流，变成了天空之主。

忙于渔猎的法兰根本很少对东勾假以辞色，结果，感觉被冒犯了的东勾攻击了一个渔村，将之烧成灰烬，留下了死尸遍地。当法兰被人带到灾难现场时,东勾马上将他推上了致命险地,迫令他对东勾及众灵称臣效忠。然后,东勾教法兰唱对死灵的赞美诗,以及如何对死尸吐口水使之起死回生的法术。他说:从那天起,人类将永远看不见神灵。东勾告诉法兰等一年以后再举办这个典礼。只有当东勾及其兄长返回大地并附身在舞者身上时,乐师才可以鸣鼓、奏独弦琴,男人和女人才可以跳舞。法兰保证会遵从东勾的旨意。

一年后,法兰举办了这个他名之为耶尼(yene)的典礼,也就是史上第一次神灵附体仪典(Rouch 1989, 72-74)。从此以后,这项仪典自古至今年年都会在热季的巅峰(在 3 月 1 日到 15 日之间)举行,如今它被称为耶南地——"冷却行动"(the act of cooling off)。桑海人借这场仪典以祈求神明降雨、保佑小米大丰收。鲁什早期的电影之一《耶南地:求雨者》,所说的便是 1951 年在司密里举行的耶南地的故事。

正如鲁什所说,桑海神话反映了神灵与社会世界持续不断地融合。人类从来不曾远离神灵的境域,而神灵经常涉入人类社会的事务。有时候神灵会殛死他们的灵媒,有时候神灵会与人类结婚——例如托罗泽尔马贡达(Tollo Zermagunda)的祭司希纳(Sina)就"嫁"给了一位男性的神灵,他从此穿着女性的衣服而且戒绝一切其他性关系(Rouch 1989, 86)。

当人们向神明祷问时宗教专业人员在旁诵念的仪式性祷祝词,或者法师要求遥远的神明为他们"办事"时催的咒语,都彰显着神灵与社会世界的亲近性。鲁什在《桑海人的宗教与法术》中提供了许多不同的仪式祷祝词,有关系到地方性魔神的祷祝词、召请祖灵的祷祝词（尤其是索汉祈法师所诵念者），当然也包括了关系到诸神灵的祷祝词。

对诸神灵的祷祝词系采用赞美诗的形式，在诵唱时，众神灵的礼颂生索尔寇先是间接地宣称自己的荏弱无能——在神灵世界面前先摆出一种谦卑自牧的姿态，然后开始颂扬众神灵的无边法力。最重要的一套赞美歌被称为图鲁偈（Tooru che），鲁什提供了这套赞歌的多种不同版本。他也考察了其他神灵家族的赞美诗，诸如根基夸力（Genji Kwaari）、根基粥、哈尔给（Hargay）、朵古瓦和豪卡。这些赞美诗远不如为图鲁——桑海神灵世界中的贵族——所诵唱的那些来得复杂。总之，鲁什在《桑海人的宗教与法术》中提供了五十首不同的神灵赞美诗的法文翻译，没有任何一首祷祝词或赞美诗是以桑海语原文音译的。

借着达穆瑞·基卡的良好协助，鲁什得以抄录并翻译了所有他有机会听到的文本。首先，他将文本录音，然后与达穆瑞·基卡一同询问报告人，请他们澄清某些较为模糊的段落或词汇——其中有些不是桑海语。《桑海人的宗教与法术》中的每篇祷祝词都有诵唱者的"签名"。从鲁什所拍摄的包括《疯癫大师》在内的数部神灵附体电影中，观众可以看见及听见这些祷祝词中的几篇。

神灵附体崇拜所用的法器

与所有优秀的格里奥尔追随者一样，鲁什搜集了与桑海神灵附体崇拜有关的实质器物。不过，鲁什对于"器物"（object）

采用广义的解释,认为它包含了所有"具体的"(material)仪式元素,据此,他认为音乐、舞蹈和服饰、祭坛、石头、手斧、羚羊角和人偶一样,统统算是"器物"。

在关于神灵附体仪典音乐的论述中,鲁什首先强调了声音在桑海神灵附体仪典中的重要性,然后开始描述仪典中的音乐、演奏这种音乐所用的乐器、这些乐器的来源及其神圣化程序。就与他同一时代的民族学作品比较言之,他对于乐器、乐器的起源及其神圣化程序的关注并无甚特别之处,但是,他对于勾吉(独弦琴)这种乐器的文化意蕴的讨论却值得在此复诵:"说到底,这种[音乐的]调子可以替代赞美歌的歌词。在聆听它时,人与神都可以听见它[用音乐]所承载的语汇。桑海人说独弦琴[或鼓]里带着话语,仪典音乐因而可以说是赞美诗的歌词的一种实质的辅助,它帮助记忆力去找回拗口的字眼。"(Rouch 1989, 146)鲁什接着开始推想音乐是否比桑海神灵的神话和赞美诗更重要,但他没有继续深入探索声音在神灵附体仪典中的力量(见 Stoller 1984a, b)。

鲁什也讲到了神灵附体仪典中被他认为是"与音乐分不开的"舞蹈动作(Rouch 1989, 145)。他区分出三种动作:温迪(*windi*),舞者一边依逆时针方向绕圈圈,一边随着一种缓慢、旋律性的节奏摇摆;加尼(*gani*),一位面向乐师的舞者,随着一种较快的节奏朝向乐师方向运动;还有分比(*fimbi*),舞者在乐师的正前方,随着一种由慢至快逐渐加速的节奏摆动头与手臂,直到神灵附体为止。鲁什在此也描述了许多不同的神灵如何降在他们的灵媒身上,但他并没有分析动作本身,也没有将这些动作的象征意涵扣连到诸神灵的神话学典故上（见 Gleason 1982）。

关于仪式法器的那一章以一份神灵附体崇拜有关器物之穷尽的谱录为结尾。鲁什写到了崇拜祭坛以及在司密里、贝戈鲁-通多（Begorou-Tondo）及旺泽贝的至为神圣的神灵之屋（及其守卫——昆保[kumbaw]）。在司密里与旺泽贝之类的桑海村落，有神圣的瓦缶（hampi）贮放着圣石，此外，还有东勾在暴怒发作时射到地上的雷石——新石器时代的斧头。至于在附身祭司的灵室里面，还有一大堆的围巾、冠和帽子、腰带与珠宝等——诸神灵在仪式中穿戴的东西。

无论如何，神圣的器物是危险的。当一样东西从日常的器物变成一个神圣的器物时，没有人能知道它的法力到底有多大，也没有人知道它们会对人造成怎样的影响。有这么一个例子：一块在戈泰伊的圣石，变成了被鲁什称为波特-马洛厄（porte-malheur，意即"厄运的载体"）的东西，"持有者必定猝死"（Rouch 1989, 181）。人类的作为有时候会释放出不可思议的力量，没有生命的日常器物变得蕴含了活生生的法力。

崇拜的组织

鲁什在《桑海人的宗教与法术》一书中称神灵附体的社团为 une société religieuse（一个宗教团队）。照他的说法，这样的社团创造了以位阶次序排列的一组特定角色。虽然神灵附体崇拜并不是一个教会，不存在被遥远的绝对权威控制的一个组织化的教士团，鲁什还是扩张了宗教社团的比较分析，倡言神灵附体社团反映了桑海社会的组织形态："据此以观，宗教社团有点貌似当代桑海社会，一群不同的小教堂借着同样的传统和目标而联结，尽管时有竞争，但一向相知甚深，并且通常以团结合作的心态来看待彼此的关系。"（Rouch 1989, 192）鲁什说参与宗教社团的成员被分成几大类。

信徒：与神灵附体直接或间接相关的男女。照鲁什的说法，除少数穆斯林教士外，差不多所有桑海人都可以归入此一范畴。当紧要关头来临时，绝大多数桑海人会对神灵献祭（Rouch 1989, 192）。

游艺人：游艺人可以是演奏咚咚（*dondon*，一种形似沙漏的双面手鼓）或岗加（*ganga*，一种圆筒状的双面鼓）的吟游诗人。照鲁什的说法，大多数吟游诗人系出参塔马（Santama）——法兰·马卡·波特的俘虏。吟游诗人通常与神灵附体社团没有从属关系。相对于他们，神灵附体仪典音乐的乐师不是独弦琴手便是瓠鼓手，这些专业乐师在桑海的乡间四处周游寻找工作机会（Rouch 1989, 195–97）。

附体舞者：这些男女是经过入门仪式、加入了一个神灵附体团队的灵媒。在任何一个桑海地方社群里都只有极小比例的居民是灵媒——尽管我怀疑自从鲁什初次田野调查之后这一比例有所增长（Rouch 1989, 197–203）。

"宁静"的女子：这些女子虽未曾经历附身，却是神灵附体仪式的忠诚追随者。她们协助举办节庆活动并受命为诸神灵准备食物，她们也在特别猛暴的附体场景出现时保护灵媒，以避免灵媒过于容易地伤害到自己。

乩码：神灵附体团队里的法师。他们的出身通常也是灵媒，但凭借着卓越的知识和组织能力而成为成功的团队经纪人。在尼亚美和阿约鲁之类的大城镇，每周至少有一次到两次神灵附体仪典（在周四或周日，甚至两天都有）(Rouch 1989, 204-9)。

昆保：这些男女是神圣的神灵之屋——贝戈鲁·通多过去曾经有过，至今仍可见于旺泽贝与司密里——的守卫者。昆保一职的起源不详，但它必定是世袭的。

索尔寇：法兰·马卡·波特的父系后裔，他们是诵赞诸神灵的歌者，也是图鲁众神灵的专门祭司。

这些在被鲁什称为"宗教社团"中生活的人，活在一个凡人与神灵关系交融的世界里。灵媒总是随时意识到他们所承载的神灵，而神灵则对他们的灵媒不断地发号施令。鲁什认为：参与神灵附体崇拜的人们有一个共同的宗旨——他们都遵循神灵的道路，这意味着：即使在一个像尼亚美那样有一个以上的神灵附体崇拜圈的大城镇里，这些崇拜圈之间也不会发生竞争。这样的和谐可能在多年之前曾经存在过，然而，对于钱财以及钱财可以买到的利益的饥渴，如今已经把整个桑海世界里的神灵附体社团卷入了无所不在的殊死争斗中（见 Stoller 1989a）。

神灵附体的实践

鲁什以他写作神话与崇拜组织相同的笔法描述了神灵附体仪典：他列出了曾演出的仪典的种类，然后以精练的新闻报道文体描绘了他亲身目睹过的仪典。虽然鲁什在此处的散文笔法平铺直叙，但其内容却极其重要——不仅对于非洲学家如此，对于宗教学者亦然。在这些枯燥的篇章里，鲁什提供了 1940 年代到 1950 年代在尼日尔所实行的桑海神灵附体仪典的一份详细记录。鲁什所描绘的许多仪典如今已不再举行，更引人注目的是：这些死资料在鲁什关于桑海神灵附体的电影中赫然被激活了。[1]

《桑海人的宗教与法术》中的法术

一般的桑海人对神灵讲话的方式是诵念谦卑的祷告文：恳求您给我们降雨；恳求您从天上涤净秽氛；祈求您饶恕我的丈夫、我的小孩。相反地，伟大的桑海法师（索汉祈）在面对神祇时却是高声吼出他们的命令。鲁什说，谦卑的祷祝反映了一种宗教的态度；傲慢的命令则反映了法师的态度。本质上，神灵附体和法术就是桑海文化宇宙之中两种截然不同的道路，依鲁什的说法，神灵附体是开放且公开的，法术则是封闭而私密的（Rouch 1989, 274）。

咒

咒——桑海语称为廓尔特（korte）——是索汉祈的功夫的基础。这个词汇传说中的起源被鲁什追溯到了曼丁语，在曼丁语中的 koroti 一词，意指"一句毒咒"（Rouch 1989, 298）。尽管我们模糊地知道，遥远的神的信使恩德比似乎在施咒一事上扮演了一个核心角色，但鲁什不能去记录关于其神秘起源的信息。索汉祈所诵念的种种祷祝词是只念给恩德比听的。

法师通常是男性，他们使用神灵世界来的向导来指引他们的工作。这些向导可能是魔神、诸神灵、祖先或阿塔库马——丛莽中的精灵。为维系与这些向导的关系，大部分索汉祈拥有并供奉仪式用的法器，如石头、祭坛、神圣化了的绵羊或山羊，等等。

此外，法师也必须强壮；他们必须强健自己的体魄，方能使他们的"工作"成功。索汉祈从父亲的血液与母亲的乳汁那里获得了法力的基础，但这个法力必须再加以补强，所以，索汉祈吃桔素——混合了根、叶及其他能增强法力的物质的粉末的一种小米饼，桔素会永远长存在胃里面，而胃就是法师法力的中心。

以桔素强化了以后，法师会采收植物与树皮，用以继续制造更多的桔素，或济其他施咒行法之所需。每种植物或树都必须遵照规定在特定的日子、特定的时辰采收，更有甚者，法师必须在"采收"过程中诵念正确的祷祝词，以表示他们对于草木的尊敬。当采来的草木已经被晒干并研成粉末时，他们就可以开始准备施行咒法了。他们一边混合粉末一边诵念秘咒——其中有些被鲁什摘译为法文。

虽然有好几群非经常执业的法师，但鲁什只对索汉祈情有独钟，他写道，索汉祈"以法术谋生且为法术而生"（Rouch 1989, 298）。他们是1463至1491年间的桑海王松尼·阿里·贝尔的嫡传后裔，而松尼·阿里·贝尔（或尊称为"司"）是一位"难以置信的、谜一样的战将……一位战无不胜、攻无不克的神王"（Rouch 1989, 299）。旺泽贝的索汉祈告诉鲁什，松尼·阿里·贝尔的入门师父正是恩德比。如果某人的父系与母系双方都是司的后裔，那他的法力就会是三倍：父亲的血液、母亲的乳汁，再加上从入门仪式得来的知识。

索汉祈倚神灵为盟友以执行其"工作"，他们也有秃鹰为其伴侣。秃鹰是索汉祈的灵界向导而非他们的图腾，他们的图腾是狮子。秃鹰是唯一能够飞上七重天、到达神之宫室的鸟类。鲁什说，真正的索汉祈会寻找并吃掉秃鹰的巢。我也曾见过索汉祈买来死掉的秃鹰在太阳底下晒干、研成粉末，然后将这些"黑粉"加在他们的桻素里。

法力最强、最有知识的索汉祈与"他者的"世界保持着不断的接触，这使他们成为无可匹敌的斗士。人们惧怕他们。他们保护村落不受巫术欺扰以及酋长们的侵渔。他们在茅屋里孤军奋战，通常与他们较软弱无力的邻居相互隔绝。索汉祈只有在极为罕见的场合——为净化一个村子，或为哀悼他们某位同道的逝世——才会集合跳舞，在鲁什的《旺泽贝的法师》（见第五章）中，就有这样的一场舞蹈。当锣音引进了鲁什电影中的法师之一时，这名男子吐出了一串小金属链——希犀利（*sisiri*），即其法力之物理性的显化形态。这个罕见的情景让观众席间的成年男子们热泪盈眶——在男人几乎从来不当众落泪的一个社会里。

索汉祈的神功有时候是无法解释的。在法力最强的索汉祈逝世之前，他们会呕出他们的链子并要他们的徒弟吞下去，这个行动会把师父的全部法力转移到徒弟身上，"然而，一位死去了的法师并未彻底离开人世。他必须持续地指导、持续地看顾着村子，就像他们活着的时候一样。但是，死者在生者之间的持续存在必然要扰乱世间的法则，毕竟，神创造的大地是要给活人的，死人应到其所造的另外一个世界去，而法师所反抗的正是这个无情的法则，他们凭着肉身所有的一切微弱力量，试图去战胜死亡"（Rouch 1989, 311）。这些想要反抗神的人的诡异力量，深深地烙印在《旺泽贝的法师》的影像里。打从第一组镜头起，观众就不得不为旺泽贝梦境一般的神秘所魅惑。

有武力的人民、有法力的神灵

就像从阿约鲁到旺泽贝的那位步履蹒跚但坚忍不拔的行者一样，《桑海人的宗教与法术》的读者们必须跋涉过一页又一页关于桑海诵祷词、咒语和仪式法器等稠密的文字描述。长路漫漫，蜿蜒过桑海宗教的结构，盘曲过众神灵、索尔寇及索汉祈的神话起源，再透迤过神灵附体崇拜的起源、结构与实践，在这一路上，读者见到了二十多位见多识广的桑海人——鲁什的报告人，他们为桑海人的思想与智慧构筑起了一个具代表性的样本。

像《桑海人历史研究》一样，《桑海人的宗教与法术》怎么说都不是一本引人入胜的书。如一位有良知的报社记者，鲁什"让事实自己说话"。他将注意力置于"谁、什么、何时、何处、为何以及如何"等新闻工作者的主要问题上。《桑海人的宗教与法术》是带有极少量甚至完全没有诠释的巨册资料汇编，它是一本反映鲁什对于桑海人长期投注的田野调查工作的书，它也证明了从鲁什在桑海人之间的"潜隐"所衍生出的相互尊重与信任。

对萨赫勒地区的专家来说，《桑海人的宗教与法术》是无价之宝。鲁什不仅记录了那些拥有后人所永远无法企及的丰富知识的男男女女的智慧，也观察到了许多如今已不再举行的仪式。对电影学者来说，《桑海人的宗教与法术》成了一份民族志的百科全书，它的扉页里包含着可以为鲁什关于桑海神灵附体的影片标定脉络的各种参照点。然而，对谨慎而专注的读者而言，本书还有一种更为广泛的价值；假如一个人遵循鲁什在《桑海人的宗教与法术》中描绘出的道路，他终将面对桑海法师——索汉祈；一种反抗逻辑法则、拒绝"人是为了死而出生"这一终极存在的生命之荒谬性的人。

没有任何理论足以解释鲁什在1940年代首次遭遇到的桑海世界的"动力学"（mechanics）。结果，他拒绝运用心理分析的解释或民族学的比较法：

> 讲到结论，我只想简单地说，无论人们能够从桑海人的宗教取向与另外一些人的类似取向中发现什么影响关系或者模拟关系，也不管揭示了什么基本结构和后续的综合，最重要的是这个宗教无论如何是一个原创性的宗教，复杂但一贯，就好像那些认同它的信仰、实践它的仪式并参与它的崇拜活动的人所体现出来的异中之同……在加鲁尔的丛林里用苇箭追逐一只狮子的猎人、耍弄着鱼叉的渔人、在库马西或阿克拉喧闹拥挤的街头追求冒险的年轻"黄金海岸族"，以及在旺泽贝的茅屋里力拒神与魔鬼的索汉祈法师。（Rouch 1989, 321）

这些耐人寻味的句子，就是《桑海人的宗教与法术》的结尾。它们让读者得以瞥见鲁什的电影视野，也证明了参与式民族学的框架是鲁什的电影——在桑海世界里真实上演的生活剧——的魅惑力的核心。鲁什一边为了写《桑海人的宗教与法术》这本书而搜集资料，一边在拍电影。例如当他在拍《旺泽贝的法师》时，同时也在搜集旺泽贝的索汉祈的资料。借由这种方式，电影的拍摄刺激了历史与社会学的研究，而那些研究的成果则进一步充实了影片的内涵。远在他的作品成名以前，并没有将"电影"与"民族志写作"或"拍电影"与"搞民族学研究"强加分割开来的人为疆界，好比鲁什就可能会说：为何不用拍电影来诱出历史与社会学资料呢？

第二部

影人魯什

楔子

两位精神之父与一个吹毛求疵的"儿子"

Haawi ga di buyan bande.
死亡也不能磨灭遗憾。

——桑海谚语

我们已经见识到了马塞尔·格里奥尔对于让·鲁什之成文的民族学的影响。这些作品充斥着小心翼翼搜集来的资料——这些资料为鲁什提供了一个坚实的基础,使他得以尝试去用桑海人的观念诠释桑海人的世界。它们既不引人入胜也不刺激,它们主要是鲁什一边拍民族志影片一边辛辛苦苦获得的信息的贮存库。

格里奥尔鼓励他的学生拍摄仪典。在他看来，影片是打开某些民族学之门的一个方法上的钥匙——为求达到更深刻的成文民族志这一目的的手段。在鲁什来看，电影显然不只是一个工具。尽管在他的成文作品方面，鲁什可以被肯定地称为"格里奥尔之子"，但他的电影的风格与质量，却深受他的两位影艺上的精神之父——鲁什的影像作品所推尊的罗伯特·弗拉哈迪和吉加·维尔托夫——的作品的启发。从一开始，鲁什就意识到：印刷出来的书页那种死板板的空间，根本无法抓住桑海生活里纷杂的真实所具有的活力，也就是它们的生命，所以鲁什用拍电影来让桑海的真实活起来。

祖述弗拉哈迪

法国电影批评界泰斗乔治·萨杜尔曾称呼罗伯特·弗拉哈迪为电影界的让-雅克·卢梭（Sadoul 1990）。曾被许多电影史家誉为纪录片创始人的弗拉哈迪，是电影界伟大的天才之一。在1938年鲁什于人类博物馆遇到这位美洲探险家、地质学家兼影片创作者时，弗拉哈迪已经拍出了他最重要的电影中的三部：《北方的纳努克》（1922）、《莫阿纳》（1926）及《阿伦人》（*Man of Aran*，1934）。后来他又拍摄了他的另一部重要的电影《路易斯安那故事》（*Louisiana Story*，1948）。

弗拉哈迪最伟大的作品是《北方的纳努克》。作为一部经典纪录片，《北方的纳努克》至今仍不时被用来当作人类学的教材。一如训勉他的学生不要怕多花时间的格里奥尔，弗拉哈迪

也是一位极有耐性的影片创作者。他曾评论道:"电影是从一点到另一点之间最长的距离。"(转引自 Sadoul 1990)

《北方的纳努克》不是一夜之间拍出来的。弗拉哈迪于 1910 年开始探索加拿大的北极带,原本是为一家采矿公司找寻矿脉。一直到 1913 年他第三次出任务时,弗拉哈迪才开始拍摄因纽特人(见 Flaherty 1960;Rotha 1980)。然而,弗拉哈迪不小心在多伦多烧掉了他辛苦拍摄的超过 21300 米的片子。影评人公认这部 1913 年拍的片子很粗糙,弗拉哈迪本人也不喜欢这部初试啼声之作(Rotha 1980)。1915 年,他进行了第四次加拿大矿业考察,可惜这次任务没能产生任何影片,直到 1921 年,他得以与纳努克人一起生活一年时,才拍出了《北方的纳努克》。

1921 到 1922 年,弗拉哈迪发现哈德逊湾岸边的严酷条件虽然令人气沮,但不是不能克服的。在北地的严寒中,他建起了一个暗房和一个投影室。在他的临时放映室里,弗拉哈迪为纳努克人和他的亲友放映了"赶工品",并引发了众人的评论。

弗拉哈迪和鲁什有许多共性。两人都是以科学探险家身份展开他们的毕生事业的,不过,弗拉哈迪的例子给予鲁什最重要的一课,却是关于参与。"在鲁什看来,《北方的纳努克》是对人际关系的一场礼赞;它结合了从观察积累得来的熟悉度以及从交往、参与而得来的亲近、自然的感觉。"(Feld 1989, 232)但是,弗拉哈迪的参与超过了与人们一同生活、了解他们的方式的层次。他不仅向纳努克一家求取反馈,甚至请他们教他拍电影——为他解答关于"某些事件是否有必要拍"之类的问题。于是,拍电影在弗拉哈迪来讲就成了一种集体创作,影片创作者与被拍摄的人们之间的鸿沟也就弥合了。在鲁什看来,《北方的纳努克》"绝非关于无名演员的一套分离割裂的影像,而是在两项基础上作出的一场深思熟虑的筛选:一方面是对因纽特人日常作息的观察;另一方面是纳努克把具有代表性的版本搬上舞台的辅助能力"(Feld 1989, 232),这就是鲁什所说的"事实的'上演'(staging)"。

1954年,当他在阿约鲁把白布挂在泥砖墙上放映《大河上的战斗》时,鲁什心中究竟有没有想到罗伯特·弗拉哈迪?与因纽特人一样,阿约鲁的桑海人很快就了解了电影的语言,而且同样地,一部影片衍生出了许多部影片。在阿约鲁的这次"共享电影"(shared cinema)的经历,是鲁什正式入门成为影片创作者这一过程中的主要事件,它也让弗拉哈迪和格里奥尔一样,并列为鲁什的三位精神之父之一。

一位多贡老者正在用一种仪式性语言(司归唆)讲话,《阿马尼的喧嚣》(*Les clameurs d'Amani*)。让·鲁什,民族志影片委员会

维尔托夫再世

弗拉哈迪对于鲁什的创造性影响,基本上是方法论上的,而吉加·维尔托夫则以他在电影上的贡献引出了鲁什电影艺术之心。维尔托夫关于"电影眼"与"广播耳"的观念突出地表现在鲁什的"真实电影"手法里——影片创作者在拍摄的同时也在剪辑,摄影机变成影片创作者身体的一个延伸。就这个意义来讲,维尔托夫的电影概念是弗拉哈迪的参与式电影的艺术性延伸。

与谢尔盖·爱森斯坦同时代的维尔托夫生于1896年的波兰,后来成为1917年俄国革命后涌现的实验性苏维埃电影潮中的健将。萨杜尔称维尔托夫为"电影眼的先知"(见 Sadoul 1990; Vertov 1985)。维尔托夫最重要也最具革命性的理念,表现在他于1922年设立的一份影像杂志《电影-真实》(*Kino-Pravda*)以及《持摄影机的人》(*The Man with the Movie Camera*,1929)(见 Vertov 1985)。在《电影-真实》中,维尔托夫拒绝电影的剧场性质并宣扬电影导演、演员和工作室的过度泛滥。维尔托夫的目的是将电影埋进真实生活所具备的那种刺激性的深度里去,以求在电影的推促、提示下建构出真实。[1]

今日的电影史家公认维尔托夫是观念超越了他当时科技能力可及范围的一位梦想家。维尔托夫呼吁将他所说的"电影眼"与"广播耳"相结合——影像与声音的融合。的确,在维尔托夫的第一部长片《前进吧,苏维埃!》中,字幕的文稿被做到与影像几乎同等重要的程度,但维尔托夫对同步音效摄影机的梦想却到1960年代初才实现。

正如史蒂文·费尔德所指出的,维尔托夫的电影手法是对现实主义理论的迎头痛击。维尔托夫区分现实主义的理论与"现实"(reality),不同于制片工作室的编造现实,维尔托夫在《电影-真实》以及《持摄影机的人》中例证了掌握实地进行中的生活的一种"电影-真实"的方法:"在维尔托夫看来,电影的现实主义是主题性的和结构性的,是建立在对于进行实际工作中的真实的人的一点一滴的观察之上的。这些点滴无论如何免不了要经过电影创作者的组织,以求表现他本人的观点或他对内涵的陈述。"(Feld 1989, 233)《电影-真实》对"被动接受的现实主义"(received realism)的当头棒喝,要求以新的方式去思考、使用摄影机。费尔德引述了经鲁什转述的维尔托夫的名言:

> 我就是那电影眼,我就是那机器的眼,我就是向你呈现仅仅是一台机器所能看到的世界的那台机器。从现在起,我将从僵固不动里解放出来,在持续不断的运动中,我拉近事物,又远离它们,我进入它们。我随着一匹赛马的鼻头运动,我极速穿过人群,我跑在上火线的士兵之前,我与飞机一同起飞,我后空翻,我掉落又站起身来,就像人体那样坠落又站起身来。(Feld 1989, 233)

在维尔托夫看来,肉身和摄影机是同一个东西;这个"机器-肉身"在进行影像记录时获得了意识。但摄影机不是在记录客观的现实,它是在创造一个电影的现实(cine-reality)。摄影机——影片创作者的身体-心灵的延伸——以这样的方式"有意识地"参与了对生活的拍摄。

弗拉哈迪为鲁什提供了参与方法、共享电影的模范,而维尔托夫则引导了鲁什去创作"真实电影"——为鲁什所大量运用的技法——的片子。维尔托夫为鲁什提供了一个理论模型,这个模型同时在政治上与认知论上强化了他的影艺工作。

一个吹毛求疵的"儿子"

让·鲁什有许多电影曾获得极高的喝彩,有些是在影艺上创新的大师之作;有些唤起了无法虑及的甚至无法想象的东西;而大多数都令欧洲和非洲的观众同样感到刺激、振奋。鲁什的电影一方面是弗拉哈迪所首创的"参与式电影"的证明,一方面则是对于维尔托夫的遗产——被鲁什称为"电影-真实"(ciné-vérité)的理念——的礼赞。鲁什的影艺工作证明了他对其精神之父的一种尊敬:吟游诗人说得好,只要儿女不尊敬祖先留下来的传统,则"死亡也不能磨灭遗憾"。

这就进入那吹毛求疵的"儿子"的范围了。在此以前出版的关于鲁什作品的评价,委实是电影批评领域的绝佳范例,但在民族学方面则显不足。[2] 在本书的这个部分,这个吹毛求疵的"儿子"将从民族学的角度审视鲁什关于桑海人的五部电影以及他关于多贡人的系列影片,其中《旺泽贝的法师》(第五章)

及《以弓猎狮》(第六章)两部是关于桑海法术的影片,而《美洲豹》(第七章)——此处所讨论到的唯一一部民族志式虚构影片——则是关于移民与社会变迁的电影,另外还有《疯癫大师》与《昔日的鼓:图鲁与毕褆》两部是关于桑海神灵附体的影片(第八章与第九章)。关于多贡人司归祭典的影片(第十章)讲述的是复杂的宇宙起源论知识如何借由仪式而得以代代相传。依照鲁什式的风格,在此处被分析的几部影片唤起了一些不属于民族学范畴而且超越了西非的风土情境的主题——有些是哲学上的,有些是方法论上的,还有一些是政治上的。我的目的不在于重复那些对鲁什的电影在历史上及技法上的成就鞭辟入里的评论,而是将目光焦点带到那些攸关影人鲁什一生志业的民族学与哲学的主题之上。这是"拍电影的吟游诗人"的责任,这也是衷心信奉桑海谚语"死亡也不能磨灭遗憾"的一个吹毛求疵的"儿子"的责任。

第五章

《旺泽贝的法师》

Fundi si fun nangu follon.
没有战斗,日子便没法过。

——桑海谚语

任何一个曾经到过旺泽贝的人都会感到它给人的强烈印象。当我在1977年第一次造访该地时,我可以感觉到这种印象,但却无法了解它。数年后,旺泽贝的首席女祭司卡赛对我诵念了一段神话,这段神话揭示了"过去"在这个法师之村所展现的风貌。听听卡赛的说法:

皋城的统治者曾经在诸松尼座下称臣,最后一位松尼是松尼·阿里·贝尔或司,他就是我们的祖先。然而,有一天,司被马马尔[即阿斯基亚·穆罕默德·杜尔]杀了。司有三个儿子:巴鲁、达乌达和达乌达·阿尔巴纳(Daouda Albana)。在司死后,司·巴鲁和司·达乌达逃到了南方,而司·达乌达·阿尔巴纳没有逃,结果,马马尔的人在接近皋城的尼日尔河边逮住了达乌达·阿尔巴纳。依照马马尔的命令,他们要把达乌达·阿尔巴纳的首级带回去给他们的君王当作战利品。然而,当他们砍下他的头时,他的头并没有掉到地上,而是飞上了天。马马尔的人被吓坏了,赶忙把达乌达·阿尔巴纳的尸身丢进了尼日尔河。于是,浪潮带着那尸身向南漂流,同时,他的头颅也在空中跟着向南飘。当尸体漂到加鲁尔河汇入尼日尔河之处时,它转向漂入加鲁尔河并逆流而上,那头颅也就跟着转向西行。如此,尸体和头颅继续前进,直到那尸体漂到了一个后来变成旺泽贝的地方。司·达乌达·阿尔巴纳的头颅在这个地方降到了地上,与他的尸身合在一起。达乌达·阿尔巴纳在浅滩处站了起来,说:"我要在这里建个村子。"结果,他实现了这句话。他娶了当地的古尔马女子,生了许多儿女。然后,有些儿子又娶了古尔马女子;有些则娶了他们的表姊妹。旺泽贝就这么建立了起来,也就这样一直存续到今天。(索汉祈卡赛,旺泽贝)[1]

当卡赛告诉我旺泽贝的起源神话时,我才头一次体会到它在法术上的盛名的历史纵深。正如鲁什在《桑海人的宗教与法术》中所写的:索汉祈借由法术上的技艺以抗拒死亡。在阿斯基亚·穆罕默德发动政变之后,司·达乌达·阿尔巴纳成为一名亡命者,但阿斯基亚的人很快地抓到了他。他已经失去了权力、失去了自由并且几乎就要失去他的脑袋,但松尼·阿里·贝尔的血液流进了他的血管——父亲的法术知识刹那间照亮了他的意识。他在肚子上抹了松尼·阿里·贝尔的姊妹卡赛的乳汁,就这样,司·达乌达·阿尔巴纳逃过了一死。他被砍下来的头颅飞上了天,随着被斩首的尸身顺着尼日尔河南漂,然后又沿着加鲁尔河西漂,直到抵达旺泽贝的基址为止。他的身体在那里再度合而为一,然后在那里建立了旺泽贝。他是第一个索汉祈;他的故事为他的后代子孙设下了一个典范——就像他们的始祖一样,他们证明了:"没有战斗,日子便没法过。"

在旺泽贝,神话的过去与压迫性的现在相互递换;日常的与不可想象的事物交融一体。司·达乌达·阿尔巴纳的傲骨、承担与戒慎警惕——他那克制下的暴怒——至今仍在旺泽贝的眼眸里燃烧着,在这样的一个地方,陌生人怎能轻松自在得了呢?

旺泽贝的意象

《旺泽贝的法师》以双面铜鼓的咯嘣(*gbunk*)巨响拉开序幕。在持续的音乐声中,我们看到了第一景:一个秃鹰头——

旺泽贝索汉祈的象征。我们知道秃鹰可以高飞上天，谛听神的秘密，而索汉祈也知道大地、天空、树木与榛莽的秘密。

鲁什和他的团队从亚塔卡拉前往旺泽贝。我们看到了当地的图亚瑞格族酋长以及桑海大酋长肃尔吉亚（Sourgya）的形象。那天是个集市交易日，女人们坐在那占满了市场的巨大的蔻阔耳贝树荫底下，市场两边分别是索汉祈和卡力雅两个街坊。

鲁什开始讲话，告诉我们旺泽贝的人不喜欢陌生人；他们当然怀疑欧洲人，也不信任任何外来者。鲁什的向导纳西欧·迈加（Nacio Maiga）在市场上受尽冷落，尽管他是一位桑海贵族、阿斯基亚·穆罕默德·杜尔的嫡系子孙，旺泽贝人还是拒绝和他握手，也不跟他说话。

一位索汉祈在他的茅屋前

从电影一开始，观众就知道了旺泽贝是个冷冰冰的地方——至少对外人而言是如此。但撇开此种仇外心态，旺泽贝和其他村子一样，有它的日常作息。和在其他村子、其他国家的小男孩一样，这里的小男孩也玩游戏取乐。在旺泽贝，他们流行的游戏是用单脚跳来跳去。但鲁什并没有驻足赏玩孩子们的游戏，因为旺泽贝是属于他所说的"法师"的村子。

鲁什将旺泽贝的几位法师介绍给我们认识，他们分别是巴拉克（Barake）、嘉杰（Djaje）和巴卡力（Bakari）。旺泽贝的首席大法师是一位戴着沉重的铜珠链、手执罗罗（*lolo*）——嵌着覆有凝结的血块的指环的一根铁杖——的盲眼老人。我们也见到了另一位索汉祈的法宝：巴卡力的银戒指。这个银戒指形状像一匹有着秃鹰头的马，上面骑着一个有秃鹰头、人身的骑士，它再现了史上第一位索汉祈松尼·阿里·贝尔的形象。

另一位旺泽贝的法师是住在卡力雅的莫西·巴纳。虽然莫西·巴纳并非出生于旺泽贝，他却既是一位索汉祈也是一位乩码——旺泽贝的附身祭司。鲁什的摄影机随着莫西进入他的家院；院中央是四株神圣的树和一座祭坛，莫西就在这里做他的神奇"工作"。其中最重要的一点是：这四株树代表了四个主要的方向，它们被定时地浇灌以牺牲的血液与香水。

莫西在家里的形象让鲁什得以比较广泛地谈论旺泽贝的众多索汉祈。他们之中的大多数人会占卜，其中最杰出的几个——譬如莫西——还会一种被称为拉布卡尔（*laabu kar*）的技术，也就是风水学；其他人则会诺瑞佐卡尔（*nor'izo kar*），也就是以玛瑙贝占卜。许多的人自远道而来请这些占卜师为他们看"路"。若一名旺泽贝的孩子想要远行到几内亚海滨,他也会来求教于一位像莫西·巴纳那样的索汉祈。

旺泽贝的法师是洞悉过去、现在与未来的大师,也是语言的大师。他们熟背上百篇诵祷词,用以指示他们的向导,如神灵、魔神、祖灵或阿塔库马(丛莽中的精灵)等,为他们执行任务。然而,索汉祈的主要诵祷词是根基皓(genji how)——鲁什将之译为"系起丛莽"(attacher la brousse)。经由索汉祈的诵念,根基皓将为丛莽中敏捷善变的力量与邪恶有害的力量带来一种平衡,若失去了这种平衡,索汉祈本身将会陷于重大的危险之中;他们的"工作"将会失败,他们也可能会遭遇到法力暂时消失的后果:衰弱、疾病,甚至死亡。

索汉祈也是药用及法术用植物的大师。鲁什的摄影机跟着莫西·巴纳进入丛莽,记录了他采摘草木的情形。鲁什以这样的方式说明了采集那些蕴含着非物质性力量的草木必须如何谨慎小心:为准备采摘一些树皮,莫西先诵念了根基皓,然后虔敬地向树木做自我介绍、请求它的原谅。念完这些诵祷词以后,莫西从那棵树的东、北、南、西四面各切下一部分树皮。

对于莫西·巴纳的呈现令人印象深刻。这是一个已经彻底掌握了他的世界的成熟的人,他对于语言、植物与占卜的知识让他得以从宇宙攫取力量,以保护他的村子免于邪恶、有害的力量。他是一个以自豪与知识成就自身为自己的主宰的人。

鲁什关于一场法师之舞的描绘,凸显了索汉祈之自我主宰(self-mastery)的这幅图像。在1940年代和1950年代,索汉祈的舞蹈并不罕见,当时,这样的舞蹈经常因纪念各种穆斯林节日、净化勾司（gosi，女性的成年礼）、标识一位索汉祈的逝世或者净化一个村落等理由而举行。后来，伊斯兰教的影响力和压力使索汉祈的舞蹈变成了稀有的场景。

在《旺泽贝的法师》里，并没有向观众交代片中的那场法师之舞为何而举行，是一位索汉祈过世了吗？是旺泽贝需要净化吗？我们也无从得知这场舞是在旺泽贝的哪个地方演出的——尽管它看上去像是在索汉祈的街坊举行的。从《桑海人的宗教与法术》一书中，我们可以得知鲁什拍摄这场净化仪式发生在1948年12月13日。内部龃龉使旺泽贝的法术失效。我们也可从该书中读到：这场舞的首席舞者是一位名叫耶鸠（Yedjo）的老索汉祈（Rouch 1989, 310-11）。

在一座被当成村落广场的灰扑扑的土丘顶上，我们看见了一群人在那里聚集，包括三名铜鼓手和一名观众，其中有好几位本身就是索汉祈。耶鸠穿着黑色的布布装，左手拿着一把铜柄被做得形似一个秃鹰头的单刀，右手拿着一柄罗罗——驱除巫法的令牌。我们听见铜鼓乐队发出有节奏的巨响。

索汉祈耶鸠准备开舞。他先用沙在舞场上作出一个施法圈——这是"系起丛莽"的一种方式。然后，他把一根钉子埋进沙里，再用一块石头压在上面。这些"工作"可使巫师们看不见耶鸠，却让耶鸠看得见他们——就算他们居住在很远以外的村落，也难逃他的法眼。

一切已经就绪，耶鸠开舞了。他一手握令牌一手持单刀，循着沙向自己的右边滑行，以驱逐妖魔。吟游诗人唱起松尼·阿里·贝尔的赞美诗：

> 司在夜间飞翔
>
> 司在雄鸡初啼之际飞翔
>
> 司·巴鲁［松尼·阿里的儿子］
>
> 司·阿勒迈［司·巴鲁的儿子］
>
> 司能在一个人的帽子与脑袋之间杀死他
>
> 司能在一个人的鞋子与脚之间杀死他
>
> 司能在一个人的衬衫与颈子之间杀死他。
>
> （Rouch 1989, 100）

在长达数小时的舞蹈之后，耶鸠累了，要了一点小米粥。就在这时，以前的桑海奴隶来到了舞场中，其中有一个女人在衣服底下塞了一个葫芦，另一个女人在裙子底下藏了一根棒子。或许有一点性别倒错？

很快地，耶鸠又踏起了缓慢、庄严的舞步，当他轻轻滑过舞场时，他那顶波浪般起伏的黑冠旋转着。然后，耶鸠的儿子加入了舞蹈。两人的眼睛都胀圆了起来。耶鸠的儿子很快地陷入了附身状态，他猛烈地舞着。然后，耶鸠仿佛被电击一般浑身震颤起来，随后，他暴凸着双眼，呕出了一条小金属链来；挂在他舌尖上的这条金属链，足足摆荡了好几秒钟。

> 现在他可以比平常看得更清楚。他看见了四方的妖魔，他刺穿了惊慌失措的泰亚尔考（tyarkaw，即巫师）。就在这几秒钟之间，他是统治一切丛莽、一切村落的危险的主宰。然后，他打着响嗝向后仰，费力

地吞回那细小、精巧的链子。他不发一言、不动声色；但观众们一见到那条链子，便被一种高涨的情绪支配。他们颤抖着对空高举双臂，狂野地四处走动，并且痛哭流涕。(Rouch 1989, 311)

人们可能会认为这个呈现高昂情绪的、令人难以置信的景象就是这部影片的结尾，但事实并非如此。鲁什是以市场、孩童们的游戏等一些能够给我们以一种在地的感受的乡村生活景象展开《旺泽贝的法师》的，最后，他以一场年度仪式——对萨尔古美魔神的献祭仪典——来作结。

所有的男人，无论老幼，一齐爬上萨尔古美山顶去宰一头母牛，以献给这座山的守护魔神。倘若那魔神接受了贡品，旺泽贝的人民就可以期待未来一年是健康、多产的一年；倘若魔神不接受贡品或者人们没有上贡，人民就将多灾多难。这场仪式由旺泽贝的索汉祈主持，他们当中的首席大法师将负责小心翼翼地切开牛的喉管。索汉祈们细心观看血怎么流，以断定萨尔古美魔神是否已接受了贡品。随后，男人们宰牛，索汉祈则升起一堆火，之后将牛肉烤了，分给一大群男孩子。剩下的一点肉将被埋在土里，以确保旺泽贝又一年的健康快乐。

《旺泽贝的法师》的影响

《旺泽贝的法师》通常被列为让·鲁什较早期的电影之一，也是他较少被人观赏的几部作品中之一。但是，老耶鸠呕出仙法链的景象，却使它成为鲁什最重要的作品之一。有人可能会说《旺泽贝的法师》只不过是一部民族学纪录片，的确，它有对于一个偏僻的非洲小镇旺泽贝的鸟瞰式综览，有影像记录下来的仪式过程——诸如给萨尔古美魔神的献祭、法术用植物的采摘、诵祷词的宣读等，也有给一位旺泽贝法师莫西·巴纳的画像。

因此，《旺泽贝的法师》符合许多对一部民族学纪录片的期望。但是，经过了鲁什的妙手，这部片子比民族学纪录片更进了一步，因为它使欧洲的观众直接面对到显然超出其信仰容许范围的一系列影像。一个人怎么能在胃里带着一串小金属链（鲁什猜它是铜做的）？这样一条链子难道不会毒死一个人吗？这样一条链子的出现又怎么能被转化成法师的法力之源，就像桑海人所认定的那样？

在《桑海人的宗教与法术》中，鲁什承认：旺泽贝的索汉祈挑战着那些为科学世界观奠定了基础的种种规则，他们反抗并且支配神，他们拒斥死亡本身，他们还能施展西方人一无所知的神功。

在《桑海人的宗教与法术》中，鲁什对于旺泽贝的索汉祈之舞的描写是冷静、不带感情的，但在《旺泽贝的法师》中，他的描绘是令人惊悚难安的——特别是老舞者耶鸠呕出金属链然后又费尽气力地将之吞回肚里的那一段。从桑海人及索汉祈的观点看来，这串链子是个人法力的顶峰，事实上，它的法力是如此之强，以至于只有少数的男性索汉祈——那些比较具有冷静、审慎的倾向的人——能获选去带一串链子在胃里。

一位索汉祈能凭两种方式中之一去取得链子。鲁什和我都曾记载过的一种方式是由父亲传给他的考伊夏（koycia，即继承人）（见 Stoller and Olkes 1987）。在索汉祈将死之际，会将他所有的链子（有些索汉祈有一条以上）吐在胸前，并要他的继承人吞下去，法力因此而得以代代相传。近来，因为缺乏合适的候选继承人，有许多过世的索汉祈没有将他们的链子传给任何一名继承人。当一位父亲确实将他的法力传给儿子或另一名继承人时，那链子就不被称为希犀利，而称为该名索汉祈的"高伊吉涅"（goy jine），即"工作用的东西"。

第二种取得链子的方式是吃一种叫"桔素"的东西——也就是仙法饼。这种饼的做法是：将某种特殊的树皮（我到现在还不知道那是什么树）所研成的粉与一只山羊的血、小米粉和水做成面糊，然后再烘焙成饼食用。吃桔素会使胃因胀气而增大，当吃的人的胃回到正常大小时，他们会说他所吃的桔素已经"躺下来（a ga kani）睡觉了"。据说桔素会一直静静地睡在索汉祈的胃里，直到它被铜鼓节奏性的巨响以及挥洒流畅的索汉祈之舞"唤醒"（tun）。当桔素被唤醒时，它就会变化成索汉祈所呕出的那条小金属链。照我的老师们的说法，当那条链子在人的胃里时，它会一直保持着一种有机物的状态，在索汉祈进入附身状态的时候，桔素会转化成一种有机物质（Stoller and Olkes 1987; Stoller 1989b）。

《旺泽贝的法师》引起了观众的好奇，其中有些人甚至下决心亲身去体验这个法师的村落，泰拉——旺泽贝的所在地——的一位法国殖民者便是其中之一。他跑到旺泽贝去向索汉祈学习,之后不久,他就被法国医生们撤离到尼亚美的医院:他显然已经发疯了。鲁什在医院里见到了这个人"处在一种迷惘的状态中"。[2] 无力处理他病况的尼亚美医生们决定将他送回法国,结果,就在他踏上法国的土地时又恢复了清醒。后来,他再也没有回到尼日尔过。

泰拉的新任法国行政长官邀请鲁什参加了在旺泽贝的一场实验,因为他不相信人有可能在胃里带着一条金属链生活。他认为有一种方法可以验证这种说法的真实性,那就是给法师照X光——对象最好是号称有一条金属链在肚里的那位老耶鸠。于是,鲁什带着这个人上旺泽贝去,两人配备着发电机和一台X光机,走进了这名闻遐迩的村落。就在他们在宗戈安营扎寨之后不久,暮色便降临了这个村子。他们安逸地坐在导演椅上啜饮威士忌,而旺泽贝的首席索汉祈嘉杰则在远处散步经过。就在这之后不久,这位怀着科学好奇心的行政长官忽然失去了神志,无意识地朝泰拉狂奔而去。他没再回头,也没再提过那个实验。[3]

第三位泰拉行政长官是法官出身,他也想多知道一些有关法术之村旺泽贝的事情。不幸的是,在一次介入旺泽贝的村内政治之后不久,他腰部以下全部瘫痪。正如他的前任一样,这严重的疾病迫使这名法官撤退到尼亚美。当地医师对他施术救治,但他的状况并没有丝毫改善,结果,殖民官员决定将他送回法国。当他一回到法国,马上就能走了。此后他再也没有回到尼日尔过。[4]

当《旺泽贝的法师》在尼日尔上映时,法师之舞那一段让许多人心神不宁。尼日利亚的知识分子并不想争辩希犀利在科学上的可能性，而是抱怨鲁什的异域主义（exoticism）。他们不喜欢这样一部影片投射在尼日利亚民众身上的"原始光泽"。事实上，连旺泽贝的人也抱怨这样的影片"让我们看起来好像不过是一群禽兽。你们这些人懂得什么？"⁵ 然而，当鲁什在 1988 年放映《旺泽贝的法师》给尼亚美大学的学生看时，他们却深为这部片所着迷（Rouch 1989, 315）。

《旺泽贝的法师》的重点既非为桑海法师能够在胃里装着小金属链一事提出科学性的证据，也不在于给旺泽贝的索汉祈涂抹出一幅充满异域主义的、原始的图像。就整体观之，这部影片怀着敬意地描绘了一个村落的生活。在他的写作以及影片中，鲁什似乎对这些拒斥死亡、呕出又吞回法力之链的人充满敬畏。

就像在我们将要讨论到的其他几部电影中一样，鲁什在这部影片中的角色也是一位拍电影的吟游诗人。他述说了旺泽贝的故事、自豪地将本身扣连到他们的历史与祖先的一群人的故事。然而，这个故事迫使我们去面对某些根本的存有问题。这些旺泽贝人怎么能抗拒生理学的法则呢？假若这些人能够呕出金属链并且反叛社会规律，那他们究竟能教给我们什么攸关于我们自身的东西？这世界上有什么是可能的？《旺泽贝的法师》中的情景迫使许多西方观众去重新思索许多视为理所当然的范畴观念。同样地，其中的某些景象也可能强迫那些受了西方教育的非洲观众去面对那些他们乐于将之遗忘的世界。

桑海魔法的世界

但是,一名吟游诗人——就算是一名拍电影的吟游诗人亦然——很少直接告诉人们怎样去思考或怎样去反应;他比较乐于揭示可能性,并且指引人们走上隐喻的过道。鲁什把整部《旺泽贝的法师》都花在记录旺泽贝的法术世界,但在他关于桑海宗教的写作中,他只用了短短的一章来讲述法术。然而,《旺泽贝的法师》却提问道:法术(magic)是什么?在桑海世界里的魔法(sorcery)又是什么?旺泽贝的索汉祈在孤零零的茅屋里独自一人施展的是什么功夫?观众只能得到局部的解答。

简言之,索汉祈的作为被称为廓尔特,即施行"咒法"(charms)。鲁什说廓尔特是让索汉祈法师之为法师的知识,它也让索汉祈有别于魔法师。这种分野并不是十分恰当的,因为它有将欧洲式的善恶分野硬套在欧洲人以外的民众头上的嫌疑。对欧美人来讲,除非被贴上"黑法术"的标签(是这个标签把它变成邪恶的),法术一般来讲是好的[6],相对地,魔法则是彻底邪恶的,因为欧美人没有所谓"白魔法"这样的观念范畴。然而,在桑海,"善的"法术与"恶的"魔法之间完全没有截然清晰的区分——实际上,我认为这样的区分在桑海的世界里根本不存在(Stoller and Olkes 1987; Stoller 1989b)。在桑海,魔法(我用这个词来涵括被其他人称为法术或者魔法的一切)的世界是与道德完全无涉的,在这个以无止尽的争斗为特征的世界里,没有好的法师(magician)或坏的魔法师(sorcerer)之分,只有法力的层次高低。魔法的修炼让这些人当中最强的少数得以反抗社会规律,傲视神灵,终至于拒斥死亡本身的终结性。

有三个例子——两个来自鲁什,一个来自我在索汉祈中间获得的亲身经验——足以凸显上述论点。第一,按鲁什所说,当一位索汉祈就像我们在影片中看到的那样在一场索汉祈之舞中呕出他的链子时,他也处在一种极度危险的情境中。如果这位舞者真的是人群当中法力最高的索汉祈,他可以毫无意外地现出他的链子再吞回去。但是,假如他太高估了自己的法力,他的对手——或许是一名亲戚——就可以用一种被称为代尔(*dire*)的招数使他没法再把链子吞回去,导致他死亡(Rouch 1989, 304)。

旺泽贝的巴拉克给了鲁什第二个关于索汉祈之间非道德的争斗的例子:"有两个索汉祈,彼此亲密到用同一个盘子吃饭,两人的法力也在伯仲之间。有一天,其中一人因为虚荣心的驱使而在另一个人面前端起了架子,以一种好似在暗示'我比你强'的态度看着对方。另一个人也一语不发地看着他,结果,第一个人就再也吃不下任何东西,他终于被迫承认对方胜他一筹:不然他就会丢了性命。"(Rouch 1989, 314)索汉祈必须随时保持警觉,必须随时明白自身法力的相对强度。对他来讲,根本没有对或错的问题,法力是唯一的道德——比生与死来得更重要。

第三个例子发生在索汉祈村——司密里(在尼亚美东北七十公里)以西约四公里的一个魔法师的村子。我在1989年到索汉祈村去拜访我的老师索汉祈阿达穆·耶尼通勾(他在1988年3月逝世于蒂拉贝里)的兄弟姊妹。索汉祈是一个小村,住着源出于旺泽贝的耶尼通勾家族的众多成员。雅亚·耶尼通勾（Yaya Jenitongo）和寇达·耶尼通勾（Koda Jenitongo，意为"耶尼通勾家的老幺"）两位族长掌管着索汉祈村。尽管他们就住在隔壁，两人却有多年不曾交谈，许多年前的争斗泯灭了他们的手足之情。由于我先拜见了寇达·耶尼通勾，所以就选定了住在他家。我到当地的第一天就在他家里吃午饭，并且为他准备的丰盛菜肴而感到极为高兴。当我们坐在一大碗的小米糊与黑酱前面准备开动时，雅亚·耶尼通勾的妻子送来了她自己做的一大碗——也是满满的小米糊，上面放着芳香开胃的黑酱。当然，我对雅亚·耶尼通勾妻子的辛苦准备表示了谢意。她走后，我用右手舀了一小团雅亚家送来的小米，正要往嘴里送时，阿达穆·耶尼通勾的大儿子穆撒抓住了我的手，不让我吃。"那不是给你吃的。"穆撒对我说。寇达·耶尼通勾看上去面无表情。不一会儿，耶尼通勾的长孙哈米都又拿了一碗小米糊和酱来，坐在我面前竟自己吃了起来。"你不饿吗？"他问我。我看看穆撒和寇达·耶尼通勾，他们点点头，我开始舀哈米都碗里的饭吃。然后，寇达的一个儿子将雅亚·耶尼通勾妻子送来的那碗里的东西统统倒进了茅厕里——它注定是既不适合人也不适合牲畜吃的东西。

　　索汉祈的生活可不是闹着玩的。

一位索汉祈为施行廓尔特（"咒"）所做的准备

桑海魔法的类别

鲁什的《旺泽贝的法师》充满了强烈的召唤力，但这部影片对于桑海社会中的索汉祈所施展的魔法的描绘并不完整。正如这部影片所指出的，索汉祈是语言、咒法以及占卜的大师。他们接待顾客，为顾客办事。有些索汉祈会在节庆场合跳舞；有些会呕出他们的链子，化身成周遭环境的主宰。但是索汉祈的生活是在永无止尽的警戒中的一种生活；他们活在一个争斗无穷的世界里。索汉祈既是猎人也是猎物，他们没有一时一刻是能完全放心的。对于名望的追求，驱使他们去"掌控"他们的敌人、朋友，甚至是他们的堂兄弟或亲兄弟。索汉祈生活的这个阴暗面，是旺泽贝法师的生命经验的核心之一，但却未在鲁什的电影中占有一席之地。鲁什并没有处理桑海魔法中较为危险的类别。

魔法可以大致分为三类。第一类被称为登贝里（*dengbeli*）。登贝里涉及运用局部性的毒药，以粉末的形式撒在床或其他被害对象可能会触碰的东西上。这些毒会从皮肤进入血流，在三天以内杀死被害人。例如一位索尔寇公开冒犯了一位法力高强的索汉祈，三天之后，这名索尔寇把肠子都拉在沙地上，死了（Stoller 1989a）。有些毒会导致静脉和动脉爆裂，在这种情况下，被害人将因大出血而亡（Stoller 1989a, b）。在施行登贝里时，魔法师不念咒；它是仅有法力最强的索汉祈方能行使的魔法。

在桑海流行的第二种魔法叫作散贝里（*sambeli*），意为"送'魔箭'（magic arrow）"。在施行这种魔法时，魔法师先对他们的魔箭（一种法器）说话，然后用一张魔弓（也是一种法器）在他们的家院里射魔箭。倘若那箭射到了它拟喻的目标，则视魔法师的功力高低：被害人轻则变得昏昏欲睡或恶心想吐，重则会遭遇猛烈的腹泻或感到腿上似乎有箭伤一样的痛苦。倘若被害人有保护措施（诸如戴了一个特殊的戒指、吃了桔素之类特别的食物等），则这种魔法的影响——如没有魔法师功力的人所看不见的魔箭——虽强却短暂。如果没有找到箭并予以拔除，一个没有保护措施的被害人将会逐渐衰弱、缓慢而痛苦地死去。与登贝里一样，散贝里相当少见，而且仅有法力最强的索汉祈才有能力施行。

桑海的第三种魔法——腾贝里（*tengbeli*）——是比较常见的一种魔法。腾贝里是以诵念魔咒再加上献祭给特定的神灵来导致被害人生病的魔法。有时候，魔法师是被受伤害的一方雇请来处罚加害者，但更常见的情况是魔法师用腾贝里来毁灭他的竞争对手。借着诵念合适的咒语、对合适的神灵奉上合适的献礼，再点明被害人的姓名，魔法师就可以将疾病——有时候甚至是死亡——送给被害人。假如魔法师的法力很强，结果将会立即显现。被害人将会腹泻、精神错乱、焦虑、局部瘫痪，乃至因中风而颤抖。

施行腾贝里会给施法的索汉祈本身带来的潜在风险，几乎和它会给目标被害人带来的潜在危险不相上下。所以，魔法师通常只会选择那些阻挡了他们通往更强的法力、更高的名望、更大的现世成就路径的对手作为被害人。但若腾贝里被打退了，它的力量将会返回来作用在送出者身上。

如吟游诗人所说，索汉祈的生活是很辛苦的，充满了数不尽的漫长争斗。那是一种让恐惧居于主导地位、尊敬经常攸关生死的生活。以《桑海人的宗教与法术》一书的精练文笔和《旺泽贝的法师》一片引人入胜的意象，让·鲁什切入了桑海魔法的真实：它那令人不得不敬佩的、不可思议的法力。身为一名拍电影的吟游诗人，他明知道旺泽贝法师的生活是一场不断的争斗，每个索汉祈都要借着这无穷的争斗设法使他人对他又怕又敬，因为死亡的确不能磨灭遗憾，然而，在鲁什的画像——《旺泽贝的法师》——中，我们看不到遗憾，只有敬意。

第六章

《以弓猎狮》

>Hini kulu nda nga ce dira.
>每种法力都有它的咒。
>
>——桑海谚语

一如吟游诗人的"旧话",拍电影的吟游诗人在《旺泽贝的法师》中呈现的超现实意象,让我们对于人类的身体和——更确切地讲——心灵的能量感到惊讶莫名。这些勇敢的尼日尔人民,究竟能够教导我们什么关于在社会宇宙中的生活的真谛?撇开它在民族学上的不完整不论,《旺泽贝的法师》依旧能迫使我们去问出这些问题。它实实在在地秉承了"旧话"的遗产，迫令我们去尊敬在旺泽贝孤绝地活着、设法拒斥死亡的那些人。接下来这一章旨在分析鲁什的一部较为人知的电影——《以弓猎狮》，在这一章中，我要省思鲁什所公开质疑的另一些预设，诸如"语言是承载意义的中性的工具""语言是无力的""单单是语言本身，无法神奇地改变行为"，等等。照桑海人的说法，"每种法力都有它的咒"。

桑海猎人掌握了某种追捕猎物的法力。猎人在广阔而危险的桑海丛莽中追踪狮子。从桑海人的观点看来，表面看上去无人居住的地方，实际上密集地栖息着夜行的生物。在丛莽中，明智的猎人晓得自己时时刻刻都可能变成猎物。如果猎人猎杀了一只土狼——桑海巫师的随从，可能就会有某个巫师杀掉他的儿子或女儿。如果猎人杀了一只幼狮，则那狮子的灵魂就可能会使他精神错乱到像桑海人所说的"连自己的前胸和后背都分不清楚"。丛莽是无情的；它杀死和它作对的人。丛莽杀死那些不懂狩猎语言的猎人。

亚塔卡拉的猎狮

鲁什的《以弓猎狮》旨在讲述猎人与丛莽的冲突、一场意志与力量、可见之物与不可见之物的战斗。这个在桑海的故事中扮演核心角色的冲突，以一种单纯的叙事形态出现在银幕上，而鲁什就是那用电影演说它的吟游诗人。观众被送到了尼日尔的亚塔卡拉，坐在一个灯光昏暗的泥砖房里的棕榈叶席子上。

我们看到了有着天使般脸孔的"小阿里",听见了独弦琴的哀号,我们已准备好了,要听让·鲁什讲那些神勇到敢于仅凭弓箭面对猛狮的壮士的故事。

搜索是《以弓猎狮》的主题之一。片中的第一场搜索把男人们从人居之地带到了无人居住的地方,从保险与安全之所带到了危机四伏、扑朔迷离的杀阵中。我们从尼日尔河开始——在一艘载运标致404系列越野车、骆驼与山羊过河的古老渡船上。这个渡口在尼日尔的尼亚美之北约六十公里、阿约鲁(该片中第二次渡河之处)以南约一百四十公里处。从渡口出发,泥土路向北到戈泰伊然后折向西到达尔戈尔、班迪欧(Bandio)和行政中心泰拉。从泰拉出发,顺着一条维护良好的路走二十公里到福内科(Foneko),然后折向北,走上一条通往邦奇拉尔(Bankilare)的小径。从邦奇拉尔洼地起,松软的沙和冲坍了的桥使这一路险阻重重,直到抵达铁规(Teguey)方止,继续拾路前行到旺泽贝,然后再向北,终于抵达亚塔卡拉。

不知因为什么,鲁什的摄影机没有走这条路;相反地,我们随着一辆机动化的篷车穿过一块干旱的平原,看上去很像是从朵索(Dolsul,接近阿约鲁的地方)到亚塔卡拉的路。不过,这个艺术性的移花接木之举并不重要,因为,一旦篷车离开了亚塔卡拉、跨过了艾尔克桑(Erksan)沙丘,我们就进入了"远而又远"的丛莽之中了。这里的路只能算是小径,而且在不久之后,小径便隐没在无迹可循的平原上。

我们离开了安全、保险的境域,进入了一个鸵鸟、长颈鹿、野猪等动物自在周游的险境。人类曾经在丛莽中居住过——如

**来自尼日尔亚塔卡拉的一名桑海猎人("勾人")。
让·鲁什,民族志影片委员会**

鲁什在《桑海人历史研究》中提到的东玻瑞(*don borey*,即古代人),这些远古的猎人曾在巨大的卵石上留下蚀刻,以展示其猎物和法术。这些人知道如何调协丛莽的灵力(根基皓),如何在崎岖不平的小径上安稳地行走,因为他们不仅受到野兽的威胁,更受到野蛮的丛莽精怪的威胁。

如今,只有零星的福朗人和贝拉人游牧群落在这片"远而又远"的丛莽之中生活。借着居住在这隔绝且蛮荒的丛莽中，放牧牛、绵羊与山羊的福朗游牧民得以坚决地捍卫他们的自由（见 Riesman 1977）。而贝拉游牧民则持续不断地从沙漠中运盐到萨赫勒的市场贩卖。

影片进行至此，鲁什已经说明了：丛莽是个蛮荒且危险、不适合大多数人类的地方。古代人曾住在那里以狩猎维生，但是当时的丛莽呈现出其所可能达到的一种和谐境界——所有的生物都保有它们独具的声调，同时又有一种整体的平衡。

只要丛莽处在和谐状态，福朗人和贝拉人就会觉得它是个太平的境地。但是，那种和谐有时候会被寻求一顿免费大餐的狮子所瓦解。于是，这就为《以弓猎狮》这场大戏搭好了戏台：因为狮子会攻击福朗人的牛。在这种情况下，福朗人会派出勾——仅仅配着弓和箭的亚塔卡拉猎人们——去与作乱的狮子战斗。

鲁什把我们从蛮荒的丛莽拉回到开垦了的田地，上头有一个男子正在收割小米的田地。据说，所谓勾人是定居的小米农，住在像亚塔卡拉一样的村子里。但是在桑海，"勾"就是猎人，没有其他的意思。就像索汉祈或索尔寇，勾是桑海人中一个小小的次级团体，他们历经漫长的入门训练而得以成为猎人，但本身不构成一个社会。

然而，这些住在村子里的定居民众与丛莽中的野兽、精怪的对比是很重要的，它增强了电影的戏剧张力。勾人是有高度荣誉感的人，对他们的传统与成就相当自豪。鲁什将我们介绍给他们：猎人头目塔希鲁·寇洛、塔希鲁的弟弟希迪奇、塔希鲁的另一个弟弟雅亚、独弦琴师兼最佳射手伊西亚基亚·穆撒、精通勾人口述传统的伊西亚基亚的兄弟旺加里、猎人中的最佳搜索员毕拉比亚（Bilabia），还有尚未有机会证明其勇毅的学徒阿里。

要猎狮子，猎人必须干哪些事？首先就是准备武器。鲁什跟着猎人们去看他们选制弓用的木料与制箭杆用的芦苇，然后，我们去找村里的铁匠买箭镞。当猎人们在林子里采制弓用的木材时，他们先对丛莽——对桑海人来讲，向来都是个危险的地方——施礼，向丛莽叫阵。为了保护自己，猎人们在弓上缚上小的法术袋，里头装满了能够让他们借神灵之力以抵御丛莽之力的粉末。猎人的力量有大部分是仰赖那些神灵的庇佑。

不论怎么说，他们真正的武器其实是涂在箭镞上的毒药（*naagji*）。这种毒药是通过仪式精心制备而成的，而其原料则来自一种罕见的树——史特拉波特斯树。要往南走三百多公里方能找到这种树，找到后，剥开这种树上结的豆荚，采下有毒的籽，带回亚塔卡拉。路程之远使他们每四年才能补充一次，所以这种毒当然也就必须谨慎节用。准备停当，这一小队的勾人离开了村子，进入充满野蛮凶恶之物的丛莽中。

鲁什在此处运用了大量电影技法去描绘一种罕见的桑海仪式剧场。在这村落之外、丛莽的边缘处，过去变成了现在，梦幻变成了真实。猎人们做起了一个"法术圈"（*kelle*），就像之前看过的那些卵石上的蚀刻画所描绘的那样。在所有参加这场仪式的猎人当中，只有穿着班提亚（*bentia*）——古代人所穿的羊皮短裤——才能进到内圈，在里头制作毒药。正如吟游诗人所知道的：过去会将它的力量融汇到桑海人当下的行为之中。

仪式开始了。主持仪式的塔希鲁与希迪奇在三块石头堆起的灶当中升起一堆火，上面架上一口大锅。他们把一个满怀妒恨、怨毒的女人汲来的水倒在那口锅里，使那水和着怨毒一同沸腾。水滚以后，他们把毒籽加入水中，猎人领导者兼炼毒大师塔希鲁·寇洛用一根长柄勺子调和那冒着泡的毒液，一边搅动一边诵念一篇诵祷词，以极生动的语汇描绘了女人的毒怎么样比男人的毒更为险恶，这毒将怎么样把狮子的血沸腾、把狮子的身体烧着，以及狮子将怎样呕吐而死。在他念完诵祷词时，塔希鲁·寇洛"变成了"中毒的狮子，倒在地上"死了"。

待第一锅毒液制好后，猎人们拿着破损的陶器来盛分舀给他们的毒液，然后退到一株头凯树下，在那里将他们的箭刷上毒液——不止涂在箭镞上，连靠近箭镞附近的芦苇箭杆上也要喂上毒。那些籽被保留下来以备萃取第二锅、毒性较轻的毒液。刷在箭上、毒性最强的第一锅，是猎狮子专用的。

猎人们坐在头凯树下，一边给箭喂毒，一边评论着这一锅毒液有多强。同时，一位从魏泽班古——亚塔卡拉以东约二十公里处的一个村子——来的泽尔马占卜师尼安杜（Niandu）掷着能够鉴往知来的玛瑙贝问卜。他看见了一个凶兆。

"不宜去呀，猎人们！"他告诉这群人。"前路险恶。你们中间有一个人坏了这场狩猎。"

这个凶兆让猎人们感到困扰，因为玛瑙贝从不撒谎。他们会出什么事情呢？会有人被狮子咬死吗？狮子的魂魄会把他们逼疯，或者杀掉他们当中某人的一个儿子吗？伊西亚基亚拿起他的独弦琴奏起了猎人的音乐,旺加里则唱起了勾族猎人过往的光荣事迹。虽然音乐鼓舞了猎人们,但他们无论如何还是中止了狩猎行动。

五年过去了。在这当中,那头被猎人们称为阿纳萨拉(Anasara,意为"欧洲人")的狮子又咬死了福朗人的牛、山羊和绵羊。他们知道那是同一头狮子干的,因为它很少吃那些被它弄死的牲口。鲁什接到了塔希鲁·寇洛发来的一封电报,宣布一桩死讯:搅坏了几年前那一场狩猎的那名猎人死了,他的死意味着猎狮子这条路已经通了。于是,鲁什和他的拍片班底——朗·伊卜拉辛、达穆瑞·基卡、塔卢·穆祖兰(Tallou Mouzourane)和伊德里萨·迈加(Idrissa Maiga)——回到了亚塔卡拉。

猎人们准备动身。他们举行了一场神灵附体仪典,一位丛莽的神灵塔昆(Takum)怂恿他们下手,他说:前路清明,狩猎必将成功。得了这项保障的猎人们,又回到了远而又远的丛莽中去。

不多久,他们就知道了更多关于狮患的消息。福朗酋长告诉猎人们:那头狮子每天都咬死牲畜,还伤了他钟爱的牝牛。猎人们把铁制的阱圈埋在土里几寸深,再覆上叶子与沙石,不知就里的狮子若是踩上了一个,那阱圈就会啪的一声合紧,咬进狮子的腿肉里。

他们用陷阱逮住了一只麝猫和一只土狼来测试他们的毒箭,结果发现毒液很快就把这两条小命送上了西天。猎人们于是割开了它们的咽喉,把丛莽中的肉变成了村子里的肉——虽然它们是被毒死的，但它们的肉却没染上毒。结果，它们就在镜头前成了盘中飧。猎人头目塔希鲁·寇洛诵念了祷祝词以超度土狼的亡魂——因为在桑海人的世界里，土狼的魂魄是和巫师的魂魄连在一起的。

当天晚上，狮子攻击得比平常更为频繁。猎人们设下了更多陷阱，还留了饵给那头饥饿的狮子。他们再次等待结果。次日早晨，他们发现一头小雄狮被逮住了。它被激得暴怒，却动弹不得。塔希鲁·寇洛开始对那头小雄狮讲话，他的话语似乎让那猛兽冷静了下来。他告诉它要勇敢，要死得干脆利落。然后，伊西亚基亚瞄准它射了一箭，就在旺加里唱着给毒药的赞歌声中，那头小雄狮咆哮、呕吐，然后死去。为了超度死狮子的亡魂，塔希鲁轻拍了它的头三下。福朗人赞颂着猎人的技艺和勇气，但他们的工作其实还没完，因为猎人们明白：阿纳萨拉还没落网。他们又设下了陷阱，等待了一夜。

第二天，福朗人通报猎人们说：他们的陷阱逮住了一头巨大的母狮子，也就是阿纳萨拉的配偶。无论如何，情势是很危险的，因为那陷阱只卡住了愤怒的母狮的脚趾头。猎人们仍旧上前开始诵念祷祝文，然后射箭。突然一片混乱，母狮子挣脱了阱圈，扑倒了一个福朗人，但是，在对这位牧民——后来才知道这人就是福朗人的酋长——撕咬之前，它便已为急毒而毙命。鲁什在此停止了摄影，但他的录音机却录下了这恐怖的一刻的声响。

这下子，这场狩猎算是搞砸了，因为已有一人为狮子所伤。塔希鲁·寇洛拍了母狮子的头三下以释放它的亡魂，再在它尸身上各个孔窍填上施了法术的粉末,以免人类被它所带着的丛莽之灵力所伤。一位猎人捡回了那支杀死母狮子的箭——是伊西亚基亚的箭。他们回到了福朗人的营寨,达穆瑞·基卡在那里给受了伤的福朗酋长打了好几针。

塔希鲁·寇洛严厉指责福朗人没搞清楚猎狮子一事的严肃性。"这不是儿戏。"他大骂那位福朗酋长。他也告诉那位福朗酋长,说他一定干了什么恶事,不然狮子不会先伤了他钟爱的牛,然后又攻击他本人。

母狮子的尸体被抬上了一辆卡车的载货架上,猎人们一路唱着他们自己的赞美歌回到了亚塔卡拉。他们并没有直接回到村子,而是直接来到一棵大罗望子树下——世世代代的猎人都在此庆祝他们对丛莽的胜利。亚塔卡拉人都聚到这里,老太太们为猎人们唱赞美歌,分别献给塔希鲁·寇洛、伊西亚基亚、旺加里、毕拉比亚,还有从此以后有资格自称为猎人的阿里。切开咽喉的一刀,将母狮子从忌食的"丛莽中的肉"转变成了可食的"村子里的肉"。镇上的居民分掉了肉,但狮子的心脏要留给塔希鲁·寇洛,他将会把它放在太阳底下晒干,然后磨成粉卖钱。这种强效的药粉可以在加纳与科特迪瓦售得高价——因为狮子心是桑海法师所炮制的一些神药的主要原料。

鲁什的摄影机继续追踪那些扛着肉的群众解散后的动态。这时,见到一群男人和男孩聚集在加鲁尔河干燥的堤岸上,原来是猎人们在这里讲打猎的故事。他们谈说着那难以擒获的阿纳萨拉和它死去的配偶、那只土狼和那只麝猫,塔希鲁怎样稳住那只小狮子,以及那毒药无可置疑的效力。

在影片结尾处，鲁什将我们带回到了起点，回到了我们一开始听故事时所在的那间泥砖房里。伊西亚基亚还在拉着他的琴，但那有天使般脸孔的小阿里此刻已经睡着了——这孩子已经听到了拿弓与箭猎狮子的人们的故事。但，风刮跑了时间；世界已经改变。小阿里会听到猎人的故事，却绝对不会自己去猎狮子。

在亚塔卡拉讲故事

1954 年，在阿约鲁看了电影《大河上的战斗》之后，塔希鲁·寇洛邀请鲁什和他的朋友们到亚塔卡拉去拍摄他的一班猎狮人，就像鲁什喜欢一再重复的那句话——一部电影生出了另一部电影，只不过，这个"怀孕期"是好几年的工夫。直到 1957 年 5 月，也就是桑海的热季最高峰之时，鲁什才开始在亚塔卡拉拍摄这部片子。

从一开始拍，这部片子就显得困难重重。拍《旺泽贝的法师》，鲁什仅用了一个月的时间，但拍《以弓猎狮》却花了七年。那一年的 5 月，天气反常地酷热，一种足以耗尽猎人们和摄影队的精力的浊热之气笼罩了一切。在这浊热之中，鲁什拍摄了那场炮制毒药的仪式。那毒药质地甚佳，浓烈而有效，但魏泽班古来的泽尔马占卜师尼安杜说有一名猎人搅坏了这场狩猎，所以塔希鲁·寇洛中止了行动。桑海人认为：一旦你的路被搞坏了，你就应该回家。

鲁什回到亚塔卡拉就病倒了，他呕吐、衰弱而且发烧。在

鲁什和他的伙伴们在拍摄《以弓猎狮》。民族志影片委员会

他生病的第一天,他在亚塔卡拉的邻居孩子们看了看鲁什,说:"那个白人在撒尿。"第二天,他们又来看了看鲁什,然后说:"那个白人在睡觉。"第三天,他们又来看了鲁什一次,然后宣布:"那个白人死了。"

在鲁什看来,这是该离开亚塔卡拉的时候了。达穆瑞·基卡开车把他送到泰拉,驻在当地的法国医生要他脱光衣服,坐在淋浴的水龙头底下;鲁什严重中暑了。最后,他被送到了尼亚美的医院,在那里休养了一个月才恢复过来(Echard and Rouch 1988, interview 8)。

在接下来的几年中,鲁什继续一点一滴地拍摄这部片子。猎人们会拍电报给他,他则会召来卡车、集合他的班底,拉到亚塔卡拉和那远而又远的丛莽中去。经过许多次这样的旅程之后，鲁什才终于在 1964 年完成了这部片子。

这部片子获得了评论界广泛的好评。1967 年，乔治·萨杜尔写道，《以弓猎狮》将鲁什推上了最伟大的法国影片创作者之林（Sadoul 1967, 114）。在西尔维·皮埃尔（Sylvie Pierre）看来，《以弓猎狮》是鲁什的登峰造极之作："鲁什在《以弓猎狮》中展现出的那种努力、那种成就和那种巨匠风范，源于这位电影创作者的一种超乎常人的耐性，凭着一股执着无悔的迷恋，他投注了大量的时间去推敲'真实'如何借由它的差异性而拥有迷住眼睛与心灵的权利。"（Pierre 1967, 66）皮埃尔也赞赏把猎狮行动架构得像是个童话故事的那种诗意，在她看来，这部电影的天才之处在于它融汇了科学与诗学。

不过，这些重量级评论家遗漏了两个根本要点。第一，他们没有思考到这部电影在哲学上的经纬。鲁什从来不曾假装这场狩猎复制了保罗·瓦兹拉威克（Paul Watzlawick 1977）所指称的那种"真正的现实"（really real）。他不断地提醒观众：这部片是个"电影的现实"的例子。从一开始，我们就看到那部电影明明白白是一项团队合作。我们看到了鲁什的助手，我们也看到了越野车和卡车，我们更看到了邀请摄影队到亚塔卡拉的那封电报。在母狮子的搏命一击当中，鲁什停止了摄影，但仍旧继续录下了声音。最后，我们还看到了达穆瑞·基卡照料被狮子伤到的人。所以，这分明就是对纪录片写实主义（documentary realism）的一个明显批判。第二，批评家没有考虑到这部电影在民族学上的重要意涵；它不只是批判了电影的写实主义（cinematic realism）理论的一则引人入胜的童话故事。

语言与行动

在这些批评家当中没有一位是人类学家,更不用说没有桑海人专家,无怪乎他们的评论完全没有掌握《以弓猎狮》在民族学上的密度与人类学上的深意。同样地,鲁什本人也对这点不置一词。在我看来,它是一部多次跨越了真实与虚构之间的模糊边界的电影,它也是一部充塞了大量民族志细节的电影。例如猎人们熬炼毒药的场景,就是交感巫术一份实实在在的描绘,猎人头目塔希鲁·寇洛假装成被毒箭所伤的狮子一样倒地而死。他一"死",猎人们便念起下毒的祝祷词。这篇祝祷词具有强烈的诗性,和所有桑海法术诵祷词一样——如鲁什在《桑海人的宗教与法术》一书中所揭示的(见第四章),这篇祝祷词以宣诵谱系来拉开序幕——法力的谱系,因为法力与体现法力的秘密知识都来自遥远的过去,来自古代的人,而提起祖先,就能把法力从过去传导到当下来。

在这一幕之后,在电影中出现的每一次猎人射杀动物的情节都伴随着一种类似的仪式:他们先向猎物敬礼——特别当对象是一只狮子的时候,然后,他们用毒箭射猎物,随即念催毒的咒语,直到猎物死亡。最后,他们以两种方式来防止野兽的亡魂冲煞人类:一是拍猎物的脑袋三下;二是用树皮与藤蔓特制而成的粉末塞住尸体的孔窍。

这个在《以弓猎狮》中一再出现的场景,揭示了语言在桑海人的宇宙中享有的法力——鲁什的《桑海人的宗教与法术》里面的一章的主题。在桑海人看来,语言不是承载意义的一种中性的元素；相反地，语言带有能够扭转一种物质或改变行为的力量。在桑海人看来，语言拥有实质的意志，它们的灵力有助于控制丛莽（别忘了，那是个极端危险的地方！）所具有的那种无可阻挡的力量。所以，语言是不必以其他任何东西为前提或依靠而独立自在的，它们本身就有力量（Stoller 1984, 1989b）。

鲁什又一次把一个令人焦虑不安的存有议题抛到了观众面前：语言能不能改变行为？或者，说得更直率一点：语言能不能医治、造成伤残甚或杀戮？（见 Stoller 1989b；Favre-Saada 1981）桑海人的观点与西方的宗教观点一致，但与西方科学的观点相左。依照科学的观点，语言是中性的工具，是我们用以传达意念的工具。但是，"神奇的语言"（magical word）这一观念多年来却一直困扰着西方思想家。史丹利·檀拜雅（Stanley Tambiah 1968）建议道：弗洛伊德在《图腾与禁忌》中所玄想的是"作为先于语言"，相对地，在表演性质的语言表达里，语言<u>就是</u>作为（Austin 1962；Searle 1968）。然而，关于语言与作为的讨论文献却不能回答一个基本的民族学式的问题：究竟是因为什么，每当我们问一个人说某个仪式或法术为什么会有效时，得到的回答总不外乎："法力就在语言里面呀。"语言和行动之间的关系到底是怎样的？语言如何能使猎人免于极度危险的丛莽的荼毒？

沃尔特·翁为此提供了一个局部的答案。他写道：在仰赖口耳相传的社会里，话语被认为是有威力的。话语是与行动绑在一起的，"因为它们一直都只是声音"。讲得更精确点，在没有文字的社会里,"人们显然可以相信:话语可以被用来达成某种效果,就像武器或工具一样。说别人的坏话被认为是间接地对对方造成身体上的危害。这种流行于或多或少欠缺读写能力的社会中的对于话语的态度,可算是人类学的常识,但是,这种态度与声音的性质以及书写之阙如的关联,直到最近才开始逐渐被廓清"(Ong 1967, 113)。

在整个非洲以及世界上其他地方,语音都被认为带有强大的力量(Riesman 1977;Lienhardt 1961)。桑海人相信:当箭射到猎物时,就一定要念催毒的咒语。就像其他基本的狩猎常识一样,这些祝祷词在父子之间代代相传;这些言语的声音刺进受伤的狮子身体里,把毒性催送到它的全身,就像箭一样地深入而且致命。它们把狮子的血推向夺命的沸腾,使它呕吐而亡。它们保护猎人,使狮子的亡魂无法找他们为它的猝然横死偿命。

神奇的与日常的

在《以弓猎狮》中,鲁什不仅要以关乎人类存在的深刻问题来挑战我们,他的电影更迫使我们去反省:我们是如何去把经验范畴化的?我们又是如何去重建我们的社会文化宇宙的?从古典哲学经启蒙时代一直到我们身处的当代,西方思想家一向好将世界二元对立化。借由把诗人和戏剧演员赶出他的理想国,柏拉图将艺术与哲学析离为二,这一分野造成了后来在科学与人文之间的疆界。只要略观许多大学的行政结构,便可知道这一划分在科学与人文之间的古典鸿沟至今仍然极为明显。

在启蒙时代，许多古典的分判被精细化了：笛卡儿分别了心灵与肉体；英国哲学家们扩大了知性与感性、理智与情绪之间的裂隙；在法国，圣西门与他的学生奥古斯特·孔德审慎地将客观的理论建构从主观的资料中分殊出来。孔德的社会科学理论建构方案在他的思想继承人埃米尔·涂尔干手上获得了彻底的实现。在他那本不朽的巨著《宗教生活的基本形式》里，涂尔干区别了"神圣"与"世俗"两个截然不同的社会文化场域。在日常生活的世俗领域里，人类履行着日常的工作，而这些活动不会激发他们去反省他们所归属的社会团体；但在神圣的领域里，他们参与到那些将社会"客体化"（或"物化"）为群体的图腾或象征的仪式之中。涂尔干告诉我们：在神圣的脉络里，个人会意识到他们所归属的社会整体。

在研究宗教的社会学家与人类学家当中，有一大群闭门造车的涂尔干信徒。但让·鲁什并非其中之一，因为《以弓猎狮》这样的一部电影足以证明：对桑海人来说，神圣与世俗根本就不是相互区隔的范畴。相反地，鲁什揭示了桑海的社会生活世界（世俗界）与法术（神圣界）是不可分割的。

在桑海的丛莽中狩猎，是一项世俗的工作，但猎人们必须从事许多"神圣的"行动。要杀狮子，他们必须以每四年举行一次的仪典来强化他们的毒药。在仪典中，他们要诵念祝祷词以召请祖灵和丛莽众神灵的加持。当毒箭射到猎物时，他们也必须要念祝祷词，方能使毒药"灵"。在出发去打猎之前，猎人要先求得神灵保佑，所以他们先咨询卜者，再举办神灵附体仪典，请丛莽之灵塔昆降临，她会告诉他们前途是吉是凶。预警只不过是猎人们寻求的保佑措施之一；另外，他们又在弓上缚了能够保佑他们不被狮子袭击的法术袋。

批评家可能会提议：亚塔卡拉的猎人是涂尔干模式无法涵盖的例外情况，而鲁什这部热衷于将狩猎的"神秘"层面加以戏剧化表现的电影，也不过是西方异域主义的又一例罢了（见 Predal 1982）。然而，在桑海，大多数人都会采取形而上的预防措施来保佑他们的日常行动（如耕种、做饭、汲水、打猎、到办公室上班等）。人们普遍自喻为既是猎人，同时也是对手或敌人的猎物。这种习惯并未受到当今尼日尔的社会阶层分化所限，不仅是在旺泽贝那些不识字的农民，在尼日尔首都尼亚美那些受过教育的公务员也一样佩戴护身符、对神灵献祭。在时机到来时，大学教授和猎狮人一样会去吃梏素，以保护自己免受住在村子里的或住在丛莽中对头的袭击（见 Stoller 1989b）。虽然《以弓猎狮》所描绘的是属于广大桑海人口当中一小撮人逐渐凋零的世界，它却让我们瞥见了那潜隐的桑海法术的世界、一个与当代有密切关系的世界。

鲁什在《旺泽贝的法师》里向观众提出了哲学难题：人怎么能够在胃里带着金属链？他们怎么能够抗拒死亡？这些难题挑战了被视为理所当然的科学与宗教观念。在《以弓猎狮》中，鲁什继续去追问我们的哲学预设。超越到"一群人用弓箭围猎一只会吃人的狮子"这条故事的主线之外，这部片子挑战了西方哲学两条主轴的普世适用性：一条是语言之作为工具的中性（instrumental neutrality）的信念；一条是"社会可以区分为神圣与世俗这两个截然不同的范畴"这种涂尔干式的观念。

于是,具有重大哲学意涵的主题就这样被编织到了这个"童话故事"里面,此种绝妙的匠心,就是鲁什的诗学之本质。在《以弓猎狮》中,鲁什变成了一位电影诗人,深刻地阐明了"每种法力都有它的咒"这句桑海谚语的真意。

第七章

《美洲豹》

> Kureeje danawi si mooru nga guusu.
> 瞎了眼的猫鼬绝对不会离巢太远。
>
> ——桑海谚语

桑海人说"瞎了眼的猫鼬绝对不会离巢太远"。就像那只猫鼬，桑海的旅人从来不会离开他们的村子太远。就算跑到了库马西，他们还是想着家里——他们的村子、家人，以及自己在外地季节性的逗留结束时英雄式的、满载礼物的返乡之行。

在我们讨论过的前两部电影中，鲁什颂扬了那些生活在桑海地方隔绝的一角的人民，叙说了一些大体上已没有人再举行的仪式的故事。在这一章，我们要从桑海的宗教及其哲学上的后果转向去讨论一个比较带有社会学性质的主题：桑海人到几内亚海滨的季节性移民。在第三章中，我们已经讨论过为何有这么多年轻的桑海男子被迫长途跋涉去寻找工作；在这一章，我们将要看到鲁什如何将《加纳的移民》中所包含的经验性的发现转变成一则精彩绝伦的"民族志式虚构"的叙事。

有成千上万的桑海男子拥有年轻时到几内亚海滨去的旅程的故事可说。那些故事是冒险、改变、恐惧与沦为异类的故事，是旅行到未知世界的年轻人的故事，与人类学家出发去做田野调查的故事颇有近似之处。虽然鲁什关于移民的文字作品确曾认为：这种文化上所赞许的流浪癖，是桑海人到加纳与科特迪瓦的季节性移民在文化上的决定因素，但这些作品并没有详细检视经济性的位移所导致的社会文化后果。这些出身尼日尔与马里的移民劳工经历了什么？他们的海滨经验如何扩大了他们的社会文化视野？当他们返乡时又经历了什么？在《美洲豹》中，鲁什深入探索了这些发现之旅的内在文化与心理向度，就这个意义来说，《美洲豹》是列维-斯特劳斯经典巨著《忧郁的热带》的一阕影像变奏曲。正如列维-斯特劳斯，主角离开家乡，流浪到了一个新世界（加纳），然后以彻底改变了的样貌回到家乡；他们，是他们的旧世界里的新人类。西方的读者预期列维-斯特劳斯会被他在巴西的他者中生活的经验所改变，我们会不会同样地期待三个跑到加纳去发现他们自己的他者的"他者"——在以前称为民族学观察的"对象"——历经同样的转变呢?

达穆瑞·基卡·朗·伊卜拉辛和杜马·贝索在《美洲豹》中的剧照。让·鲁什,民族志影片委员会

非洲版《忧郁的热带》

鲁什以介绍三名主角来拉开《美洲豹》的序幕。我们看见达穆瑞·基卡,一位泽尔马"强盗"收税人,骑着他的马——泰山。我们看见朗·伊卜拉辛,一位福朗牧民,跟随着他的牛。我们又看见伊洛·顾德利兹,一位尼日尔河上的渔夫,划着他

的独木舟。阿约鲁喧闹拥挤的市场是一个多族群的十字路口,把这些拥有极其不同的社会经验的年轻人拉到了一处。在这里,他们注意到了几个刚刚从黄金海岸回来的人。尽管他们属于不同的族群,这三人却怀着共同的渴望:离开他们那灰扑扑的家村的围栅去追寻未知的一切——一个熟得不能再熟的文学主题。他们决定展开自己的冒险,朗卖了他的牛;达穆瑞找了个人在他不在的时候负责把完税收据发给市场上的人。

在桑海,任何离开自己出生村落的旅程都充满了风险。旅人必须跨越无人居住的领域——丛莽——如我们在第六章看到的,那是一个极危险的地方。在旅途当中,还必然会遇上陌生人,某些陌生人很友善,但多半怀有潜在的敌意。所以,只要出行,就必须做好准备,求得神灵庇佑。

于是,在开始他们到黄金海岸去的壮举以前,这三位主角先寻求对他们前途的保障。虔诚的穆斯林朗走访了一位穆斯林教士,要求阿尔法提亚(*alfatia*)——也就是保平安祷告。身为尼亚美的首席索尔寇卡力雅之孙的达穆瑞,参加了一场神灵附体仪典,神灵们告诉他:去找一个秃鹰的喙和脚以保佑他一路平安。

三人从阿约鲁到旺泽贝去看一位占卜师,那位占卜师不是别人,正是鲁什在旺泽贝的主要报告人莫西·巴纳。莫西为这三名年轻人掷玛瑙贝问卜,结果说他们的前路不吉;他要三人当晚再回来找他。当晚他再度掷贝问卜,预见了他们会遭到意外和疾病。莫西告诉他们:如果他们在跨过边境后的第一个十字路口便分道而行,这些灾难是可以避过的。

虽然《美洲豹》是鲁什在 1957 到 1964 年间拍的,但直至今日,旅人仍会在出远门之前问卜。1984 年,一位旺泽贝的年轻人在启程到尼日利亚之前,不仅先咨询了当地的占卜师,还请他的叔叔——定居当地的一位魔法师——准备了一些大烈魔梏素(*daareyan kusu*),也就是一种吃了能保佑旅人免于出车祸的魔法膏。1987 年夏天,二十多名年轻的旅人敦请如今已过世的蒂拉贝里索汉祈阿达穆·耶尼通勾为他们"占验"前路吉凶并提供保护。

拿到了超自然的健康保证书,《美洲豹》的三位主角便循着昔日的奴隶与战士之路,开始向南至海的远行。这些在鲁什的《加纳的移民》一书中所提过的路径,把他们引向了东南,穿过如今称为布基纳法索的地方。沿路风光渐次递变,所见到的人亦然。从桑海那样一个疏落地缀着刺棘树的干燥、多石的沙漠,我们进入了广阔的大草原,此处道路两侧有比人还高的象草,有高耸的棉白杨,更有把牙齿用锉刀磨尖、年轻女人只穿粗棉肚兜的矮小黑人古尔马人。继续循路南行,三人进入了多哥境内:如潮水般起伏的广阔草地、高大的树木、壅塞不堪的市场、与慢炖的"丛莽的"肉摆在一块儿卖的醉人的小米酒。这里的人认得出我们的主角是北方来的人,但不知道要怎样跟他们说话。不过,草原上的人是和善好客的,他们给了这三名远行者食物、饮料和住处。

然后,他们到了僻处山区里的松巴(Somba),此处水源充沛但水质不佳,我们的主角在这里头一次邂逅了**他者**。这个"他者"既不是法国来的欧洲人,也不是萨赫勒地方的非洲人,而是松巴人。如炭一般的黑、带着矛、身上仅装饰着阳具鞘的松巴男人,以一种毫无羞涩的自然状态现身。对我们这三个穿着得规规矩矩的旅人来说,和松巴人的邂逅标识着他们对原始人的首次体验。怎么会有人不穿衣服?怎么会有人吃丛莽里的野肉?怎么会有人吃狗肉?达穆瑞和朗感到惊异,"但他们全都裸体"。他们真的算是人吗?

在松巴的市场上,他们看到了许许多多的狗,还有抽着烟斗的女人。他们也目睹了一场仪式舞蹈——裸体男子们围成一个圈,屁股有韵律地前后摆动,使他们装上了鞘的阳具上下飞舞。心中犹念着这样的奇景,我们的这几位困惑的主角离开了松巴的土地。达穆瑞评论道:"这些人是很温和有礼的人,我们不能只因为他们裸体就嘲笑松巴人。因为神就要他们这样子过。"就像《忧郁的热带》里的列维-斯特劳斯,我们的主角终于遇见了原始纯朴的他者,可只能发现自己无法与他们沟通。

随着他们走得愈来愈往南,植被也变得愈来愈丰厚。树更高了,泥土变成了红铜色,压在他们肩头上的潮湿空气也愈来愈重。这里的人比松巴人矮,讲的话听起来比较像是在唱歌。

然后,他们终于生平第一次看到了海滩,以及在沙滩外的"那无尽的河"。他们在沙滩上撒开来奔跑,达穆瑞在海浪中玩耍,因为像他这样的索尔寇本来就是"属水的"。刚开始,浪花把朗吓住了,因为像他那样的牧民是"属土的"。他们顺着海滩,一直走到了洛美和黄金海岸的边界。

我们的主角没有过边界关卡用的身份证明文件,而是有护身符。在边界上,达穆瑞想硬着头皮闯过边界到黄金海岸,被一个警察挡了下来。然后，他从边界岗哨的背后轻巧地偷偷溜进了黄金海岸，朗和伊洛也就有样学样地过了边界。在黄金海岸碰上的第一个十字路口处，三个年轻人依言分道扬镳：朗和一位福朗牧民下行到库马西，而伊洛和达穆瑞则首途阿克拉。

鲁什的镜头跟着达穆瑞到了殖民统治下的阿克拉——他在那里寻访他的同乡。我们看见了繁忙的交通以及有安祖鲁（尼日尔蒂拉贝里以北的一个地区）人在其中工作的洗瓶子市场，这个卖罐头的市场被控制在泽尔马贡达（尼日尔尼亚美东北边的一个地区）人的手里。在交通如此繁忙的阿克拉，过街必须谨慎小心。达穆瑞终于来到了一个由戈泰伊来的桑海人经营的木材堆栈场。木材堆栈场的负责人亚库巴（Yacouba）雇了他当工人，但既然达穆瑞会读会写，亚库巴很快地就升他当了领班。达穆瑞负责清点木材数量，他变成了"小工头"（un petit chef），还戴上了太阳镜——非常"豹子"，非常"时髦"的行头。

伊洛变成了一个卡亚-卡亚（kaya-kaya），也就是阿克拉港的工人，每天的工资约有微薄的两先令六便士[*]。伊洛抱怨说他必须一次扛五个沉重的麻袋，做得这么辛苦，但赚的钱还不够吃好一点。

同时，朗领着一群牛到了库马西的屠宰场。这个工作对朗来说颇为困难，身为一个对牛怀着极大敬意的福朗人，他很难硬起心肠只为了把它们送上屠场而赶牛。朗向他的同乡索要了

---

[*] 根据现有资料查询，两先令六便士当时约为人民币 0.86 元。——编者注

该给他的酬劳。有了这 10 镑*，他买了一件布布装———一件波浪般鼓动的长袍。他把他那件牧民穿的、粗糙的短袖束腰衫子摆到了一边，等待返乡时再穿，加入了库马西市场的世界。这个市场比尼日尔大多数城镇的市场都要大得多，朗告诉我们他必须用跑的才能把这个市场看完。朗后来变成了一个"杂乱的孩子"。这意味着他什么东西都卖一点：香水、衣服、梳子等。

达穆瑞在阿克拉混得很好。作为一名领班，他协助他那拥有一辆车和阿克拉的"拉各斯城"（Lagostown）里一栋大宅子的老板。鲁什拍摄了达穆瑞在阿克拉街头昂首阔步的模样，他抽着纸烟，戴着太阳镜，头发是做过的，一边溜达一边看着他身边的每个人，特别是年轻的女孩子。达穆瑞非常的风流倜傥；他很"酷"，他是"豹子"。

此后，电影在朗、伊洛和达穆瑞三个人的生活之间游移。朗跑到阿克拉去卖地毯，途中碰上一座金矿，在那里遇见了尼日尔来的一名淘金客杜马·贝索。朗说杜马壮得像头牡牛，但他有个河马的脑袋，也不在乎脚上的鞋子。我们看见了粗犷的杜马赤着脚走路，把鞋提在手上。金矿工人在地底下工作八个小时才换一班，只能拿一点点钱。他们所采的金将被熔铸成金砖、打上印记，然后送到伦敦。杜马不喜欢在矿场工作，决定跟他的同乡朗到阿克拉去。

同时，在阿克拉，伊洛在一艘废弃了的独木舟上睡觉。相对的，达穆瑞却在"加州周末"酒吧喝酒，还去看赛马。在

---

* 根据现有资料查询，10 镑当时约为人民币 69 元。——编者注

星期日——他的休假日，他在阿克拉的街头闲晃。他在一座教堂的门口徘徊，等待漂亮女孩们出来。他碰巧赶上了一场噶人（阿克拉的主要族群）的神灵附体仪典，还有为支持克瓦米·恩克鲁玛领导的人民大会党竞选游行。他看见恩克鲁玛和他的助理们站在议会前面，穿着肯特袍的他们，看起来气势凛然。达穆瑞发现这些加纳的名人"教养很好"。达穆瑞和伊洛在街上相遇，然后结伴前往伊洛的独木舟。达穆瑞吹嘘他在饮酒方面的英勇事迹，而曾经是虔诚穆斯林的伊洛，则提议这或许是离开阿克拉的时候了。于是，他们发了一通电报给朗，宣布他们即将造访的消息。

回到了库马西的朗，继续摆着他的小摊，但他还是休了工去火车站会见达穆瑞和伊洛。一向都是带头推动者的达穆瑞进入了库马西的市场，重组了朗的杂货摊。他们创立了一个合资公司："Petit à Petit l'Oisearu Fait Son Bonnet"（意为：小鸟一点一滴地筑巢）。在市场里，他们讨论着正在库马西进行中的一座清真寺建筑工程——加纳伊斯兰教政党势力逐渐扩大的结果。

由于达穆瑞狂放创意的注入，其公司扩展了货品品类，他们卖照相机、食品、药、闹钟，甚至米其林的地图。他们创造了一间很"豹子"的精品摊位，就这样，杜马、伊洛、达穆瑞和朗也统统变成了"豹子"。

然而，离开黄金海岸的时机毕竟到了。鲁什的声音切进了朗和达穆瑞的评论声中，他说：这四个年轻人长途跋涉来到黄金海岸，既是为了赚钱，也是为了冒险。就像其他一群群的尼日尔年轻人，他们循着祖先——最终变成了黄金海岸北部顾伦西地方军阀的十九世纪泽尔马佣兵阿尔法·哈诺、加扎里和巴巴图——的道路。在1950年代，像朗、达穆瑞、杜马和伊洛这样的经济上的战士变成了英雄，正如十九世纪返乡的英雄一样，他们带回了礼物、他们所经历的精彩故事，以及不可置信的谎言。

现在，鲁什的摄影机聚焦在返乡上。他们有没有足够的钱去应付关税、已成定例的贿赂以及他们的车费呢？他们在波（Po）进入了法国领地，在当地换搭法国的卡车到尼日尔去。那时正是雨季，砖红土路泥泞不堪，终于，他们抵达了阿约鲁。他们对漂亮的女人说"哈啰"，还亮出一点英文，朗梦想着要娶美丽的侯娃为妻。他们送掉了所带回来的一切东西，然后回归到在阿约鲁的生活常轨。杜马耕种他的小米田，伊洛则回去打渔。朗发现他的牧群完好如初，他打着他的博格道夫啤酒伞，来躲避萨赫勒骄悍的太阳在他头顶上的肆虐。最后，达穆瑞以一句简单的话结束了这部电影："尼日尔的女人漂亮。"

这些移民带着丰富的回忆从远方回到了家乡。他们记得高耸的莽原草和巨大的棉白杨，和尖牙的古尔马人一起吃过的几餐饭，以及桑萨内曼戈的那些喝啤酒的人。他们爬上山，到了松巴人的地界，看到了那个毫不羞赧地光着身体跳舞的真正"原始"民族。他们以"曾在海浪里玩耍过"、"曾在库马西市场里工作过"的身份回到了家乡，变成了有故事可以说、有欧洲来的货品可以送人的"大人物"，最后，终于回到了他们那个在河边的家乡所有的灰暗的平和静谧里。他们被这场发现之旅的"伟大冒险"永远地改变了，虽然或许他们会年复一年地再回到黄金海岸，直到他们的漫游癖被满足为止，或许他们会满载着他们在黄金海岸冒险的回忆，待在尼日尔的家乡里终老余生。

即兴演出的电影

1954年，当达穆瑞·基卡头一次在屏幕上看到自己时，他就开始盘算在阿约鲁拍摄《美洲豹》这部电影的主意，他说"我们要演戏"。一开始，关于这部片子，鲁什、达穆瑞和朗只知道两件事：开头和结束。他们同意这部片子要在阿约鲁开始和结束，至于其他情节，除了"当他们从黄金海岸回家时，必须把他们的财宝分送一空"——也就是非洲式的夸富宴——这一点以外，他们一无所知（Echard and Rouch 1988, interview 7）。

怎么开始？就像所有跑到几内亚海滨的尼日尔人一样，我们的三位主角先要寻求保佑与箴言。他们从穆斯林教士和附身祭司那里得到了庇佑，而从旺泽贝的莫西·巴纳那里，他们不只得到了箴言，还得到了一个情节。莫西告诉他们：为了避免意外与疾病，他们必须在过边界之后第一个十字路口分道扬镳。

就这样，鲁什、朗、伊洛和达穆瑞坐上了鲁什的越野车，启程到黄金海岸去。他们沿着昔日的奴隶之路前行，高兴拍什么就拍什么。在松巴地方，鲁什和他的摄影机尾随着达穆瑞和朗这两个情节发展的主导者。再往南到多哥，他们开上了一道美丽的红桥。达穆瑞和朗从没见过红色的桥，为何不拍一个以红桥为景的桥段呢？结果红桥变成了《美洲豹》的一角（Echard and Rouch 1988, interview 7）。

整部电影就照这么个方式一直拍了下去。这种游戏的感觉，或说"为何不"的感觉，导致了这部电影所传达出的那种欢悦。鲁什重复了他在1947到1948年的田野调查中所用的"为何不"方法。但是，有一个问题始终没解决。鲁什所拍的片子没有声音；因为在1954、1955年那个时候还没有同步音效摄影机。如何方能使旁白与影像的那种游戏的、欢乐的气氛一致？这个问题让鲁什着实煞费思量。1957年，一位加纳电影单位的同仁邀请他去使用一个在阿克拉的音效工作室，于是鲁什请达穆瑞和朗一起去看《美洲豹》的素材，并一块儿聊聊。鲁什录下了他们被影像所激发的谈话。两天内，他们就有了一份精彩绝伦的有声旁白，因为这套旁白的内容就像影片本身一样好玩。

　　鲁什的"为何不"电影赋予了《美洲豹》以一种——依法国影评人的说法——足以令观众着迷的抒情性质。一位影评人道出了桑海人早已经知晓的一句话：鲁什是个说书人。"《美洲豹》告诉我们［鲁什的］旨趣在于从真实的元素里导出的想象。这部片将神话引入到真实之中"（Gauthier 1972, 198-99）。另一位影评人称许《美洲豹》是一部极具启发性的电影，抒情、充满了情感与人性的发现（Clezio 1972, 15-18）。让·科莱（Jean Collet）在他对《美洲豹》的评论中，声援鲁什式的后设旁白（metacommentary）以对抗人文科学的非人性化趋势：

> 鲁什……是一个科学的人。但当他在为他的影片录制旁白的时候，他却有着让·科克托的腔调、一位诗人的腔调……

> 当他在拍《美洲豹》时，他［在他车子的后视镜上］吊着一本书。那是关于加纳移民的一本很严肃的书，充斥着统计和数字。（然而，如今我拿这本书来和《美洲豹》相比较，我认识到《美洲豹》才算是提供了最佳呈现方式，因为那本书欠缺人性的向度。）（Collet 1967, 1）

在这里，我要提出：鲁什就像达穆瑞和朗一样，是在对一群电影爱好者演出；因为，如我在之前说过的，他**真的**是一位严谨的历史及人类学学者。在他看来，民族志资料，即便是那些具有数据性质的东西，都是他用以创造出其电影的人性向度的那种反应方程式里头所需的重要成分。对任何一位《加纳的移民》的读者来讲，这个事实是再明显不过的。

流徙的社会学

《美洲豹》首要关切的是社会转型。在这部片中，鲁什提出关于社会变迁的问题，诸如：那些离开其文化经验的范围而远行的年轻人经历了什么？这些个别的季节性移民本身经历了什么？当他们回到萨赫勒和尼日尔之后，他们的社会角色会转型成什么样子？

从这个角度看来，《美洲豹》是鲁什在 1950 年代初期所做移民研究的一个电影上的衍生物。我们在第三章已经看到，他的研究大部分集中在移民群落的经济活动，以及他们如何在黄金海岸及科特迪瓦创建属于他们自己的社会制度。鲁什所拍的像《我是一个黑人》这样的电影，探究了生活在阿比让的尼日尔年轻人所经历的心理-社会的（psychosocial）尝试与磨难，《美洲豹》一片则将关注焦点置于季节性移民的亲身经历上，而比较少着墨于描绘"海岸"的社会条件。

在他关于移民的文字作品中，鲁什是严格的经验论者，他呈现了一大箩筐资料，但仅加上了很少的诠释。他的《加纳的移民》基本上是一份报告、一本社会学专著。然而，在《美洲豹》一片中，鲁什跳进了情绪、印象的深度里；善用了艺术上破除格律的空间。《美洲豹》是鲁什所说的"电影-小说"（cine-fiction），一则以长达数年的民族学研究所搜集的资料为基础来虚构的故事。在这部以季节性移民为题的电影里，鲁什探索了在桑海人经验之中的"漫游"观念，也展示了这个实质上的过渡仪式——季节性移徙——如何将青年、少年切切实实地转变成世界性的旅人、曾经见过且体验过海岸边的大千世界的成年人。还有，为了不使他们的同乡失望，旅人通常美化了他们的冒险故事，于是，漫游的故事被一再强化，变成了当代神话的基础。这些，就是鲁什巧妙地运用他那富于想象力、叙事与幽默的移民故事电影所要说出的故事。

寻找原始人

鲁什电影的正文——也就是季节性移民的故事之后的故事——赋予了这部电影以一种纯粹的社会学式肌理。这种肌理是显然可辨的,但这部片子还有一个为大多数批评家所忽略的哲学向度。在《美洲豹》一片中,鲁什又一次以搬弄原始人的意象的方式,颠覆了认知上的预期。原始人(the primitive)的意象是一组在西方哲学传统里长期拥有社会暨政治上的重要性的论述,在《美洲豹》里,鲁什显示了康拉德与列维-斯特劳斯在"寻找素朴的原始人"这一路途上并不孤单;因为有三个尼日尔来的年轻人——会被大多数西方教育出身的都市居民认为是"他者""原始人"的人——加入了他们的阵营,寻访他们自己的"原始人"。

在过去十年间,写文章批判我们对于"他者"的鲁钝并呼吁大家注重我们在认知上的失败,变成了一件时髦的事。追随福柯的《词与物》和萨义德的《东方学》的方向,几位新一辈的作者(克利福德的《文化的困境》[*The Predicament of Culture*, 1988]、普利斯[Price]的《文明之地的原始艺术》[*Primitive Art in Civilized Places*, 1990]及托尔戈夫尼克[Torgovnick]的《变成原始人》[*Gone Primitive*, 1990])已经证明了原始主义(primitivism)如何形塑了我们为他者在艺术、文学、历史与民族学上所建构的非人性的归类法。在《美洲豹》里,鲁什对原始主义掀起了同样的批判,只不过它是在1950年代——这样一种立场最不流行的年代里。

让我们简单扼要地检视一下鲁什在《美洲豹》里所挑战的那座哲学巨厦。首先要考虑的是:鲁什用了一个自希腊伊始、在英文与法文文学里被良好地再现的亘古文学动机——追寻,但是,让鲁什的旁白变得特别辛辣的是:他选择了西方教育出身的都市人所最不可能去期待会展开这样一种发现之旅的几个人作为他的主角。我们能不能期待阿约鲁的一个小公务员、一个牧民和一个渔夫去穿上理查森（Richardson）笔下的约瑟夫·安德鲁斯（Joseph Andrews）的鞋子呢？为何这样的提问要招来异口同声的"不行！"呢？

从古到今，从文明化了的西方出身的作家，向来着迷于"原始人的异在性"（otherness of the primitive），然而，这种着迷经常产生了文本的异域主义。在写到我们此处的讨论焦点——非洲时，文本的异域主义要为目前我们对于非洲人的沙文主义心态，诸如"非洲人智能太低，无法教育""非洲人太懒，没法工作""非洲人太好色，不能把**我们的**女人放心地交给他们"等想法负大半的责任。

关于非洲和非洲人的异域主义始于希罗多德，他将非洲人描述为"长着狗耳朵、眼睛长在胸前的人"。他的想象被在非洲的早期穆斯林作家再度强化，而伊本·白图泰以一段关于食人行径（cannibalism）的讨论来区隔"野蛮人"（非洲人）与"文明人"（穆斯林）："异教徒没有吃他［一位穆斯林］纯粹是因为他的肤色白，他们说吃一个白人是不安全的，因为他还没成熟。"（Ibn Battuta 1966, 86）在十六世纪，虔诚的穆斯林史学家（也就是一个"文明人"）马赫慕德·卡提将桑海帝国的君主松尼·阿里·贝尔写成一位无法无天的暴君："松尼·阿里·贝尔是如此残民以逞、铁石心肠的君王，竟然会把一个婴孩丢进研钵里，再强迫婴孩的母亲将孩子捣死，然后把肉丢给马吃。"（Kati 1911, 82）照卡提的说法，松尼·阿里·贝尔也凌虐虔诚的穆斯林,活生生地把他们的头放进火里烧,偶尔,他还会切开怀孕女人的大肚子,把胎儿扯出来。

一旦非洲社会生活的"野蛮性"广为流传,似乎就有必要加以解释一番。约瑟夫·德·戈比诺(Joseph de Gobineau 1967, 205-6)认为种族是决定非洲人的野蛮性的主要因素:

> 黑种人是最卑劣的一种,处于衡量尺度的底部。深深烙印在他腰部上的禽兽特征。从母亲怀孕的那一刻起,他的宿命便注定了。他的宿命将他束缚于最有限的知识范畴之内。然而,他不是一个单纯的畜牲,这个有着狭窄且倾斜的前额的黑奴,在他大脑的中央部位,带有着下流但强大的精力的标记。假若这些思维官能薄弱或甚至不存在,他就会被他的欲望以及他的意志所宰制——经常是一种极度强烈的宰制。

"不受羁束的野蛮"的意象,对比较特定的以非洲的(也就是原始的)宗教为题的讨论产生了一定影响。最早,非洲的宗教被认定为"偶像崇拜",也就是缺乏对于一位主神(godhead)的信仰,而这种信仰的缺乏,被认为是将非洲人囚禁在一种非理性且不可羁轭的疯狂状态的主因(见 Bousset 1836)。

在十八世纪,偶像崇拜被转变成了拜物教——查尔斯·德·布霍斯(Charles de Brosses)将之定义为"对于一个人或一个社会所喜好的任一特定物体,以仪式来供奉、崇拜之"。于是,在拜物教里,任何东西——树、河流、山、玩偶、鳄鱼——都可能会被大肆铺张地崇拜。作为非理性之典范的灵物（fetish）观念变成了一个框框，十九世纪所有关于非洲的重要作者都在这个框框里表达他们对于原始的非洲宗教的观念（见 Bousset 1836）。

在十九世纪的文献里，不文明（heathenism）与食人风俗也变成了重要主题，这两个主题将非洲人界定为不可理喻和不可管束的、一种活在野蛮环境中的人。在描述马涅马（Manyema）地方的物产时，戴维·利文斯敦（David Livingstone 1872, 529）对马涅马的食人风俗感到困惑：

> 实在很难理解他们为何会吃人肉。听说新西兰人之所以会吃人肉，在于他们已经杀光了所有的巨鸟——恐鸟（moa）——等因素，而且自从引进了猪肉以后，他们已经放弃了吃人肉的习性；但是，马涅马明明有很多猪和其他家畜，但他们还是吃人。他们根本没想要给他们的吃人风俗找个理由。他们说人肉不等于羊肉或猪肉，人肉咸咸的，而且让他们梦到那个死者。

利文斯敦对这个似乎非理性的选择作何解释？因为马涅马人还没有改宗基督教。

利文斯敦也抱怨过非洲人的不文明。在马寇罗罗（Makololo），他吃得很好，受到良好的招待，但"不得不忍受这些自然的小孩们的舞蹈、吼叫、唱歌、说笑、逸闻掌故、牢骚、争吵与尖酸刻薄"（Livingstone 1982, 127）。

到接近十九世纪末期时，所有这一切关于非洲人及其原始生活方式的意象——食人风俗、贪嘴、拜物教和不文明——被融汇到"黑暗"这个观念里,也就是说欠缺欧洲人价值观所具有的光明。关于"黑暗",最巅峰的文献当然非约瑟夫·康拉德1899年出版的名著《黑暗的心》莫属。这本小说描写一名欧洲人库尔兹被剥除了他的文化,也就是他的理性,并被吸入到欧洲之光明的反面——非洲之黑暗的真空里。身为迷失在时间之中的宗教的信徒,《黑暗的心》里的野蛮人在暗夜的阴影中放弃了唯人类所有的特性。康拉德的野蛮人活在一个糅合了疯狂的失落的世界里,这个世界诱惑那名欧洲人无可逃脱地跌进了它荒芜的心里。"我们对于周遭世界的理解被斩断了;我们像幽灵一样滑过,疑惑着,而且暗自吃惊,就像一个神志清楚的人目睹着疯人院里一场狂热的暴动。我们因为距离太远而无法了解,因为是在洪荒之世的冥晦中行走而无法记得——那些早已逝去的年代,几乎无迹可循,也没有记忆。"(Conrad 1971, 105)

十九世纪,对于原始人的追寻导致了一种异域的想象,此种想象反复强化了欧洲人的种族主义,并拒绝承认"原始人"拥有和他们一样的人性。如同新近的文化研究作品所记录的,原始主义的论述至今仍在我们的四周,它已经变成了一种商品(见 Torgovnick 1990;Price 1990;MacCannell 1978)。

在这只庞大的野兽面前,鲁什拍了《美洲豹》——一则"他者的他者"的故事、一阕关于发现之旅的叙事。就凭这样,它从根本上挑战了整套针对原始人的论述。在这部片中,鲁什还原了"原始人"的人性。"原始人的"社会生活是纷歧多样的、异质性的,南边的加纳人认为萨赫勒人是野蛮人,但我们看到北方人经营着一个繁忙的木材堆栈。北边的萨赫勒人是曼德人与桑海君王的后裔,他们认为南方的加纳人是粗野的奴隶,但我们看到他们一同出现在阿克拉街头和库马西的市场里。就与列维-斯特劳斯和康拉德一样,年轻的"原始人"也梦想着在他者——一些对鲁什的主角来讲,就像对观众而言一样陌生的他者——的疆域里冒险。又如康拉德一般,我们的"原始人"青年也给他者建构起了刻板印象。以这种方式来看,《美洲豹》是针对欧洲人长期以来对"原始人"的种族主义及沙文主义式的追寻的一个强力的批判,也是对蒙田(Montaigne 1943)的经典名句"每个人都会把一切不符他自己习惯的事物称为野蛮的"的一个肯定。

民族志式虚构

在《美洲豹》里,让·鲁什电影的破除迷信之举,表现得相当明显。达穆瑞、朗和鲁什一起想出《美洲豹》的主意,即达穆瑞、朗、伊洛和杜马·贝索做演员,分别担当几个角色,而旺泽贝的索汉祈莫西·巴纳的占卜,则为鲁什和他的同伙提供情节。这一伙人就这么滚过了西非的乡下,创造出了他们的"为何不"电影,*comme ça*(就是这样)。

这样一部电影是无法归类的。它不是一部试图"抓住"所观察到的事实的纪录片,同样地,它也不是一部导演想用来搔动我们情感的奇情故事片。鲁什称他的创作为"电影-小说",其他影评人则称呼《美洲豹》和《我是一个黑人》这类的电影为"民族志式虚构"。这些片子是以努力研究、审慎分析而得的民族志为基础所编出的故事。通过这种方式，鲁什以创造性地破除格律来"抓住"一个事件的质地、真实地活过来的经验的气氛。鲁什在此又一次颠覆了预期，把一柄活动扳手丢进了向来被审慎视之的小说（虚构）与非小说（非虚构）、参与与观察、知识与情感之间的分别。在1980年代，人类学与文化研究学者解构了许多逻各斯中心主义（logocentrism）所赖以立基的二元分别，然而，早在1950年代，鲁什其实已经借着《美洲豹》的方法、组成与实现，提出了许多同样的论证。[1]

《美洲豹》在尼亚美

1977年春，谢丽尔·奥尔克斯和我一同到法国-尼日尔中心，去观赏一场鲁什的《美洲豹》的室外播映会。大部分观众是尼日尔人——从人们闲聊中所用的多种方言，可以断定他们属于许多不同的族群。许多旁观者聊着屏幕上的影像，有些人在阿约鲁市场的镜头中认出了某人的脸孔，有些人则看到了已经过世的友人，还有人发现了已经迁居到尼亚美或洛美的人，更有人认出了他们曾经去过的一个市场、一个村子或一条路。对年龄较长的观众来讲，库马西市场或者在波的边界检查哨的影像，触动了他们所亲身经历的冒险回忆，而对于较年轻的观众来说，《美洲豹》打开了一个全新的世界。

当松巴人的影像出现在银幕上时，观众哄堂大笑，老老少少都对那些提着矛、浑身上下只戴着阳具鞘的男人，以及抽着烟斗的女人指指点点。我们听见一位年纪较长的男人用桑海语说:"我去过那里。那些松巴人吃狗肉,我还从来没见过那么多狗。"一个年轻人用桑海语窃笑着说:"他们真的是一丝不挂啊,他们真是野蛮人。"这一群在尼亚美的"原始人"找到了或者说"重新发现了"他们自己的"原始人"。

第八章

《疯癫大师》

A ne n'inga bia weyna no nda weyna n'inga bia no.
他说他的影子就是太阳,而太阳就是他的影子。

——摘自给雷神兼"豪卡之父"东勾的赞歌

在豪萨语中,豪卡(hauka)意为"疯狂"。的确,从桑海人的观点来看,豪卡神灵的行为举止是疯狂的。降在灵媒身上时,他们会抓着火,把手探进整锅沸腾的酱汁里,吃有毒的植物。有时候,豪卡神灵会从口里吐出黑色的墨汁——也就是他们的唾沫。豪卡也会以滑稽的模仿来取笑法属殖民地社会,他们经常戴着用木髓做的遮阳帽，模仿欧洲人的行为举止——特别是法军和英军的动作。这种豪卡模仿秀，引起了多位学者去探讨：豪卡于 1925 年前后在尼日尔的出现，可以视为是一种针对法国殖民统治的文化反抗（见 Fugelstad 1975, 1983；Stoller 1984, 1989a）。在许多桑海人看来，这种装模作样源于豪卡和那位精明善变而法力无边的东匀——雷神兼尼日尔河女神哈拉寇依·迪蔻的养子——的"亲戚关系"。

自让·鲁什于 1946 年拍摄《黑法师的国度》首次目睹豪卡起，豪卡的意象便深深地迷住了他，而后，随着田野研究的进展，他对于豪卡神灵的着迷与日俱增。1953 到 1954 年，他跑到黄金海岸去追寻通往豪卡的麦加——阿克拉——的朝圣之路。身为豪卡的灵媒的几位观众看到鲁什在《大河上的战斗》中豪卡附体的片段之后，慨然为他出面安排，让他去拍摄他们在豪卡大祭司蒙凯巴的乡间宅院里举行的年度祭典，这场邀约所产生的结果

一位豪卡神灵附在他的灵媒身上，《疯癫大师》。让·鲁什，民族志影片委员会

就是鲁什最富争议性的一部电影:《疯癫大师》。

谬行的大师

与《美洲豹》相同,《疯癫大师》也是关于从尼日尔到被殖民的黄金海岸的桑海人及泽尔马人移民的故事,只不过《美洲豹》给予旅程和目的地以同等的重视,《疯癫大师》则完全聚焦于扎布拉马人族群(含桑海人与泽尔马人)在黄金海岸的社会文化调适。

从《疯癫大师》的片头一开始就有配乐——一支铜管乐队表演《加纳的上流生活》(*Ghanaian High Life*)的音乐。随后,观众可以读到一段简短说明,这段说明标定了当时当地北方(桑海人,在殖民时期的黄金海岸称为扎布拉马人)与南方(几内亚海滨的族群)的交会、传统与现代之对峙。从这些恼人的对峙中创生了一种新的宗教:豪卡崇拜。

鲁什马上把镜头转到"诞生"豪卡崇拜的那个世界。在1954年,也就是鲁什拍摄《疯癫大师》那一年,阿克拉是殖民统治下的黄金海岸的首都。在电影中,阿克拉是一个五湖四海交汇的十字路口:欧洲人开着车,走在塞满了自行车、人力车、巴士和卡车的小路上;加纳人的铜管乐队在阅兵场上演奏;耶稣孝女会的修女在街头宣扬她们的信仰;从事卖身的豪萨女性为争取提高工资在市中心游行;尤鲁巴人(Yoruba)一边随着自己的音乐起舞,一边走过大街。此种不和谐的音响、模糊不定的动向与多民族的汇聚,构成了一个北方来的人们——从皋城与尼亚美来的泽尔马人与桑海人——不得不去适应的世界。电影引导观众去相信，他们采取了一个"我们还不知道的"新兴宗教的形式来适应周遭的环境。这个新宗教的基础系于豪卡——会以极猛烈的形式降在灵媒身上以显现其超现世性的某种神灵。当他降灵时，灵媒暴睁、狂野的眼睛像灯塔般切开黑暗；发泡的唾沫挂在黑色的下巴上，就像散乱的白色山羊胡子；怒吼、打呼噜、呻吟声扯碎夜的静寂。我们看见豪卡的时间虽然只不过是短暂、不安的一刻，但却长得足以抓牢我们的注意力。

镜头切回到阿克拉。鲁什向我们展示了扎布拉马人在殖民时期的黄金海岸工作的情景：码头工人在阿克拉港搬运船货，矿工爬进一座金矿的深处，洗瓶工人在洗瓶子，农场工人在收割稻米，牧牛人赶着牲口穿过阿克拉的街道，环境卫生工人在死水池上喷洒杀虫剂以消灭疟蚊。这些例子能给予观众的，当然只不过是扎布拉马族群的工作世界的一瞥。在《加纳的移民》中，鲁什说扎布拉马人在阿卡拉及库马西两地都扮演了商业界的重要角色。的确，有些扎布拉马商人成了都市里最富裕的居民。

摆设好了社会文化及经济的脉络之后，鲁什带着观众进行了一次从都市到乡村、从已知世界到未知世界的短暂旅行。我们离开了阿克拉，一路直向蒙凯巴的宅院——一场特别的豪卡祭典所在地——行去。蒙凯巴是黄金海岸的豪卡"教"的大祭司。我们坐着大卡车，先是走平坦的公路，然后走泥土路，一步步地深入一座愈行愈密的丛林里，直到卡车实在不能再前进为止。同行者于是下车继续步行，终于抵达蒙凯巴的那座相当大的宅院，里面有屋宇数椽，以及令人印象深刻的一列"会旗"（union

在蒙凯巴宅院里的总督神像,《疯癫大师》。
让·鲁什,民族志影片委员会

jacks),也就是一些式样各异的布,每面代表一位豪卡神灵。

祭典以任命一名新入门者和忏悔仪式拉开序幕。这名新入门者正被神灵附体前的诸般痛苦症状煎熬着,就这名豪卡的灵媒来讲,他出现的症状包括梦魇、梦游、不由自主地掘出墓中的尸骨等。他向蒙凯巴做了自我介绍,然后后者同意了他的任命。镜头转向祭坛——让"罪人"站在上面求许饶恕的一个染着血污的圆形水泥块。一名悔过者因为与他最要好的朋友的女友发生了关系,哀求他的豪卡原有,在恳求饶恕时,他用手抓着一只鸡在他身前和身后来回摆荡——象征他已犯下的罪业和将来的精进的一种方式。之后,其他众多悔过者也依样做了类似动作。接着,主持仪式的法师蒙凯巴割开了鸡脖子,血喷洒在祭坛上,环绕在四周的悔过者则用食指碰着祭坛的边缘,这表示:如果他们违背誓言,豪卡可能会降疾病在他们身上,甚至夺走他们的性命。

音乐开始了。独弦琴哀号着,配上仿佛是小手鼓打出来似的瓠鼓的切分音。豪卡灵媒们围成了一个圆圈,随着招请神灵的快速节奏,以逆时针方向行进。其中有些人戴着木髓做的遮阳帽,有些人把形似汽车风扇皮带的鞭子甩得噼啪作响。一声刺耳的哨音撕开了空气。有些悔过者尝试着要加入灵媒舞者的行列,却遭蒙凯巴手下拿着木制来复枪的护法们驱逐。他们被禁止靠近圆圈,因为若让他们的"罪孽"之身混迹在舞者之中,将会毁了这场祭典。

在脉搏般跳动的背景音乐中,第一位豪卡卡普拉尔·加尔帝(Kapral Gardi)降临了。他身体直挺挺地倒下,然后又陡然跃起。他先对观众们打了个招呼,然后便有人献上他的标识——红色的肩带,接着,他收缴了护法们的木制来复枪——这是他在这个荒诞的军事剧场里的工作。

其他神灵一个个降在他们的灵媒身上。鲁什给了我们一段一开始神灵附体的过程的特写镜头。一名青年坐在地上,两腿向前伸展，他左腿摇晃着，好似在颤抖，然后，他的右腿也开始颤抖——也就是说，"他"穿过了他的身体。他的手臂僵硬，脑袋向后急仰，泡沫从嘴里涌出。他的气息粗重，他的眼睛翻白而目光深远。

不多时，蒙凯巴的院子里便真的充满了跃动的豪卡神灵，他们倒在地上，向人要火来焚烧自己，倘若神灵真的降在一个灵媒身上了，灵媒的皮肉就不会被灼伤。这些神灵当中，有一位指挥官穆古（Commandant Mugu），又号邪恶少校（wicked major）的，干脆把自己的衣服烧了，结果，尽管他的衬衫整个被火烧掉了，他的皮肉竟然奇迹似的毫发无伤。鲁什又介绍了另外几位豪卡给我们认识，诸如红海将军马力雅（General Malia）、医生的太太罗科托洛夫人（Madame Lokotoro）、总督龚诺（Gomno）、卡车司机桑卡奇（Samkaki）、卫兵下士的儿子切莫寇（Chemoko）等。

蒙凯巴对总督的木雕像——一个戴着木髓遮阳帽、留着一撮胡须的矮胖白色人形——献上了一颗蛋。他先念了一段咒语，然后在总督所戴的遮阳帽上敲裂了蛋壳，这个动作再现了英国总督在阿克拉出席正式场合时所戴的盔顶羽饰。实际上，豪卡的举止动作是以夸张的形式再造英国军礼剧场，诸如敬礼、行军阶礼、持武装行进、高官之间的"圆桌"会议等。

高官们召开了一场圆桌会议来讨论他们对神灵的供献。他们决定杀一只狗、吃它的肉来展现神灵的异在性（otherness），因为没有任何一个桑海人会吃狗肉。接着，他们讨论是吃生狗肉还是煮熟的狗肉，结论是吃煮熟的。于是，蒙凯巴在豪卡祭坛上割开了一条狗的喉咙，豪卡们围在狗脖子旁边，啜饮那喷出来的血。然后，他们站起身、咂着嘴唇。鲁什将镜头推近桑卡奇的灵：当狗血染红了挂在他下巴上的唾沫时，他的眼睛闪烁着异光。

狗被剥了皮、切成块、放进一锅沸水中煮了。当狗肉煮好时，豪卡们将手探进沸锅中捞肉块，沸水丝毫没能烫伤他们的手。兴致勃勃的豪卡们用牙撕扯附在骨上的肉，微笑地咀嚼着。他们宣布这场祭典是一个大大的成功。蒙凯巴为那些不得不留守在阿克拉的豪卡灵媒留下了没吃掉的狗肉和高汤。

日光渐渐隐没，豪卡们一个一个从灵媒身上离去。灵媒们已经到了必须动身到阿克拉去的时间了，但"卡车司机"桑卡奇的灵还在灵媒的身上。桑卡奇因为这场完美的祭典而极度欢喜亢奋，他告诉蒙凯巴说明年必须举行两场这样的祭典，蒙凯巴同意了。独弦琴的哀号与瓠鼓的震响消散在天空中，最后一位豪卡消失在沾满泥土的布、浸透了血的祭坛与常在的"会旗"之间。夜幕终于吞没了蒙凯巴的宅院。

次日早晨，鲁什的摄影机带我们回到了阿卡拉，去看看豪卡灵媒如何在日常世界里过活。鲁什利用这种再一次的引介（reintroduction）来将圣俗两界同时并置在我们面前。举例来说，我们会发现罗科托洛夫人是一位声誉甚高的教堂执事，我们也知道了马力雅将军实际上"只是一个小兵"，其他灵媒则是扒手、洗瓶工人等。最后，鲁什将目光焦点集于前一天祭典的全体工作人员，他们都是阿克拉水利工程的工人，刚巧正在阿克拉精神病院前面挖掘一条水沟。鲁什告诉我们这些人是他们这个单位里最好的工人,他怀疑这些非洲人是否已经借着他们的"新兴宗教"发现了一种解药,可以用来消除导致精神失常广为流行的现代社会之非人性化。

疯狂的争议

甚至在 1955 年正式上映以前,《疯癫大师》便激起了山洪暴发般的争议。当鲁什在 1954 年把这部影片带到法国时,他就在人类博物馆把它放给了一小群精挑细选出来的观众看。由于没有音效,鲁什就从投影室里为影片提供解说。随着时间一分一秒过去,鲁什意识到放映厅里的紧张气氛愈来愈高。格里奥尔勃然大怒,建议将这部片子毁掉,几名非洲知识分子亦应声附和,相反地,吕克·德·霍伊施(Luc de Heusch)则认为这部片有其优异之处。按照鲁什的说法,格里奥尔不喜欢非洲人那样借着模仿来疯狂地嘲弄欧洲白人,这部片子让他觉得极为羞愧。观众中的非洲学者则认为这部片子的影像太过刺眼,尤其是目放凶光的黑人口吐白沫、喝狗血、吃狗肉的几个特写镜头,他们害怕这些影像会强化对于黑色非洲的种族主义迷思(Echard and Rouch 1988, interview 7)。

这些评论深深地困扰了鲁什,但这一下让他更确信他所拍的是一部非比寻常的影片,是一件不应被毁掉的宝贝。最后,他终究还是没有毁掉《疯癫大师》这部让他的制片人皮埃尔·布朗伯格赞为"大师之作"的影片。这部片在 1955 年上映,引起了一场相当大的风暴。

丹·雅奇尔（Dan Yakir 1978, 3）写道："《疯癫大师》在各地都激起争议。英国人和年轻的非洲知识分子都批判它，已故塞内加尔导演布莱瑟·森果尔（Blaise Senghor）更告诉我这样一个故事：当他从巴黎的电影院出来时，围观者一边看着他，一边交谈：'这又是一个会去吃狗肉的家伙！'""他在《疯癫大师》一片给人的印象是，鲁什是一位被附身的导演，他创作出了足以掌握真实世界的运动的一场名副其实的魔法之舞。"[1]在影评人米歇尔·德拉哈耶（Michel Delahaye 1961）看来，《疯癫大师》化解了非洲人和欧洲人之间的相互仇视。这部片子在欧洲所获得的普遍赞誉，有相当一部分正是来自鲁什在豪卡的镜头与英国殖民政府的军礼镜头之间的跳接——它显然是维尔托夫式的影像交错并置手法的一例。[2]

然而，基于害怕这部影片所可能引起的倾向于种族主义的诠释，非洲学者们谴责这部影片，鲁什能够体谅他们的这种恐惧，所以尽力确保这部片子不致广为流传（Echard and Rouch 1988, interview 7）。对鲁什的民族志影片——特别是《疯癫大师》一片——诟骂得最厉害的评论出现在1965年的一场辩论当中，这场辩论的正反双方分别是鲁什和塞内加尔小说家兼电影创作者乌斯曼·塞姆班。乌斯曼·塞姆班先明说了他对于鲁什所拍的像《我是一个黑人》那类故事片的偏好，以及他对于《疯癫大师》之类比较民族志取向的影片的不喜。于是，鲁什问："我想知道你为何不喜欢我的纯粹民族志影片——那些描写，比如说，传统生活的影片。"乌斯曼·塞姆班答以一段经典名言："因为你呈现它〔指传统生活〕而且耽溺在完全不能显出它的演化面的一种现实里。我之所以谴责它们,就像我谴责其他非洲学家一样,是因为你们拿我们当成昆虫来观察。"(Predal 1982, 78)

乌斯曼·塞姆班极具说服力的观点,源于他对于后殖民表象政治学(postcolonial representational politics)的深刻意识。此外,有好几位学者抱怨鲁什的电影因为缺乏民族学式的情境化而让人无法理解。

虽然专研西非的人类学家让-克洛德·穆勒(Jean-Claude Muller)认为《疯癫大师》是一份极佳的记录,但仍旧批评这部电影在民族学上的去情境化(decontextualization)。

> 最主要的问题——我不想把这话当作一种批判——源于这样一个事实:假如我们不是对于影片中所拍摄的人群的宗教情况先有了一些了解,我们几乎不可能完全理解进而欣赏这样一部关系到宗教和象征的电影——这部片里显然充斥着这些东西。这部片子仍不失为文字写成的民族学作品的一个补充,而且是很重要的补充,但这个主从次序不能颠倒,对一部关于宗教事务的电影来说,这一点尤为重要……唯有在读过民族志材料之后,我们才能驾驭这部片所描绘的大量细节。(Muller 1971, 1472)

穆勒所意指的民族志材料,当然不外乎《桑海人的宗教与法术》及《加纳的移民》这两本书。穆勒接着将豪卡运动定位在桑海神灵附体文化这样一个较为广阔的视野之中，交代了这个在电影中不明显的情境事实。

穆勒在此提出的主张是：《疯癫大师》不够明确。我不能苟同"电影是成文的民族志的补充"这个说法（见 MacDougall 1975；Banks 1990），但是他的评论倒是强调了本书的一项主旨：鲁什的所有电影，包括《疯癫大师》在内，都不能撇开他辛苦的、长期的民族学研究而予以孤立看待。

桑海神灵附体崇拜中的豪卡

许多欧洲人为《疯癫大师》的技术成就、骇人的影像以及它对于欧洲人就算有也很少经历过的一个世界的透视而喝彩。有许多文献显示，这部片影响了法国的新浪潮（la nouvelle vague）运动。相对地，非洲的知识分子强烈谴责《疯癫大师》的内容，认为它延续了一种种族主义式的异域主义。在这部片子中，非洲人会被看成属于另一个世纪的、奉行野蛮的宗教的野蛮人。

然而，豪卡无可否认的残酷性，只不过是桑海人当中一种神灵附体的表现形态而已。脱离了脉络，人们焚烧自己、口吐白沫、喝刚刚宰掉的狗所喷出来的血、吃煮熟的狗肉的影像，为非洲知识分子所严谴的那种异域主义提供了实质的基础。在这里，我们又见到了"一群阴魂不散的原始人正在从事野蛮的行径"那种让欧洲观众感到恶心、再度强化了种族主义式刻板印象的影像。《疯癫大师》长于影像但短于解释，呈现骇人听闻的场景是这部片最大的长处,而欠缺一个解释的脉络是它最大的缺点。

在殖民统治下的黄金海岸所发生的豪卡现象,只是漫长的桑海神灵附体故事里一个极短暂的章节(见 Rouch 1989;Stoller 1989a)。豪卡是晚近出现的桑海神灵,而且其发源地,并不像鲁什在该片中说的是在1950年代初期殖民统治之下的黄金海岸,而是在1925年殖民统治下的尼日尔(见 Fugelstad 1975;Stoller 1989a;Rouch 1989)。

> 整件事始于一场青年男女共同参加的舞蹈。在那场舞中,一名嫁给廷巴克图酋长(sherif)的苏迪人(Soudye)女子吉玻被一位神灵附体,旁人问他是何方神圣,他说:"我是龚诺·马力雅[Gomno Malia,红海总督]。"人们说他们不认识这位神灵。接着,又有另外几位神灵陆续降临在一些年轻的男子身上,他们也报出了名号,但人们还是说不认识他们。于是,他们说:"我们是豪卡,东勾的宾客。"这事发生在奇考(Chikal),一个很接近非令圭(Filingue)的地方。几天后,所有在非令圭的年轻男女都被豪卡给附了身。(Rouch 1989, 80)

实际上,当豪卡首次出现时,桑海附身祭司的反应和后来《疯癫大师》在欧洲观众及非洲知识分子之间所激起的反应无异:他们撇清自己和这些"来路不明"的神灵的粗鄙行为的关联。不过，这些"无法无天的"神灵的怪诞举止很快地攫住了非令圭地方当局的目光，他们马上将此事呈报给了驻尼亚美的法国殖民政府官员。不多时，殖民政府便将最早的一批豪卡灵媒和祭司逮捕下狱。尼亚美的指挥官克罗齐奇亚（Croccichia）少校将六十名参与者拘禁了三天，以惩罚他们的邪僻行径。这六十人被释放出来以后举办了一场舞会，在这场舞中，吉玻开始因龚诺·马力雅的出现而震颤。

被这群年轻人公然藐视权威的行为给激怒了的克罗齐奇亚少校，又下令逮捕了他们。他把吉玻押到他的指挥部，先捆了她一顿耳光，然后问："豪卡在哪里？"就这样，他把吉玻一直打到她承认没有豪卡存在为止。然后，士兵们将其余的豪卡灵媒带到克罗齐奇亚面前，他和这些士兵便一起按照前例，把这些灵媒打到他们也承认没有豪卡存在为止。被公开羞辱完了以后，这些豪卡灵媒被押回非令圭。

然而，他们在那里也得不着安生日子可过。酋长把他们赶出了该镇，他们只好流徙到其他地区或非令圭地区的其他村子，这些人于是建立了新的豪卡崇拜。豪卡运动从此广为流传，到1927年2月时，殖民政府注意到在非令圭的每一个村子都有豪卡的信徒。他们认为豪卡挑战着"以酋长权威为代表的既存秩序，也就是法国人所建立的行政体系之骨干"（Fugelstad 1975, 205）。

1927年3月，非令圭的老酋长嘎兜·纳马拉亚（Gado Namalaya）逝世，法国人支持嘎兜诸子之一彻库·赛尼（Chekou Seyni）的继位权，然而，彻库并非众望所归。于是，豪卡以一种政治势力的形式出现，出面支持一个敌对的候选人。这项行动本身就已经算是对法国权威的一种无可容忍的挑衅，从法国人的观点来看，更糟糕的是：豪卡已经在丛莽中建立起了自己的村落，构成了自己的社会，这更是摆明了的反法行动。

法国当局发现豪卡怀有"对传统的酋长制度的明确反对。他们发现一种公开的异议或说一个其成员公开拒斥社会、政治与宗教秩序的社团的出现。我们是在这里发现到了豪卡运动之最原初的层面：对于法国人所设立的体系的彻底否定"（Fugelstad 1975, 205）。

虽然豪卡崇拜是在奇考诞生的，但它所建立的第一个真正的根据地却是在殖民统治下的黄金海岸。依照鲁什的说法，豪卡在1929年前后抵达黄金海岸，其第一个登陆地点是阿苏瓮（Asuom）。由于一个名叫乌斯曼·福德（Ousmane Fode）的泽尔马人的狂热宣教，豪卡运动在黄金海岸传布得极为迅速。乌斯曼·福德出生在尼日尔的多索，并在第一次世界大战中参加过英军（Rouch 1956, 176），他在一年之内就成了黄金海岸的豪卡大祭司，从而成为当代神话的主角。

在1935年中的某一天，一位很可能在被附体状态中的豪卡舞者与一位年轻的豪萨女孩发生了激烈的争执，结果，地方政府当局下令禁止再举办任何的豪卡舞蹈。四十天（即穆斯林的守丧期）之后，乌斯曼召集了在黄金海岸所有的豪卡灵媒来开会，依鲁什的报告人、库马西的附身祭司提里·高（Tyiri Gao）的说法：

> 这场庆典于早上七点钟开始，到中午时，警察就逮捕了所有的人。当晚，一个吉他手在狱中表演，而

豪卡则降临在他们的舞者身上。接着,他们打破了监狱的门逃了出去。然后,在同一天晚上爆发了两场火灾,在寇佛瑞杜瓦(Koforidua)的教堂烧掉了,另外,奇比(Kibi)村被烧掉了一半,总共有八个豪卡舞者被烧死;黄金海岸的总督于是提高了警觉——是不是因为我们逮捕了豪卡,所以才会在一个晚上发生这么多意外?这些豪卡是谁?于是总督命令乌斯曼·福德和阿马尼解释豪卡是什么。后来,总督允许他们在恩撒万(Nsawam)、阿克拉和阿克瓦提亚(Akwatia)建立据点,豪卡就这样在黄金海岸延续了下来。(Rouch 1956, 177)

鲁什不知道这则故事是否与真实发生的事件一致,但他的确说过,"豪卡的黄金年代"始于1935年而终于1943年乌斯曼·福德过世——尽管土著群众觉得豪卡祭典残忍野蛮,就像许多非洲和欧洲观众对于《疯癫大师》觉得反感一样。

到鲁什去拍摄这部影片的1954年,豪卡运动早已在黄金海岸稳定了下来,扎布拉马移民为这个运动提供了灵媒。虽然在尼日尔,灵媒身份有时候会被污名化,但在黄金海岸,它却是一项荣誉。这种名誉是否只存在扎布拉马人的社群当中,还是能够延伸到其他移民或土著的群落当中去?鲁什没有交代清楚。

《疯癫大师》的问题之一是:它只描写了西非殖民史中的一个极狭隘的层面。观者对豪卡运动的起源得不到多少概念,更难知道豪卡诸神如何能被嵌入桑海众神谱录之中。当鲁什在

1954 年拍摄这部片时，豪卡的声势正盛，但在 1957 年加纳独立之时，这个运动发生了什么变化？那些回到尼日尔的灵媒又遭遇了什么？他们是否把他们在黄金海岸的神祇一并带回了家乡？尼日尔的独立是否让豪卡运动成为多余？或者，它作为桑海文化反抗的一种表现形式而得以持续下去？

《疯癫大师》对这些有利于标定脉络的议题未置一词。《桑海人的宗教与法术》倒是在一定程度上触及了这些议题，而在《加纳的移民》一书中，鲁什提到许多灵媒将他们的神灵一并带回了尼日尔，但他关于豪卡的文字作品并未估计该运动在独立之后的发展。

我个人近年来的经验指出：豪卡至今仍活跃于尼日尔，尽管如今已不像在 1927 年那个时候有一个分离成两翼的豪卡运动。从 1960 年尼日尔独立之后，反对欧洲人的统治就不再是豪卡的潜在主题。但是，就像奴役制度在曾经为奴的桑海人的观念中具有一定的钝性，殖民主义在心理上的枷锁仍然残留在许多尼日尔人的心头。虽然欧洲人不再是尼日尔共和国各行政区政治上的管理者，却还是在首都尼亚美以及桑海的乡村地区握有许多重要职位。许多尼日尔籍部长的技术顾问是欧洲人，在全国及地区医院的雇员当中有许多重要角色也是欧洲人，许多国际性融资的开发计划是由欧洲来的技术专家负责，尼日尔大学的教师也由欧洲人担任。欧洲人在各个领域都维持着强大的"势力"；所以，对许多桑海人来说，去体认这种"势力"的需求仍然和以前一样强（Stoller 1989a, 161）。

正因为仍然需要去体认欧洲人持续不衰的势力，豪卡才得以持续地存在。在大多数的桑海城镇里都有常住的豪卡灵媒，在像蒂拉贝里那样稍大一点的城镇里，豪卡灵媒松散地从属于一个主要的神灵附体集团；他们经常非正式地聚会，举办自己的仪典，实行自己的献供礼。

豪卡不仅是提出社会评论的喜剧演员，他们在神灵附体仪典中须扮演特定的角色。他们是保卫者——实际上就是桑海神灵世界中的贵族图鲁的卫哨兵。当图鲁降在灵媒身上时，马上就会有几位豪卡降临来保护他们，有时候，他们会戒护神灵附体仪典的旁观群众中的一些人到图鲁的面前见驾。豪卡也有天眼通，他们常常把某个人叫到他们的圈子里去，觇察他的过去、现在与未来。最重要的一点，豪卡也是猎巫者、防阻桑海巫术的第一线武力。当豪卡在头顶上挥舞着火炬时（就像他们在《疯癫大师》中做过的动作），这就表示他们在警告在该地区的巫师：小心豪卡的"武力"，一种源于他们的"父亲"东勾的武力。在一些社群，豪卡灵媒会在他们的村子里巡夜，一直到清晨时分为止，以保护村子不受巫师的夜袭。（Stoller 1989a, 161）

灵媒就是信息

《疯癫大师》不只是单纯地记录了鲁什不精确地称为"一个浮现中的非洲宗教"的一部电影。《疯癫大师》确实有纪录片的成分，因为鲁什让我们瞥了几眼扎布拉马工人在殖民地经济中过的繁忙生活。他向我们展示了族群交杂的拥挤街头、忙碌的港口、高产的金矿，他也告知了我们一些关于那些当豪卡灵媒的北方移民扎布拉马人的情况。他带我们去参观一场年度豪卡祭典，在其中，被豪卡附体的灵媒用赤手探进一口盛满沸汤的大锅而不受伤，他们像犯了狂犬病的狗一样口吐白沫，把一只狗宰了、煮熟吃掉。

显然，鲁什的目的不是在较宽广的民族学脉络中描绘豪卡在桑海神灵附体文化之中的脉络，《疯癫大师》不是从客观、鸟瞰的高度去描写其主题的一部观察性质的影片，而是影片创作者将观众带进桑海神灵附体崇拜的心灵的电影。[3] 观众毫无疑问地"身历其境"，而鲁什对那个景象的**记录**，使"毫无疑问地身历其境"成功地变成了"难以忘怀地身历其境"。

鲁什在《疯癫大师》中的意图，是不是一种身体和心灵同时地身历其境？这有一部分是对的。但我私下揣测他还有一种更大的企图。撇开它在民族志上的去情境化不论，《疯癫大师》无疑是针对我们的思维方式的一项挑战。与《美洲豹》相同，它是一部拒斥西方人的"注视"之狂妄傲慢的电影。

鲁什没有为《疯癫大师》所描绘的那些难以置信的事件提出任何化约式的理论。相反地，鲁什挑战我们，迫令我们去反省下列问题：人如何能以赤手探进沸锅之中而不被烫伤？"恍惚出神状态"（trance）何以能同时是如此的暴力、不敬礼教、残忍而且好笑？鲁什没有对这些恼人不安的问题给出任何回答，他只提供了一些科学上无法想象的事情的影像记录。当然，那里头必然有些什么诡诈花招，就像列维-斯特劳斯在他那篇影响甚巨的《巫师及其巫术》（"The Sorcerer and His Magic"，1967）中所论证的那样；另外，有人提议：灵媒可以抓火而不受伤的时间极短，最多不过十五秒（Kane 1982）；还有一些人写道心志的力量可以克服肉体的疼痛和如火焰之类物理力的侵袭（见Adair 1960）。然而，桑海人则有一个简单不过的解释：附体状态的灵媒已经不再是人，他们是神灵。神灵可以看穿过去和未来、有十个男人的膂力、忍受火焰与沸水。他们是神灵在俗世的显化——借着人的身体。而我们所必须做的只是盯着银幕去观察——绝非消极地——那些足以无可辩驳地证实豪卡超现世性的证据。

鲁什想要借着震撼逼使观众去直接面对这些不可确解的现象，去搅扰那些他们习以为常的、舒适惬意的认知论预设。在我放映《疯癫大师》五十多次的经验中，每次放映都有学生呕吐，也总有几个学生对像桑海人那么"原始"的人类怎么可能会知道一些我们一无所知的事情而感到奇怪，许多学生死命地寻找恍惚出神状态的科学解释——他们想让那些不可解释的事情变得不再神秘，还有一些学生则觉得被侮辱，坚信这部电影是种族主义的偏见。

没有任何一个人低估《疯癫大师》的力量。在乔治·迪佛斯（George DeVos）这样的人类学批评家看来，这部片的力量来自它残酷的诚实。不像许多人类学家，鲁什不相信我们必须总是以一种正面肯定的方式来呈现土著民族："让我们比较鲁什和《根》（Roots）。《根》把仪式浪漫化。相反地，鲁什面对仪式是诚实的，与他本人在心理学及社会学上的态度一致，这就是不舒服的印象的起因。观赏者很难觉得轻松自在，但在此同时，他不得不去接收那些丢给他看的东西。"（DeVos 1982, 59）仅以正面肯定的方式去描绘"他者"是否"不合乎伦理"呢?

底层观点中的殖民主义

1988年,鲁什在纽约大学为他的电影所办的回顾展上发表了演说,他宣称,他的非洲籍同仁在一开始时谴责《疯癫大师》为种族主义偏见,如今却认为它是将非洲殖民主义描绘得最好的一部电影——因为它表现了一种从底层观点所看到的殖民主义。鲁什的这句断言当然大有商榷余地,人们可以指出:身为一个法国人的鲁什,根本不可能"知道"从一个非洲人的观点所能看到的被殖民情境。譬如一位曾与鲁什共事过的已故尼日尔籍影片创作者奥马鲁·冈达就说:"鲁什是以一个法国眼光看事情的欧洲人。"其他非洲影片创作者多同意冈达的说法(Predal 1982, 71, 63-76)。

但是他们是否曾考虑过一些缓和因素呢?鲁什拍摄《疯癫大师》是在他初次踏上非洲大地约十三年之后,在这十三年间,他与他的报告人兼朋友们一直保持联络,而且,他也咨询过他的合作伙伴——尤其是达穆瑞·基卡——的建议,这种长期的亲身接触是《疯癫大师》等电影的基础。听听电影创作者伊努萨·乌塞尼对鲁什的评语:"他亲近人们,他一直不断地与人们接触,你可以从屏幕上看出这一点,因为假如人们不接纳你的话,那种不接纳会马上显现在电影里!因此,鲁什创造了这种与人们接触的电影,而且,当你实际从事这种类型的电影时,你不能欺骗[去耍诈或设计],因为如果你没有先得到人们的接

纳，你根本就拍不成。"（Predal 1982, 76）

在瑞达·班司麦亚（Reda Bensmaia）看来，《疯癫大师》从影像上抓住了在黄金海岸的殖民主义的本质：英国人对非洲人的剥削。对殖民主义暴行敏感的鲁什，找到了正确的音调："鲁什的路线是正确的，不仅是因为他没有忽略殖民主义，更是因为他不断地离开自己出身的环境，并且通过殖民主义在别的地方所造成的巨大影响来揭露它的本质。鲁什的路线从来不容许旁观者去保持事不关己、无所谓的态度，而是以某种方式逼迫他们去采取一种立场，不然的话，至少也要进行某种改变。"（Predal 1982, 55）依照班司麦亚的说法，鲁什在《疯癫大师》中证明了：要想了解去殖民化（decolonization）的意义，一个欧洲人必须先从自己身上开始去殖民化。

《疯癫大师》之所以能被称为鲁什的大师之作之一，是因为它将殖民化、去殖民化、恍惚出神状态的本体论等复杂的主题精巧地糅合在一部不过三十三分钟长、异乎寻常的电影里。鲁什直截了当地将桑海神灵附体仪典的"恐怖喜剧"丢在观众面前，挑激观众来捕捉他们在银幕上所看到的东西（见 Stoller 1989a）。与鲁什的桑海人民族志以及他一些其他电影（比如《旺泽贝的法师》）相同，《疯癫大师》**记录**了难以置信、不可想象的事物的存在。这些无法解释的场景挑激我们去将我们的思考去殖民化，将我们自己去殖民化。

在 5 月和 6 月时，桑海农夫仰望东方的天空，他们见到一片乌云升起，并感受到一阵从西向东的风，于是，他们谛听东勾的轰隆声——吟游诗人说是他的"呻吟",那就是为那被烤得干透了的村落带来救命雨水的声音。如果雨来了,人们就会听到东勾的孩子们——豪卡——一边呼啸着,一边嬉闹地跑在通往乩码的家院的泥泞街道上。

他们来时半裸着身子,胸前覆着一层泥巴。"我的乩码,"他们说,"我爸爸今天要来。他心情不好。他要血。他心情不好。我爸爸今天要来。把他要的血给他,你们就会有个平安而且多产的雨季。我爸爸今天要来。他心情不好。"

东勾仍旧是桑海的天空的主宰,他的孩子——疯癫大师——仍旧是桑海村落里泥灰小道上的一股势力。

第九章

《昔日的鼓：图鲁与毕缇》

Boro kan mana gaanu si windi.
还没入门的人不能进入附体舞者的圈子。

——桑海谚语

  桑海人的村子坐落在萨赫勒气候区里，饥荒在这块地方有着漫长的历史。只要降雨量稍稍偏离了既定的模式，就会危及民命之所系的小米收成。此外，就算雨量丰富，老鼠、蝗虫和其他害虫也会毁掉一场丰收，带来致命的饥荒。为求豁免于灾难，各个桑海社群都会举行神灵附体仪典以向黑神（the Black

Spirits）献祭。黑神是桑海众神之中职司土壤肥力和病虫害的神明，是他们推促了桑海人去寻求"丛莽的真理"。

本章的主题——鲁什的《昔日的鼓：图鲁与毕褆》——所讲的就是1971年3月在司密里所举行的一场此类黑神祭典。这部片不只关切"丛莽的真理"，也关切田园的真理。在鲁什的作品中，"田园"是经由合作犁土、灌溉和除草所创造出来的一个空间，而且，正如还没入门的人不能进入附体舞者的圈子一般，鲁什证明了：没入门的人类学家绝对无法跃入真实——属于田园的真实。

司密里的黑神

《昔日的鼓：图鲁与毕褆》一开始，鲁什的摄影机带我们走到尼日尔司密里村外，置身于一派荒旱风景之中：广袤的沙地，上头点缀着枯瘠的草和偶尔一见的刺棘树。我们听见鼓声从背景传来。那是1971年3月11日，为崇奉黑神——主宰蝗虫及其他害虫的根基弼——所办的一场长达四日的节庆的最后一天。司密里人知道，如果他们对这群神灵献供，这群神灵就会保护庄稼。可是麻烦的是：在这场庆典的前三天里，没有任何一位神祇降临在任何一个灵媒身上。

听听鲁什说的话："进入这部影片，就是跃入了真实。"而鲁什之所以能够跃入这个真实，只因为他的入门之路已经将他引到了桑海万事万物的中心。

在这里，鲁什变成了摄影机，我们看的就是他所看到的。

我们走进司密里，渐渐趋近司多乩码（Sido Zima）的家院。我们经过一个羊圈，里面有几只羊被拴在小木桩上。我们骑在鲁什的肩膀上走进了舞场。我们看见了吞达（*tunda*，即神圣的篷子），下面坐着司密里的灵媒。鲁什聚焦在一名穿着波浪般起伏的靛青色斗篷的老人参玻·阿尔贝达身上。参玻，这位豪萨诸灵的灵媒，已经疲累了，他已经在3月的骄阳下跳了四个钟头以上的舞。他的神太遥远，远得无法企及，而白昼正在一点一滴地溜走。这场节庆会是一场彻底的失败吗？诸神会不会拒绝降临司密里？蝗虫会不会在这个雨季毁掉司密里田地里的小米？

"摄影机鲁什"现在接近了乐手，因为他们正在演奏昔日的鼓——图鲁与毕提。图鲁是用一个上面张着羊皮的大葫芦做成，而毕提则是一端张着羊皮的圆筒形的鼓。与在大多数神灵附体仪典中演奏的瓠鼓不同，这两种鼓是用手而不是竹棒敲的。我们看着这些乐师演奏昔日的鼓，听着鼓点的节奏，接着，参玻·阿尔贝达又开始了他的舞蹈。

音乐戛然而止。独弦琴手感觉到神灵已接近了。此时，那位老舞者已经不再是参玻·阿尔贝达，而是那只土狼库尔。图鲁鼓手唤人送肉，库尔要吃肉。库尔舞着，他饿了。

日光渐渐暗了，但库尔的出现迫使老屠辛野·瓦西不能不上场跳舞。很快地，她也被福朗奴隶出身的黑神之一哈鸠（Hadjo）给附了身。

摄影机鲁什带着我们去看库尔与司多乩码的儿子达乌达·索尔寇之间的会谈。他置身在附体舞者的圈子当中。"我要吃肉。"库尔对达乌达说。达乌达点着头道："我们要大丰收。"

不多久,哈鸠加入到库尔、达乌达·索尔寇和摄影机鲁什中间,这位神祇要山羊血——一样牺牲。在他们等待山羊时,达乌达·索尔寇为他们洒香水。

太阳渐落。鲁什将镜头移开这个活动现场,让摄影机去拍司密里的孩子们正在看的物事——在司密里以及在鲁什电影中的日落。[1]

在尼日尔司密里的鼓手敲着图鲁和毕禔,《昔日的鼓:图鲁与毕禔》。让·鲁什,民族志影片委员会

神灵附体之于鲁什

桑海神灵附体文化在1942年攫住了让·鲁什。从那时起,他就将他在人类学方面的大部分注意力投注在这个文化现象上。

神灵附体在他的人类学写作中占据了中心舞台,也是他大多数民族志影片的主题。

但是,究竟是桑海神灵附体文化的哪一点让鲁什如此地着迷?他自己曾表白过:他在1942年见到的那场神灵附体仪典迫使他想起保尔·艾吕雅的超现实主义诗作。在鲁什看来,神灵附体是不是自动书写或自动摄影的原材料呢?对鲁什而言,神灵附体是生命与死亡的演出,它是与存在(existence)玩——以这个字眼最深刻的意涵来理解——的一场游戏(见 Geertz 1973; Bentham 1931)。在桑海,神灵附体仪典摆设了一个舞台,让凡人得以与操控着宇宙之力的众神协商,人类必须以他们整个的存有——桑海吟游诗人会说"他们的心"——投身到这种协商之中。若凡人与神灵(用鲜血)"签署"了这个协定,就会有健康、快乐、多产和雨水。若这场协商因某些因素而失败,就会有疫疠、哀痛、不孕、干旱和饥馑(见 Stoller 1989a)。

正如鲁什在他的书和电影中很形象地指出的,气候是桑海人故事里的主角。就像我们在《昔日的鼓:图鲁与毕提》里看到的那样,桑海是一个平坦、多沙、不毛的沙漠,仅有一些规律性分布的台地稍能改变它单调、平阔的地貌(见 Sidikou 1974; Stoller and Olkes 1987)。一个好年头或许会有500毫米的雨量,不过,平均年降雨量一般为250至400毫米。土质一般来讲相当贫瘠,许多垦殖者在起伏不定的沙地上播种小米。此外,桑海也是蝗灾、鼠患、鸟害及其他病虫害的家乡,小米会在不同的成长阶段遭到这些灾害的轮番摧残。

就算有充足的雨水,也躲过了病虫害,还是不能保证有一个丰年,因为雨水还必须配合小米生长的周期下在恰当的时刻。在雨季开始时,降雨不能超过一周一次,否则,太多的雨水会淹死小米秧子,但是,一开始时雨水太少,又意味着萨赫勒的骄阳会烤焦柔嫩的秧苗。这种偶发性的降雨模式必须持续到8月,然后在8月间下七到十场大雨,因为在这期间生长的小米梗子需要大量水分。到了9月,雨量必须渐渐减少,否则过多的雨水会让小米梗子烂掉。10月是收割的时节,这时需要晴朗炎热的阳光来让已经成熟的穗子结实,10月的雨水一样会毁掉谷子。只要对理想的气候模式发生任何偏离,都会严重地减少收成,而粮食太少,必然导致对于侵袭桑海孩童与成人的一般疾病及热带疾病的抵御力变弱(Stoller 1989a, 127–31)。

  面对气候的不确定性,桑海人认为自己根本无力抵御大自然善变的力量。要哀求,因为太过"困难",所以桑海人运用神灵附体的框架,来和掌控了大自然的力量——从而也就掌握了人类命运——的神祇们讨价还价。这种讨价还价的观念清晰地显现在《昔日的鼓:图鲁与毕褆》里,尤其是其中神灵库尔和凡人达乌达·索尔寇之间对话的那一场景中。库尔要肉,和他同为神灵的姊妹哈鸠要血,代表司密里社会世界的达乌达·索尔寇则要一场丰收。为了要交换血与肉,库尔和哈鸠誓言保护司密里免于病虫害的侵袭。

  神灵附体仪典也为其他协商摆设了舞台,譬如男人找妻子,女人找丈夫,要远行的人寻求"保佑"(像在《美洲豹》中的情节),病人寻求救治,整个社群寻求防阻疫疠,社群寻求免于病虫害,社群恳求雨水等——分别按照既定的规矩办。

一位灵媒随着图鲁和毕禔的节奏起舞,《昔日的鼓：图鲁与毕禔》。
让·鲁什，民族志影片委员会

以上所列的最后一项请求，是在一年当中最重要的一场神灵附体仪典——耶南地（意即"祈雨舞"）——上提出的。在1989年版的《桑海人的宗教与法术》中，鲁什将耶南地描写成凡人与神祇之间的一宗"协议"。鲁什的这份"协议"或"契约"的概念极为切合实况，但是一场耶南地不仅是人类与神灵世界之间的一份协议，它也导出了社群中人与人之间的一份协议。

要举办一场耶南地是很昂贵的。主办者必须买献祭用的牲口（至少要有一头黑山羊和四只鸡）以及用以招待来参加的乐师、灵媒、法师的可乐和香烟。此外，主办者还必须犒劳乐师、灵媒和法师。这些钱从哪里来呢？地方政府官员和酋长经常会出面替这种祭典收钱，但同样地，身为穆斯林的官员或地方酋长经常会拒绝支持一场"邪魔外道"的仪典，结果是仪典班子必须取消那场仪式，或者因陋就简、马马虎虎地敷衍一番。一且仪典被整个取消掉或者举行得不完全，法师们便会害怕那终极的惩罚：一场大旱。

换句话说，地方上的和谐以及整个地方对于神灵的支持是不可或缺的。是这种和谐为一场戏剧性的仪典摆设好了舞台——耶南地的舞场，使天界主宰东勾（雷神）、曦瑞（闪电之神）、穆萨·顾尔马（Moussa Gurma，风云之神）和曼达·豪萨考伊（Manda Hausakoy，铁神）莅临社会世界。他们坐在宝座（实际上是倒扣过来的研臼）之上审视这个社群，他们品评献祭牲口的成色，也衡量附身祭司班子和整个社群社会关系的质量。假若满意，诸神便接受法师呈上来的奉献并保证降雨；假若有不合意之处，便不会赐予支持。

因而，神灵附体仪典在桑海人的世界呈现为一场生死攸关的大戏。法师深知像耶南地一类的祭典攸关生死的后果，乐手知道他们甜美的音乐可能会救一条命，灵媒知道他们的身体将承载可以带来雨水的神灵，而索尔寇则知道他们的"旧话"可以召来神灵。所以，神灵附体是真实生活的一个戏剧舞台，演员们极端戒慎恐惧地扮演各自的角色。

1984年，在一场严重的旱灾当中，一名瓠鼓手跟我说了一个故事，颇能够彰显他在神灵附体仪典中的职分之严肃性。在一次神灵附体仪典中，他放下了鼓去吃午饭，当他回来时，

　　（他）敲了一下他的鼓，觉得有些奇怪。他是不是听到了葫芦下面传出一声噪音？是不是有什么东西在下面活动？[他]用一根长竿挑起他的葫芦，然后

迅速从他在鼓后面站着的位置跳开。原来在他离开的时候,有人在鼓下面放了一条毒蛇。于是他打死了那条蛇……

"什么地方都有坏人。有人想要伤害我,我却连为什么都不晓得。那天,我想要离开那个鬼地方,可又不能走。身为一个鼓手,我必须对我自己和神明负责任。"(Stoller 1989a, 121)

这种韧性、这种人格上的顽强,在神灵附体仪典班子里的演出人员当中是很普遍的。无疑,鲁什曾经在尼亚美的老卡力雅、在瓦迪·勾吉(Wadi Godji)、在司多乩码、在司密里的达乌达·索尔寇以及在旺泽贝的莫西·巴纳身上,发现过这种性格上的顽强与意志力的深度。在1942年夏,老卡力雅引介鲁什去认识桑海神灵附体仪典,那场仪典的戏剧与力量毫不迟疑地攫住了他。"老卡力雅为那十个被雷打死的人所做的净化仪典是如此的动人……以至于我根本无法去写它或者给它拍照片"(Rouch 1978c, 7)。这场罗曼史延续了五十多年,在这中间,桑海神灵附体文化一直是鲁什民族学写作和摄影的主要焦点。在他看来,神灵附体是一个戏剧性的梦境,演员在其中的行动,具有攸关生死的后果。

桑海人的自我现象学(Phenomenology of Self)

在他1971年拍摄《昔日的鼓:图鲁与毕褆》时,让·鲁什已经在桑海神灵附体仪典的演出人员当中花了近三十年的工夫，也早就已经进入了舞者的圈子。鲁什第一次造访司密里是在1940年代末期，1951年，也就是拍《昔日的鼓：图鲁与毕褆》的二十年以前，他在当地拍了一场耶南地。司密里人不把鲁什当成一个"观察者"或是一个陌生的外国人，而称呼他"追随神灵的人"，也就是一个已经入门的人。观众可以在《昔日的鼓：图鲁与毕褆》中感受到他这个绰号的意味——在该片中，肩上绑着摄影机的鲁什能够毫不费力地在神灵、法师、乐手和赞美诗歌手当中穿梭进退。

这样的经验以及由此产生的影片，驱策鲁什去写了一篇关于桑海人的自我概念的文章。这篇首度于1971年在法国发表的文章，后来成为1989年版的《桑海人的宗教与法术》后记里的一部分，他说道："这番经验[指《昔日的鼓：图鲁与毕褆》]的结果是：我尝试去写桑海人对于灵媒、法师（sohantye）、巫师（tyarkaw，意为'吃灵魂的人'）所加害的对象之'自我'观念的诠释，以及观察者兼影片创作者的自我。"（Rouch 1989, 337–38）

鲁什以思索灵媒的"自我"来展开这篇论文。附身祭司的解释是：神灵附体发生时，神灵，也就是一团不可见的能量，置换了灵媒的"重身"。依照鲁什的说法，所有人类的重身都会以几种方式显化，例如我们的影子，以及在镜中或水面上照出来的影像，此外，它也显现为我们的魂魄。它会在睡眠中离开我们的身体以致造成我们的梦境，它也会在死亡时脱离身体，追寻它自己的前程。

若一个人是灵媒，他的重身就能够在神灵附体仪典当中被置换出来。依照鲁什的说法，这就是当灵媒将被附体时所发生的状况：

> 按照许多间接的说法［之前已经指出过：舞者必然无法记得附体过程中的情况］，舞者会**看见**神灵［资深的入门者也终将能看到］穿透舞蹈的圈子，面对着自己；然后，他会用手拿着一头刚杀的牲畜的皮，用带血的那一面对舞者展示三次：
> 第一次，舞者的眼睛流泪；
> 第二次，舞者的鼻子流出黏液；
> 第三次，舞者哭喊出来。（Rouch 1989, 339）

第四个动作，就是神灵用带血的兽皮罩在舞者的头上，这样，神灵就抓住了重身并且进入了舞者的身体。在被附体期间，舞者的重身被保护在血淋淋的兽皮底下，当神灵要离开灵媒的身体时，他就将这块血淋淋的兽皮掀开，把灵媒的重身释放出来，然后灵媒才能睁开眼睛。有时候，灵媒会失去知觉达数分钟之久。之后，他们总是会咳嗽，就好像刚刚才从一个缺氧的地窖里被放出来一样（Rouch 1989, 340）。

桑海附身祭司曾提出过不同的理论。比如说，蒂拉贝里的阿达穆·耶尼通勾说舞者的重身是被摆在神圣的罗罗——也就是像他这样的索汉祈兼附身祭司所拥有的铁杖——里的，其他有些乩码则说附体舞者的另一重身是被存放在神圣的篷子的几根柱子当中最靠近乐师们的座位的那一根柱子里（Rouch 1989, 340）。

不论运作机制究竟是怎样的，照鲁什的说法，关于神灵附体最重要的一项事实是：灵媒的重身被置换掉了。但在索汉祈当中，自我的观念是非常不同的。鲁什说，索汉祈能自己主宰他的重身，所以，他的重身不会被神灵所置换。在这里，鲁什对比了神灵附体与萨满教（shamanism）之间的差异，灵媒的自我会被置换掉，而萨满的自我却能长距离地旅行。在《旺泽贝的法师》中，我们见到了法师的链子——彰显出法师的"自我"能化形为一只"秃鹰"而飞到远方制服其敌人的一个标志（Rouch 1989, 340–42）。

在桑海的世界，法师和巫师借着斗法——重身之间的斗法——而相互关联在一起。巫师在夜间作法，当他们在黑暗中行进时，会在一路上放出闪光，这闪光就是他们的重身的轨迹。同时，巫师的肉体会待在村子里进入睡梦状态。法师在桑海村落里抗击巫师，当法师睡觉时，他的重身会出来巡逻侦察巫师的行动，提着罗罗来扎他们，使他们的巫法失效。鲁什有一段话，相当值得在此摘引："关于这些想象的战斗的故事委实精彩绝伦：法师提着长矛［或罗罗，或两者都有］设法去扎巫师，巫师则朝法师丢小米茎以自卫。当黎明降临，重身各自回到他们的肉身去时，他们会在［巫师和法师真正原本的］肉身上留下他们所受的伤：他们会对人骄傲地展示隆起的疤痕。"（Rouch 1989, 344）若巫师的重身逃过了侦察，他就会猎取其他人的重身。有时候，巫师的重身甚至会偷走被害人的重身，在这种丢失了重身的危险状态下，被害人会生病，甚至死亡。桑海人经常宣称巫师杀了他们的小孩。在村子里，人们会请索汉祈或索尔寇为他们制作护身符，以保护他们免于巫师的攻击（Stoller and Olkes 1987）。

然而，观察者或者——就鲁什的例子来讲——民族志影片创作者的"自我"又是什么呢？鲁什在此比较了他自己的"自我"与灵媒的"自我"。在拍摄《昔日的鼓：图鲁与毕裼》时，鲁什真的将自己依附到那场仪典中，并且进入一种"拍摄着他人的恍惚出神状态而引致自己的出神电影"（Rouch 1989, 348）。不过，"出神电影"只有在实践"真实电影"、在真实世界中猎取影像的影片创作者身上才会出现，实际上，"出神电影"是民族学家和他者之间的一种深刻的对话，它导向一种富于现象学上的内涵而且主客共享的人类学。

但是，"出神电影"不仅是对话式人类学的一种电影版本，正如德玻采克（DeBouzek 1989, 305）所描述的，"出神电影"发生于影片创作者被电影本身给附体之时：

> 拍电影的过程就是一个信仰的行为——信仰他的［鲁什的］电影既是他自己未意识到的"影片创作者的"心灵的产物，也是一位"民族学家"审慎记录的文献。例如，在那简短但却具有革命性的电影《图鲁与毕裼》（1971）当中，鲁什用叙述去解释这部片子的周遭环境（它是用一个十分钟长的胶卷一口气拍出来的），并且大声惊问：这段他相信真的凝结了舞者们的

附体出神状态的片子,是不是自己拍出来的?——这就是他的"出神电影"。

正视神灵附体

面对着神灵附体作用在人身上或展现在电影上的力量,我们当中有许多人都会怀疑它的"真实性"。我们可能会说神灵附体是用药物引发的,或者灵媒们是很好的演员。在很多案例中,这样的解释是可以成立的。在一些神灵附体崇拜中确实有服药的情况,还有一些灵媒的确会在仪式当中假装进入附体状态。然而,在桑海,神灵附体状态很少是用药引发的。而且,假若一名灵媒被附身祭司发现是在假装,免不了会因这种诈骗行为而被公开羞辱(Stoller 1989a)。重点在于:神灵附体不是自动的,当仪典班子举行仪典时,其结果是无法预测的,就像《昔日的鼓:图鲁与毕褆》所记录的那样。如果在仪典班子或整个社群内部有嫌隙龃龉,则正如我们之前所说过的,神灵经常会拒绝降在他们的灵媒身上。

《昔日的鼓:图鲁与毕褆》也记录了"出神电影"的可能性。只消一读《桑海人的宗教与法术》,便可明白桑海众神灵认得欧洲人。他们协助鲁什,使他得以在旺泽贝的索汉祈手下工作,在神灵附体仪典里诸神接受子民觐驾时,他们也招呼鲁什。正如鲁什以崇敬对待桑海诸神,他们也以宽厚与关切为他"施法"。

大部分人类学作者和影片创作者以一种实事求是的观点来

看待自我与他人之间的鸿沟，要与那些和我们共享同一种文化和语言的相识者沟通就已经够困难的了，要与民族学上的他者沟通，自然更是困难得多。在田野中，我们尝试去学习"他们的"待人接物方式和他们的语言，期望能理解他们的世界。但是，误解的几率是很高的，而且我们也无法完全将自身融入他们的世界，无论他们是多么真诚地邀请我们加入他们。

让·鲁什在桑海五十多年的经验，并没有侵蚀这种对于自我和民族学上的他者之间差距的实事求是的评估。但他的作品，尤其是《桑海人的宗教与法术》一书，却提示我们：我们可以进入他者世界的深度比我们原本可能想象得到的要深得多。《昔日的鼓：图鲁与毕禔》反映了鲁什融入桑海事务的深刻程度。它是一部**记录了**排除——无论是多么暂时性地——欧洲人和非洲人之间的障碍的可能性的电影。借着结合他个人在桑海人当中的历史以及他的摄影机的出现，鲁什跨越了这个障碍，从而进入了一种"出神电影"。那天在司密里，假如是另一个人在拍摄那段连续镜头，我敢肯定那些灵媒将不会被附体，这就说明了鲁什在桑海的人格的巨大力量。

田野调查的现象学

在十分钟长的素材里，《昔日的鼓：图鲁与毕禔》指引出了共享的、参与式的人类学的一种激进方法。在某种意义上，"共享的人类学"这个潜在的主题贯穿了若非全部也是大多数的鲁什电影作品。"共享的人类学"是鲁什电影故事背后的故事，这个故事所说的是鲁什运用电影这个媒介来与"他者"分享他的研究成果,而成果分享则为民族学家和他者之间的互相尊重奠定了一个坚实的基础。

在一场耶南地中对神灵的献祭,《耶南地:求雨者》。
让·鲁什,民族志影片委员会

如果神灵没有同意,鲁什就不可能去拍《旺泽贝的法师》这部片子,后来,鲁什在旺泽贝与莫西·巴纳和巴拉克索汉祈等人"分享"他的劳动成果。在《以弓猎狮》中,鲁什的合作伙伴出现在电影里,结果,达穆瑞·基卡在尼日尔的阿约鲁看到自己的形象被投射在一块白幕布上之后,开始孕育《美洲豹》一片的构想,然后,由莫西·巴纳占卜而得的指引,变成了《美洲豹》的情节。鲁什拍摄《疯癫大师》是应蒙凯巴——1954年时黄金海岸的豪卡大祭司——之邀。在司密里,鲁什走在一场黑神祭典的神灵附体仪典班子演出人员当中,就像在家里一样。鲁什在那里不是一个来访的影片创作者,而是有意地将自身卷入桑海社会生活的一个人。这种卷入桑海社会关系的迷宫的作为,给了他亲身接触桑海世界里的惊人事物的机会,也为(就我的观点看来)明白地呈现在他电影之中的那种相互尊重奠下了基础。鲁什写道:

> 田野会改变单纯的观察者。一旦开始干活,他就不再是一个在村落边沿和老人家打交道的人;再用一回维尔托夫式的词汇来讲,他"民族学式地看"、"民族学式地观察"、"民族学式地思索",而一旦他们看熟了这个陌生的常客,那些他所接触到的人也会经过一段平行的变迁,他们会"民族学式地展示"、"民族学式地说",而且到最后,他们也会"民族学式地思索"。
> 这场永恒的"民族学式的对话"正是当今民族学研究取径最有趣的倾向之一:知识不再是一种偷来的秘密,然后被吞噬进西方的知识殿堂……[知识]……是一场无尽的追索的结果。在这种追索当中,民族学家和他者所走的一条路被我们当中的一些人称为"共享的

人类学"。(Rouch and Fulchignoni 1989, 298–99)

在鲁什说出这段话之前好多年,就已经将这套方法付诸实行了。在 1947 到 1948 年的田野调查期间,他彻底敞开了自己的心胸去面对桑海的世界。受到弗拉哈迪与维尔托夫的影响,鲁什的民族志电影创作变成了一种集体创作——这也是他在桑海的生活的一部分。此外,但我们也绝不能忘记鲁什的桑海友人对他产生的重大影响。事实上,他们的概念形塑了他在田野调查方法及影片创作方面的思路。对鲁什而言,达穆瑞·基卡、朗·伊卜拉辛、布布·哈马(Boubou Hama)、塔卢·穆祖兰、莫西·巴纳、瓦迪·勾吉、司多乩码和达乌达·索尔寇——在此仅能提及鲁什的尼日尔籍演员阵容中的核心人物——至为重要,他们不仅塑造了鲁什在田野的生活,更给他的电影赋予了生命。

但是,这种鲁什式的"共享、参与式的民族学"观念究竟是什么?鲁什自己的民族学实践在此提供了一个范例。参与式的人类学意味着在田野中花上许多年的工夫;它意味着熟稔当地的一种或甚至多种语言;它意味着承认**我们的**无知和**他们的**智慧;它意味着承认我们的错误(在公开场合和在出版物中);它意味着去陶铸出一些作品(以散文和电影的形式),这些作品试图掌握在那个世界中的思维、行动和感受交融而成的浑然一体,结果终抵于彻底感官性而非局部感官性的民族志;最后,它意味着扩大我们的听众和我们能够承担的言责。这样一种极端经验性的行动方针,不会像一些批评家所说的那样降低我们的科学标准，反而会提升我们的科学标准（Jackson 1989）。

鲁什的民族学实践所具有的先见之明尚未被认识到。在1980年代当中，北美洲的人类学家开始关注民族学的表达（representation）的政治意蕴。[2] 这些作者当中有一些人呼吁注意民族学权威的死亡；另一些人要求对话式的民族志；还有一些人，号称以文字中心的表达（logocentric representation）已经终结，宣扬一种以驱发动力（kinesis）取代素来占有优势地位的模拟形态（mimesis）的后现代人类学来追求较为诗性的召唤（Tyler 1987）。这些或正或反的理论立场，是近年来人类学的散文之中关于"民族学的表达"这一话题的论述交响曲中，大家已经耳熟能详的调子。

鲁什在1950年代和1960年代的电影就已经体现了近年来广为流传的文章中所欲表述的民族学后现代性的主题。他的参与式人类学的概念，就像诗性的真实一样，是体现在他的民族学实践、他电影的镜头之内与镜头之间，以及他的"出神电影"里面的，因此，鲁什在哲学上的贡献至今一直被低估甚至被忽略。（关于鲁什在哲学上的贡献的更进一步讨论，请见第十一章）

吟游诗人分内的事，就是去讲"旧话"。有时候，这些话里也会有对旧时代人的批评。但是，去讴歌对于往昔的赞美，好让——用长老们的话来讲——光荣去取代遗憾，去替代那牢不可破到让祖先告诉我们"死亡也不能磨灭"的遗憾，不也是吟游诗人的工作吗？

正像这话所说的，那也是吟游诗人的职分。

第十章

多贡的受难记

Don borey fonda, cimi fonda no.
祖先的路是真正的路。

——阿达穆·耶尼通勾，尼日尔
蒂拉贝里的已故索汉祈兼乩码

  在故事的这一部分之前的各章，都在处理让·鲁什某一部电影的民族学及哲学上的问题。除了描绘桑海社会生活及文化的各个层面，这些电影或是记录了不可思议的事物或是批判了西方学院中人的原始主义，此外，前面几章也探究了实行一种比较植基于现象学的立场来从事民族学田野调查所能带来的回报。在这一章，我要说的话将把我们带到桑海的西边，去考察鲁什针对以六十年为一周期的多贡司归祭典所拍的系列影片——多贡的受难曲。这些影片证明了：它们不只是马塞尔·格里奥尔和热尔梅娜·迪耶泰朗所写的民族学文献的补充，它们还是解开司归祭之神秘的真正关键。

在西非，"旧话"的模棱两可有时候会使人困惑。祖先的路很可能是真正的路，但它通常难以遵循，一路上充满了障碍和曲折。就司归这个例子来讲，最后还是仰赖鲁什的摄影机——而非格里奥尔的笔记本——才算清出了一条路，让我们能够通向对于多贡族受难记的一种深刻的民族学式理解。

马塞尔·格里奥尔笔下的多贡人

多贡人是沿着马里的邦贾加拉悬崖居住的垦殖者，其定居地距莫普提不远。某些多贡村落，例如幽谷和彭沟，就嵌凿在崖壁上，另外一些，像阿马尼，就坐落在平原或高地上。气候炎热而降雨稀少，土质极差。这种严酷的环境使多贡人直到最近仍能不受外力（穆斯林和欧洲人）的影响。尽管条件艰苦，多贡男子耕植小米和高粱却也已有好几世纪的历史，到较晚近的时候，多贡女子也开始种植作为经济作物的洋葱。多贡人在西方世界以艺术闻名，借着艺术，他们表达出他们的宗教所蕴含的深奥主题。马塞尔·格里奥尔和他学术承继者的丰富作品描绘了多贡人宗教生活的复杂性——其多彩多姿的祖先崇拜。

在十三四世纪时，多贡人离开曼德语族的疆域，展开了他们通往邦贾加拉悬崖的百年移民史。虽然多贡人是凯塔人（Keita），也就是马里帝国建立者孙迪亚塔·凯塔（Sundiata Keita）的后裔，因为他们拒绝改宗伊斯兰教，所以选择了离开他们在山陵上的家乡坎噶巴（Kangaba）。他们沿着尼日尔河而下，在塞古和杰尼（Djenne）盘桓多年。在移民途中，多贡人和玻左人（Bozo）发展出了亲密的关系，双方成为相互促狭取笑的伙伴。在这场长途跋涉当中，他们也曾居住在莫西和古伦巴之间（Palau-Marti 1957；Dieterlen 1982）。

多贡人的流浪也可以从他们的语言中看出线索。虽然多贡语是曼德语族的一支，但按迪耶泰朗的说法，他们的口音却是沃尔特语的口音，比较接近莫西、古尔马及古伦巴的口音，而非马林克（Malinke）或班巴拉的口音。不过，撇开其沃尔特语式的语法和语态不论，多贡语的确以从曼德语中移借了许多词汇为其特征（Dieterlen 1982）。

当多贡人离开曼德地区时，带了他们家乡的土——埋葬过他们神话中祖先之一的勒贝（Lébé），也就是第一个"死掉"（虽然只是表面上死掉）的人的土。当先人们挖开勒贝的墓穴，他们发现了一条活着的蛇，旁边环绕着勒贝的骨骸变成的杜格石。于是，由那条蛇殿后，多贡人穿过了地底隧道，到了邦贾加拉悬崖。后来，在接近卡尼坎玻力（Kani Kamboli）的卡尼崩松（Kani Bonzon）处，他们为勒贝——多贡祖先的第八房宗亲里最高寿的人——建立了第一座祠堂。

在十三四世纪时，多贡人由四大家族组成，其中的戴翁

（Dyon）、欧诺（Ono）和多莫（Dommo）三家是勒贝的长子的后裔，而阿儒（Arou）一支则是勒贝的次子迪乌努——第一个真正死掉的人——的后裔。多贡各家在卡尼崩松平分了神圣的祖先之土，然后在乡间定居下来。戴翁家定居在高地上；欧诺家和多莫家散布在平原上；阿儒则留在邦贾加拉悬崖，变成了勒贝的第一座祠堂的守卫。因此，阿儒家的候贡（hogon，祭司）不只是勒贝祠堂的守卫，也是多贡人的最高祭司（Paulme 1988；Dieterlen 1982）："从这几个大宗流衍出来的诸多多贡家族，仍然维持着对于他们原来的世系身份的认同感，即便是在第二次迁徙之后，他们全部都已经杂居在同一个区域之时（特别是阿儒与戴翁两支），仍然如此。"（Palau-Marti 1957, 12）

在十五世纪，多贡人似乎占据了比他们现在的疆域要大得多的地盘。在莫西人入侵以前，多贡人显然曾与古伦巴人共同居住在布基纳法索的欧瓦希古雅（Ouahigouya）以北的亚腾噶地区。莫西人的入侵将多贡人驱赶到他们现在的疆域，也就是现今马里的亚腾噶以北的地区。被高耸壮观的山崖、劲风吹拂的高地以及干枯的平原所隔绝，多贡人得以繁衍兴旺，不管号称对他们拥有统治权的一个个强势民族的兴衰更替——这些民族包括了桑海人（约1475年）、塞古与卡尔塔的班巴拉人（约1700年）、马西纳的福朗人（约1830年），以及艾尔·哈吉·欧玛（El Haji Omar）的土库洛尔人（Toucouleur）（1860年以后）。在1893年，法国人阿尔清纳尔德（Archinard）控制了邦贾加拉悬崖，随即在三天的战斗之后征服了桑加（Sanga）。1893到1902年间，法国人借由阿圭布（Aguibou）——为法国人所承认的马西纳王，即福朗人的君主——来管理多贡人。1902年，多贡人被纳入法国人的直接监督之下，但直到1921年才彻底被法国人平定（Palau-Marti 1957, 12-13）。

马塞尔·格里奥尔的达喀尔-吉布提考察团于1931年9月28日到达邦贾加拉。他和他的同事（米歇尔·莱里斯和安德烈·舍夫纳）一直在多贡人之间流连到同年的11月26日。在他们待在多贡人中间的两个月间，格里奥尔一伙在桑加度过了大部分时光，不过他们也探访了司归祭典的发源地幽谷、啼幽谷、彭沟，以及司归祭典长达七年的奥德赛结束之地——松沟（Songo）。在到达幽谷时，莱里斯写道："步行抵达幽谷，置身在一个实可谓世界终点的乡野（一丛难分难解的房屋、神圣的篷子、巨大而残破的洞穴），我们这几个司归祭典的朝圣者进行了艰难的攀登，一边想着、嘲笑着华格纳。然后，我们扎营在最高的那个托古纳（*togu na*，意为"人的篷子"），它正好建在村子上方、众多墓穴之间一块陡峭而且狭窄的岩石上，迫得我们的床位真的就在断崖的边缘。"他们就睡在存放了第一个多贡面具的洞穴旁。莱里斯称幽谷为"月球上的罗马"（Leiris 1981, 124）。

在首次多贡之旅期间，格里奥尔认识了安巴拉·多罗（Ambara Doro）等主要报告人，目睹了几场丧葬仪式和五年一度的面具节（*dama*），参加了几次献祭，还在松沟给神秘的洞穴蚀刻画拍了照片。

格里奥尔年复一年地回到多贡，结果，他从长期的多贡研究里发展出了他著名的多学科研究方法——我们之前已经谈过：这套方法强调精细的记录工作。格里奥尔的方法产生了惊人的成果。他和他富有天分的同事们出版了一系列成为人类学经典的专著：《多贡人的面具》和《与奥戈特梅利的对话》(格里奥尔)、《多贡之心》(*Les âmes des Dogons*) 和《阿儒的荣衔》(*Le titre d'honneur des Arou*)(迪耶泰朗)、《多贡人的社会组织》(*L'organisation sociale des Dogon*)(波尔姆[Paulme])、《民族学与语言：多贡人的语汇》(*Ethnologie et langage: La parole chez les Dogon*)(卡拉梅-格里奥尔[Calame-Griaule])和《在桑加的多贡人的语言之秘》(*La langue secrete des Dogon de Sanga*)(莱里斯)。除丹尼斯·波尔姆(Denise Paulme)的作品外，大多数格里奥尔派的多贡研究，无论是属于语言学、宗教还是历史学的研究，都集中在多贡的宇宙论和宇宙演化论。对格里奥尔和他的追随者而言，多贡人一直都是萨赫勒地区的哲学家，其古老的宇宙论从未被外界的影响力所玷染过。

有几位英国的人类学家曾经怀疑格里奥尔笔下的多贡人是一个虚构的、他个人哲学倾向的一种表达、他对于已消逝的"原始人的"世界的一种态度的反映。在一篇启示性的文章中，玛丽·道格拉斯问道：如果当初多贡人是由迈耶·福蒂斯(Meyer Fortes)来研究的话，将会怎样？如果当初塔伦西人是让马塞尔·格里奥尔来研究的话，将会如何？她认为，如果格里奥尔当初去塔伦西人当中扎营，他一定会写他们复杂的宇宙论，而若在幽谷最高的托古纳下睡着的是福蒂斯，他一定会写多贡的亲属制度和氏族制度。我们所"看到"的，究竟有多少是被正式的训练、被我们自己的认知论倾向、被我们对世界的

亲身体验所制约的?(见 Douglas 1967;van Beek 1991, 139–67)

撇开道格拉斯这些有趣的玄想不论,我们既不能否认多贡宇宙论和宇宙演化论的复杂性,更不能忽视在格里奥尔的描述之下的多贡思想已经抓住了我们的想象力。尤为重要的是,格里奥尔展现的多贡人的画像极有力地证明了:所谓原始民族的确拥有复杂度堪与我们自己的思想体系相匹敌的思想体系。这一主题贯穿了让·鲁什的书和影片。

多贡神话与第一个司归祭典

至于多贡人的神话,请聆听下面这个奇妙的传说。

在神话中的古代,大神阿马(Amma)将一堆黏土往空中一丢。当黏土在空中飞的时候,散到了东西南北四方。阿马是男性;大地是女性。蚁冢是大地的阴户,而白蚁丘就是她的阴蒂。阿马想要与蚁冢性交,但当他接近它的时候,白蚁丘勃起,挡住了他的去路。为了如愿性交,阿马只得斩断白蚁丘,于是,阿马与"被割了的"大地性交。然而,阿马的行径扰乱了世界的和谐,结果导致苍白狐(pale fox)——混乱失序的动物——的诞生。阿马保持着他与"被割了的"大地的关系,结果生出了一对名叫努莫(Nummo)的神。

> 神的种子——水——因此而得以进入大地的子宫,而正常的生殖周期导致了双胞胎的诞生。这对双胞胎就这样形成了。神就像创造水一样创造了他们。他们

是绿色的半人半蛇的生物——从头到腰是人,腰以下是蛇。他们的红眼睛就像人眼一样睁得很开,但他们舌头却像蜥蜴的舌头一样分叉。他们的手极有弹性而没关节。他们的身躯是绿色的,而且周身光滑圆润,像水面一样闪着光,上面覆着短短的绿毛——草木和生成的一个预言。(Griaule 1965, 18)

双胞胎努莫从天上往下看他们的母亲——大地,她没有穿衣服,而且因为她与阿马的非法关系而一语不发。为了解救母亲于可羞的困境,双胞胎努莫从天上下降到她身边,带来了他们在天上的园子里种植出来的纤维,并把这些纤维做成两条布,用来遮盖母亲的前胸与后背。这些纤维里充满了努莫的水分,其中包含着最早的语言的蒸汽:"这么穿上了衣服以后,大地有了一种语言、这世界上最早的也是最原始的一种语言。它的句法是最基本的,动词很少,也没有精致的词汇。它的语字是一堆彼此间少有差异的气音,不过还是勉强可算是沟通工具。就这样,这种混沌不清的语言却足以承担起万物肇始时的伟大工程。"(Griaule 1965, 20)

语言的角色是去组织世界,但从它的神话源起开始,语言里就积淀着混乱失序,因为阿马的长子苍白狐觊觎他母亲——大地——的语言。苍白狐尝试去偷他母亲的裙子,因为语言就是由裙子上的蒸汽凝聚而成的。于是,大地隐遁到了一座蚁丘——也就是她自己的子宫——里面,只有苍白狐跟了进去。结果,这场乱伦让苍白狐充满了语言,从此以后,每当卜者想要知道神的意旨，总是设法找苍白狐来询问。

同时，大地第一次流出了经血。神于是抛弃了这个被玷辱的妻子，决定自己来创造生物。神将人类生命的原料——两堆黏土——丢到了大地，而双胞胎努莫则降到大地上来把人类生命陶铸得更完美。当这两堆土被变成人时，双胞胎努莫就在地上画了男人和女人的影子。于是，这第一个男人把这两个影子都拉到了他这边，第一个女人也有样学样，这样，第一个男人和第一个女人都变成了雌雄同体的双性人。女人的灵魂在男人的包皮上，而男人的灵魂则在女人的阴蒂上。由于第一个男人和女人都是双性人，所以没法有生殖这回事，就像白蚁丘——地母之男性的一面——阻挡了神进入她的通道，包皮和阴蒂的存在也会阻碍和谐的生殖，所以双胞胎努莫割掉了男人的包皮。"于是，那男人便与那女人性交，然后生了他们的八个孩子（这八人就是后来多贡人的祖先）里的头两名。在这两个孩子出生的时候，分娩的痛楚集中在那女人的阴蒂上，于是，一只看不见的手割掉了她的阴蒂，这被割掉的阴蒂离开了她的身体，变成了一只蝎子的形状"（Griaule 1965, 22-23）。

这对原始的夫妇的前四个小孩是男孩，后四个是女孩。无须假借外力介入，这八个小孩便可以繁育后代。

一天，这八个兄弟姐妹中的老大进入了努莫所居住的蚁冢之中。努莫将这孩子带到了大地的深处，在大地深处的润湿中，他获得了语言。之后，所有的弟弟妹妹都跟着这位大哥学会了语言——只有老七是个特殊的例子，因为她获得了关于语言的一种完美知识。

因此,第七祖所获得的是关于语言的一种完美知识,这种语言就是在大地上所出现的第二种语言,它比第一种语言要清晰,而且它不像第一种语言那样是专为特定的听者所设,而是开放为全人类所用的。尤其,它让人类超越了神的不听话的儿子——苍白狐。的确,苍白狐仍旧掌握了第一种语言的知识,也因此仍然能够对卜者揭露一些上天的旨意;但在将来,事理自然会使它在天启的过程中沦为一个鲁钝的后知后觉者。(Griaule 1965, 27)

在最年长的祖先爬进蚁冢以前,人类像住在挖出来的地下洞穴里,在那之后,他们记下了蚁冢的形状,并且根据它的模样来建造人的住所,他们借此而得以掩蔽自身,躲开恶劣天候的折磨。

第一代八位祖先的生命史中,可以在严格的定义下被称为"人"的期间其实相当短。最初的双胞胎努莫忽然把他们带上了天界,把他们统统变成了努莫——当然,是在最初的双胞胎努莫手下。他们就这么变成了努莫祖先。

但在这之后,人类的世界发生了一场大混乱,这八位努莫祖先决定下降到大地上去协助组织这个世界。身为铁匠的第一祖就此走进了人类世界,以一个男人的形象生活在人世之中,将技术教给了人类。但是铁匠无法独自重组这个世界,于是其他诸祖依照齿序一一跟着他们的大哥下降到大地之上。第八位祖先没有耐性;她在第七位努莫祖先,也就是话语之祖以前,就先一步到了大地上。第七位努莫祖先因这个妹妹而气愤填膺，以至于在降临大地之时，她将自己变成了一条巨蟒，朝着大哥的铁匠铺前行，结果不幸被人类格毙于当场。于是，铁匠将这条巨蟒切开，把尸身平分给了人类，自己留下了蛇头，埋在原初的田野里、自己的铁砧底下。

第七位努莫祖先是言语的主宰，但第八位则"是第七位所教导的而为其他所有祖先所使用的那种语言的基础"（Griaule 1965, 48；并参阅 Echard and Rouch 1988, interview 10）。问题是，人类需要学习第三种语言，假如第七位努莫祖先没有在铁匠的驱使下被杀害的话，人类原可从她那里学到这种语言，但是她已被杀死，所以，必须有人借着死亡过渡到另一个世界，因此，最完美地体现了语言的第八房宗亲里，要由活得最老的尊长来献身，这位尊长就是勒贝。

实际上勒贝并没真死，因为当时根本没有死亡这回事，他只不过表面上看来好像死了。人类把勒贝埋在原初的田野里，因此，在这段时间里，这块田地同时埋了第八房宗亲里最老的男子的尸身以及压在铁砧下第七祖的头颅。

铁匠踢了他的铁砧一脚，声音传到了地底，唤醒了第七祖的灵魂。她恢复了努莫半人半蛇的形貌，钻到了勒贝的坟墓里，头先脚后地吃掉了第一个人，然后呕出了形状像人类魂魄的八颗杜格石，这些石头就是多贡人的候贡（祭司）环戴在颈项上的石头，它们代表了八个始祖以及勒贝的骨骸。

许久以后，在戴翁一支的领导之下，人类想要离开原初的田野，但他们记着要带走勒贝坟头上的土以保护他们一路平安。

于是，他们挖开了坟墓，发现了杜格石与看上去像一条活蛇的第七位努莫祖先。人类就这么知道了这位第八房宗亲里最年长的男子勒贝的元质凝聚成了杜格石。勒贝是第三种语言的本质，这种语言将会整顿人类的世界："第七祖只是在表面上死了，他吃了同样是表面上死掉了的勒贝。在吃他的时候，她吸收了勒贝身上好的东西，但是相对地，她也将自己的生命力给了一个人的肉身，也就是说将她自己的生命力给了全人类。因此，由于第七祖吃掉了勒贝——她的第八个兄弟的后裔，他们两房的生命力便得以混合。"（Griaule 1965, 59）"勒贝与努莫合而为一"这件事成了多贡人借着每年的勒贝大祭去纪念的一件大事，这场大祭例由候贡——也就是一个多贡人地区里最年长的男人兼勒贝祠堂的守卫——主持。

第一座勒贝祠堂由戴翁一支在卡尼崩松所建，多贡人当时已经从在曼德地区的"原初的田野"迁到了邦贾加拉悬崖，而多贡人在勒贝的坟墓里发现的第七位努莫祖先跟随着他们迁到新址。候贡就是勒贝和努莫之活生生的显化。

在上古时代，多贡人的祖先是不会死的，勒贝只是在表面上死掉而已。当第七位努莫和勒贝死去时，他们的复活恢复了世界的和谐，尽管这种和谐是很短暂的。

原初的双胞胎努莫送给他们的大地之母的布匹，由于苍白狐的邪僻乱行，已经被经血给玷污了。于是，这被血染红了的布匹被放在原初的蚁冢上晾干。

有一天，一个女人偷了这些布匹，她以此而让人类骇异不已，因为没有人曾经见过这样漂亮的布，于是她自封为女王。

可是，后来男人们又从她那里偷走了布，并且把那些豪华壮观的布匹穿在身上，而女人则被禁止去穿戴那些布匹。

偷走了布匹的男人并没有把他们的窃盗行径告诉最年长的男人，这种隐瞒对那位期望年轻人尊重的老人而言，可谓是严重的藐视。和他的前辈一样，这位已近天年的老者变成了一个努莫，同样地，他也没有升上天界，而是变成了一条滑行着的巨蟒。

> 一天，那些青年男子穿上了他们藏在山洞里的布匹，向着村子走去。走到半路上，那条巨蟒拦住了他们。因为被藐视而怒不可遏的巨蟒凶猛地咒骂他们，而且为了让他们听懂，它是用多贡语骂的。不幸的是，此举导致了它自己的死亡。因为既然它已不再具有人形，它就不应该再用人类所用的第三次启示的语言。已经进入神灵世界的它，必须使用适于神灵的语言，也就是第一种语言。一旦对人类讲了他们所熟悉的语言，它就违犯了一大禁令，并且切断了与神灵世界的关系——因为犯了这个禁令，它就变成了神灵世界里被玷污的一员，而这样的成员是不能在神灵世界里活下去的。反过来说，它也同样不可能再回到人类的世界，于是，它立毙于当场。（Griaule 1965, 170）

这条巨蟒就这样横死在路上。惊恐的青年们逃回了村子，然后与村中长老们一同回到死亡事件现场。长老们决定将死掉的巨蟒运到一个山洞里，就用那造成它猝死的布匹将它卷起来。

后来，这位蟒蛇人的魂魄与力量（尼阿马［*nyama*］）从尸身中复起，并进入了一位穿着红布衣服的孕妇体内，结果，这个女人生下了一个红色、身上有蛇皮似的斑点的小孩。一直到村里的长老举办了一场祭典来追荐那位先人的逝世，这个小孩才恢复了正常。

在举行祭典时，长老们将这个孩子隔离了起来。在巨蟒死后三年，他们又雕刻并彩绘出了一个像巨蟒（*imina na*）的大面具，并且在这面具前面献供，以图将那位已逝世的先人的尼阿马从他暂时且不充足的居所——那孩子的身体——里头召引出来（Griaule 1938）。长老们将那孩子变成了这个村落为荣耀那已过世的先人，也就是世界上第一个死去的人所创造的崇拜的一部分。

由于第一场死亡的出现，多贡人创造了死者崇拜，而这种崇拜的仪典给生者的肩头加上了沉重的负担。这种崇拜里面最重要的一项仪式就是司归，所有的多贡人都要参加这每六十年（六十年是世界上第一个人所享有的寿数）一度的盛典，司归祭典的关键要素就是那每六十年用一次的巨大面具。

格里奥尔在《多贡人的面具》里花了一整节去描写及分析司归祭典。他写道：

> 司归仪式的目的在于更新大面具——为了供奉神话中化身为蛇的祖先的魂魄而做的大面具，同时也是为了将新一辈的入门者置于他的照拂之下，成为新一代的祖灵承受者。

> 史上第一次的司归祭典纪念的是那位因违犯禁忌而死的祖先,而他之所以会犯禁,起因在于年轻一辈人违逆了社会规范。他们借着跳司归来赎罪,同时也是为了弥补那桩人类在上古时代所犯下的、导致了死亡出现的罪孽。(Griaule 1938, 166)

所以,借着司归祭典,所有多贡人都会被第一位死去祖先的神灵所浸润。

格里奥尔和他的研究小组深为司归祭典所着迷。然而,最近一次的司归祭典却在他们首次造访邦贾加拉悬崖之前十八年,也就是 1913 年,已经举行过了。尽管如此,格里奥尔还是找到了许多具有欧鲁巴鲁身份——曾经喝过为司归祭典所酿的小米酒的入门者——的报告人。在这些智者的协助下,格里奥尔搜集了资料,并重构了 1907 到 1913 年间所举行的那次将封闭在洞穴中的巨大面具抬出来做每六十年一度的亮相的盛大仪典。格里奥尔描写了司归祭典服饰、舞蹈的方式、司归唆的方方面面以及司归的仪轨。倘若格里奥尔能多活十一年,他可能就有机会亲眼看到 1967 年在幽谷举行的司归祭典。

司归影片(1966—1974 年)

马塞尔·格里奥尔于 1956 年英年早逝,把延续他在多贡人当中所做的长期调查工作的这个担子,交给了他那鞠躬尽瘁的副手热尔梅娜·迪耶泰朗和他的女儿热纳维耶芙·卡拉梅-格

一群贵人——欧鲁巴鲁,《阿马尼的喧嚣》。
让·鲁什,民族志影片委员会

里奥尔。1965 年，热纳维耶芙·卡拉梅−格里奥尔出版了她那本详尽的《民族学与语言：多贡人的语汇》，而于 1930 年代首访邦贾加拉悬崖的热尔梅娜·迪耶泰朗，则正渴望着能够目睹司归祭典。如我们已见到的，多贡人在这些祭仪当中利用舞蹈、服饰、展现巨蟒的面具以及司归祭典的语言司归唆等，来纪念、表达死亡及语言的起源等这些神话主题。为了实现记录一场司归祭典的举行过程这个梦想，迪耶泰朗央请让·鲁什来拍摄即将要在 1967 年举行的那一系列祭典。

1966 年，鲁什回到了邦贾加拉悬崖的陡峭巉岩之间，回到了那牛头人的国度——让他忆起伊夫·唐吉、乔治·德·基里科和早年的萨尔瓦多·达利的绘画的一个国度。他和迪耶泰朗艰苦跋涉到阿儒去拜访整个多贡人的首席大候贡——勒贝的祭司，同时也是第一个死的人的后代。这位候贡告诉他们：司归祭典将于次年在幽谷展开，他本人不能前往观礼，因为习俗规定他不准离开他在阿儒的居所。鲁什和迪耶泰朗于是启程前往幽谷，发现这个村里所有的青年男子都不见了。"他们明年会回来。"幽谷的长老告诉他们。

司归祭典为何从幽谷开始？迪耶泰朗与鲁什可能在 1965 年发现了解开这个秘密的锁钥之一。在时间初始之际，神把一个天界的铁砧丢到了大地上，好让铁匠的祖先去用他的榔头把材料敲打出形状：

> 这天界的铁砧掉到了波孙推湖（Lake Bosumtwi，在阿善提地方的一个圣湖）里，然后又弹到了多贡国的

幽谷兜勾儒（Yougou Dogorou）。它是一块足以占满整个村子的巨大沙岩垛子……在第二次落地时，它砸扁了神所创造的第一个生物：比第一个人类还要早诞生的安杜布露小精灵（Andouboulou elves）。每六十年一度的司归祭典就从这里——幽谷的这个铁砧——展开它迂回曲折于重岩叠嶂之间的七年旅程。（Rouch 1978c, 16）

1967 年，鲁什、迪耶泰朗、吉尔贝·鲁热（Gilbert Rouget）以及一位音效技师顾英朵·伊卜拉辛（Guindo Ibrahim）回到了幽谷。这回，他们发现村里充斥着迫不及待地要跳司归的年轻人。在一棵硕大的猴面包树的阴影下，大多数裸着上半身的司归祭典入门者，排成蛇形队列踩着舞步。

> 我会永远记得这个几分钟长的连续镜头（它是我对于无间断的同步录音拍摄的最初几次经验之一）。在这段连续镜头里，我看见太方场（Tai square）一点一滴地被男子们组成的一条长蛇阵给侵蚀、吞没。这些被严格地依照年龄层排序的男子，清一色地穿着靛蓝色的棉长裤，袒着胸膛，在颈子、耳朵和手腕上戴着妻子或姐妹的首饰，头上顶着白色的纹绣小帽……右手提着一支苍蝇拍，左手拿着东诺（donno），也就是 T 型的板凳，随着鼓的节奏唱道："司归随着风的翅膀起飞。"（Rouch 1978c, 17–18）

正当鲁什在司归祭典的第三天拍到安杜布露（丛林的小精灵）的雕像时，两名穿着制服的马里宪兵出现了，告诉他今年度的拍片许可已经被撤销了，基于巴马科政府的命令，鲁什必须将他拍好的胶卷交给马里当局。

> 于是我们推出了一套细致的说辞：因为我们的胶片怕热，所以我们在幽谷的山上装了两台丁烷冰箱，假如有人在没有冷藏的情形下把这些胶卷拿到巴马科，它们一定会毁掉。结果那两个宪兵真的走回到幽谷山上，看见我们有冰箱，而且让我们在黎明时驾着一辆越野车（上面有一台冰箱）出发到一千公里外的巴马科去——旁边陪着一位警长。（Rouch 1978c, 18）

第二天，迪耶泰朗想尽办法在巴马科弄到了一张新的拍片许可证，于是，鲁什和迪耶泰朗马上兼程赶回幽谷（这回没有警察跟着）继续拍片。

鲁什回到法国，将这部片子——《幽谷的铁砧》（*L'enclume de Yougou*）——放给丹尼斯·波尔姆和米歇尔·莱里斯看。这几位搞多贡研究的老兵看到了生平第一次的司归祭典，却一点也看不懂（Echard and Rouch 1988, interview 10）。但是，这场祭典显然与格里奥尔笔下的那些描述有极大的差异：在幽谷的司归祭仪里没有巨大的蟒蛇面具被展示出来，这是怎么回事？

1968年，鲁什和伙伴们跑到了啼幽谷——一个平原上的而非峭壁旁的村落。就像在幽谷的第一场祭典一样，在这里

《幽谷的铁砧》。让·鲁什,民族志影片委员会

举行的第二场司归祭典同样证明了舞蹈才是这场仪典的中心元素。不同于幽谷的舞者,啼幽谷的男子戴着颜色鲜艳的饰带和玛瑙贝,此外,在啼幽谷的仪典也出现了一些其他的新元素:

>另一个新元素是一个小女孩的出现,她被称为雅司归妮(Yasiguine)——"司归的妹妹",她被爸爸扛在肩上,在男人的社群当中代表着女人的社群。在格里奥尔曾说过的话当中有些东西把我搞得晕头转向。他说在司归祭典中,他们会雕刻并彩绘出一个大面具——也就是一切面具之母,它从没有被人戴过,它代表那位第一个死去并以一条巨蟒的模样还魂的祖先。在啼幽谷,有类似的大面具被摆在放面具的洞穴前面,它是新刻好的,形状像一条有着像鸟头似的尾巴的蛇,但却完全没有涂上颜料。在旁边的洞穴里摆着三个大面具,分别是在1908、1848和1788年所举行的那三次司归祭典留下来的。(Rouch and Fulchignoni 1989, 287)

当鲁什问他们何时才为这个新面具上漆时,他们答道:"明年。"(Rouch and Fulchignoni 1989, 287)鲁什在1968年拍的电影《啼幽谷的舞者》(*Les danseurs de Tyougou*)提出了另一个精彩的问题:长老们为何不给那尊面具之母上漆?

1969年,鲁什和迪耶泰朗回到了峭壁地区,去拍摄我在第一部的楔子里已描述过的《彭沟的洞穴》一片。扼要地重述一下这部片子的内容：彭沟的祭典的主旨在于纪念那位死后又还魂为蛇的始祖勒贝，在这场祭典中，他们用一个土堆来代表勒贝，又展示出四个大面具，用以描绘这位逝去的始祖以及他的重生。在跳司归时，男子们穿着黑色的长裤、戴着珠串和玛瑙贝饰。

在次年于阿马尼所举行的司归祭典里浮现出一个问题。长老们告诉鲁什：没有任何一个人曾经见过三次以上的司归祭典。那么，去参加阿马尼的祭典，会不会给鲁什和迪耶泰朗带来危险？于是，多贡长老们卜问苍白狐——那名经常泄露天机的、神的不听话的儿子。卜者在沙上画了几个图形，然后，苍白狐在夜半经过时留下的足迹解答了卜者所问的问题。苍白狐指示说鲁什可以拍摄在阿马尼的祭典，但是会发生许多麻烦。

虽然鲁什和他的伙伴们后来的确经历了许多马里政府以及一个阿尔及利亚电视台摄影队给他们找来的麻烦，但他们还是拍出了《阿马尼的喧嚣》。在这场祭典中，司归祭典的神话主题从死转为生——语言的发明以及世界的肇建。一位专精于司归唆的老师父以仪式语言重述了整套创世神话，舞者戴着两条饰带而没有玛瑙贝饰。

再下一年，1971 年，摄影队前进到伊德耶里（Idyeli）——一个挤在悬崖脚边、有长流泉带来清凉的美丽小村。他们到了晚间才赶到当地，到了地头却才发现：所有的男子都正要离开村子到一个邻近的沙丘上去参加司归祭典。第二天早上，长老们表示允许鲁什到沙丘去，但要他保证不吃不喝。结果，他目

睹了一个难以置信的情景——所有的男子都先把自己埋在沙丘里,然后再从沙地里蹿出来。鲁什描述了他所拍摄到的情景:

> 实际上,那沙丘已被掘满了让男子们藏身的坑洞,众入门者——欧鲁巴鲁——像兔子一样探着头,睡在树影底下,像胎儿一样地蜷起身子伏在他们的吼板旁边,等着被唤醒——也就是诞生。在下午三点左右,一个老人从村子里过来,欧鲁巴鲁们于是拿起吼板,待老人用司归唆出声暴喝,新人便从沙地中的胎盘里跃出,顷刻间,整个沙丘就站满了人。然后,一边鸣着吼板,他们一边列队走回村子里。(Rouch and Fulchignoni 1989, 288)

当他们抵达村庄时,一位老人喝道:"面具,停。"这些男子们已经变成了面具,就像那众面具之母,他们已经变身成了始祖。他们盥洗、着装然后跳舞,为诞生举行一场庆祝会,一切都被《伊德耶里的沙丘》(*La dune d'Idyeli*)捕捉了下来。

回到巴黎,鲁什和迪耶泰朗这才了解到司归祭典是场场不同的,每一场祭典都构成多贡神话丛结里的一章。幽谷的司归祭典象征了始祖在铁匠的铁砧之旁死亡的故事,啼幽谷的司归祭典再现了始祖的丧礼以及她开始化身为蟒蛇的故事,因为这个过程还没完,所以啼幽谷的大面具没有上漆。彭沟的祭典指涉始祖的达玛,也就是丧期的终结,至此,由始祖到蟒蛇的变身方才完成。鲁什和迪耶泰朗已经清楚:死亡是前三场司归祭典的主题,而阿马尼的司归祭典则是在重述繁殖和语言之创生的故事。在阿马尼,长老们将司归唆教给新入门者,而蟒蛇则又死了一次,就像在神话中一样,然后,在伊德耶里的司归祭典里,再现了一种新形式的祖先的诞生(Rouch 1978c, 20–21)。

1972 年,他们跑到第六场司归祭典的地点——在伊斯兰化地域里的一个村子雅眉(Yamé),拍摄了《雅眉的腰布》(*Les pagnes de Yamé*)。许多入门者献身于司归祭典,但也有许多改宗伊斯兰教的多贡人离开了雅眉——他们不想目睹一场异教仪式。在雅眉,男子们打扮得像女人一样,戴着珠宝首饰、穿上女人的衣服。在这里的神话主题是母性。"整场祭典最戏剧性的一刻是:男子们排成一列,面对着一位老者,这位老人用司归唆说'司归已经从东边来了,他已经驾着风的翅膀到来了'。男子们于是转身面向东方,然后转身面向西方等待了一会儿,然后又调转来面向东方"(Rouch and Fulchignoni 1989, 289)。

唯一未曾见诸此一神话轮回的元素——割礼,无疑是 1973 年在松沟举行的第七场司归祭典的主题。不幸的是,在 1973 年,一场苦旱席卷了马里的乡野。在小米如此短缺的情况下,人们没法腾出够多的谷子来酿出足够让大家依循古礼去大量饮用的小米酒。鲁什和迪耶泰朗没有参加 1973 年在松沟的祭典。

1974 年,他们到松沟去拍摄《割礼的兜帽》(*L'auvent de la circoncision*),企图重构第七场,也就是最后一场的司归祭典。他们牺牲了一只山羊,拿了它的皮和一些剩下的小米酒到七场司归祭典之中第一场的所在地幽谷。当剩下的酒和山羊皮——

《雅眉的腰布》。让·鲁什，民族志影片委员会

被割下的包皮的象征——到达幽谷时，整个司归祭典便告正式结束……直到2027年，当铁砧再一次从天而降、宣布始祖的死亡和司归的到来为止。在第七场也就是最后一场司归祭典中，"始祖变成了一个小孩子回到铁砧下的洞穴里，他——不死的迪

乌努·瑟陆的无穷转世——将永远活在其中"（Rouch 1978c, 21）。

作为它的终曲，司归回到了铁匠的铁砧底下的洞穴里——原始时代的铁匠祖先收藏被人类杀死（只是表面上杀死）的蟒蛇（即第七位努莫祖先）的头颅之处。

多贡人真不愧为萨赫勒地区的大哲学家。他们用每六十年一回、每回七年七场的司归祭典轮回，将他们最深刻的思想加以戏剧化：七年轮回中的前三年表达了死亡，后四年象征了生命，而在祭典轮回之间的六十年则代表了第一个人类的六十年寿命。鲁什能够去拍摄1967到1974年间的司归祭典轮回，本身就可算是民族学上一项值得大书特书的成就，更有甚者，借由拍摄司归祭典的过程，迪耶泰朗和鲁什掌握到了这种极少举行的仪式的完整意涵，这个案例，便是"影片在民族学研究中扮演了中心——而非边际性的——角色"的一个现成例子，也是让·鲁什二十多年来的民族学研究手法的一个典型体现。

影片与民族志

鲁什所创造的"共享电影"的例子，证明了电影不仅是民族学文献的一项补充。从他着手进行田野研究伊始，鲁什就把电影当成一项认知的工具。拍摄《旺泽贝的法师》的过程引发了一些问题，引导他去搜集法术咒语、给索汉祈的法器拍照片以及记录历史性的文本，而这些田野调查资料又激发了鲁什去拍摄其他电影。

鲁什没有任何一部民族志影片可以离开他在民族学方面的

研究兴趣而存在。《以弓猎狮》是鲁什借用一个童话的框架来讲述一则民族学式故事的一部电影，但这部片也提出了与"以前的人"和在岩石上的远古蚀刻画——也就是"以前的人"的法术——有关的一些问题，此后，鲁什仍持续地去省思这些问题，持续地去对它们提出假说——还有电影。《美洲豹》和《疯癫大师》是关于1950年代桑海移民在黄金海岸的经历的电影，这些电影的拍摄，促使了鲁什去思索社会调适、象征的综合、学院内的帝国主义、法国殖民主义和种族主义等问题。鲁什对于这些主题的政治观点，表现在他那令人肃然起敬的《积少成多》（1969）之中，尤其是达穆瑞·基卡用双角规形钳（calipers）来测量他这名巴黎来的"报告人"的身材尺寸那一幕。鲁什拍摄《昔日的鼓：图鲁与毕褆》的经验，促使他去深究田野调查（对他来说，田野调查与摄影机从来都是分不开的）的现象学。司归祭典系列影片让鲁什和迪耶泰朗更完整地了解了司归祭典之繁复的象征学。借着这种方式，他们替马塞尔·格里奥尔为多贡人画的民族志画像添上了画龙点睛的几笔。

在司归祭典系列电影（1967—1974年）拍摄期间，鲁什和民族音乐学家吉尔贝·鲁热联袂探索了音乐、舞蹈、民族学和电影之间的关系，他们的合作产生了两部关于神灵附体的电影：《波多诺伏》（*Porto Novo*）和《侯任地》（*Horendi*）。

鲁什和鲁热跑到当时被称为达荷美（今称贝宁）国的波多诺伏（新港）。鲁什拍了一系列神灵附体舞蹈，不过，这些连续镜头显现出了一个严重的问题。鲁热听着神灵附体的音乐，发现其中变奏的模式无法理解，于是鲁什建议用慢动作重放其中的一些片段,以图为这个民族志问题找出一个答案。结果,他们发现节奏之所以会发生变化,是因为舞者主导了乐团、变成了指挥。借助《波多诺伏》一片,他们发现了非洲民族音乐学一个最主要的原则——在非洲,音乐跟着运动跑。

为了检验这个假说,鲁什和鲁热跑到尼日尔去拍摄一名桑海灵媒的入门仪式。运用同样的技术,他们提出了下列发现。在桑海,一个神灵附体仪典乐队通常包括一位独弦琴师和四位瓠鼓手,用慢动作细看影片,鲁什和鲁热发现四位鼓手中有三位打出舞蹈的节奏,第四位鼓手则跟着舞者的动作跑,只比其他三位鼓手慢一拍;他用他的鼓声去"催"舞者。另三位主要的鼓手则从舞者的动作里寻找暗示以调整他们的拍子和节奏,舞者便以这种方式"领导"了乐队。

这部作品于是提出了一个更广泛的关于电影在民族学中的角色的问题:"民族志电影是不是影像的民族志?"(Ruby 1975;Banks 1990)对大多数人类学家而言,民族志影片不过是一项非必要的装饰,直到1970年代,多数民族志影片还是产生自非人类学的计划:旅行者的记录,由政治考虑而拍的纪录片,以及利用影片来作为一份书写的民族志的补充材料的人类学研究计划。正如侯米亚克(Homiak n. d., 4)最近写的一段话:

> 既然近年来在人类学的认知论领域里不断地有针对"视觉主义"(visualism)的批判,为何人类学实践(praxis)[表达]的这一层面——关于摄影机这种用以"抓住"和再现他者的西方控制科技的使用——没有激

起一些类似的颠覆性的问题？这个问题最简单的答案就是：尽管田野调查工作几乎无一例外地会运用照片（和影片），但人类学家从来不曾认真看待过这些东西。它只被视为用来补强民族学家的"真正"工作——生产文本——的一种无关紧要的手法。

许多人类学家曾经尝试用影片去再现客观的社会现实，这些"观察性质的影片"致力于如实地再生产在田野现场的生活的质地。"它们的拍摄方式是观察性质的，将观者置于一个观察者的角色中……它们在本质上是启示性的而不只是展示性的，因为它们在涉入理论之前先探索实质"（MacDougall 1975, 110）。在观察性质的影片中，摄影机被视为对濒临灭绝的文化的回光返照进行客观记录的工具。因为害怕对真实造成污染，观察性质的影片创作者避免与他们所拍摄的人民互动。他们也在田野中花去很长的时间，俾使被拍摄的对象对摄影机失去兴趣——就好像没有摄影机存在一样。正如麦克道格（MacDougall 1975, 110）所提示的，"不可闻见而又无所不知。从这样的欲望出发，我们不需要什么大跃进就可以开始去视摄影机为一种追求知识的秘密武器。影片创作者的自我抹除（self-effacement）开始抹除自己肉身的边界，他和他的摄影机不知不觉地就被赋予了目睹一个事件之**全体**（TOTALITY）的法力。的确，他们是这么被期待的——不可闻见而又无所不知"。简言之，与其说观察性质的电影符合维尔托夫或鲁什的"真实电影"的认知论，不如说它更符合一种能造成某种麻木性的写实主义（realism）理论。

麦克道格写道，在观察性质的电影中，"观察者、被观察者以及观众之间的关系具有一种麻木不仁的性质"。

麦克道格（MacDougall 1975）引述鲁什的"共享电影"概念，将之当成观察性质的电影在认知论上、政治上以及艺术上的问题的一帖解药。在"共享电影"中，影片创作者拒绝掩饰他们的出现。以鲁什为例，影片创作者和他的摄影组员的出现曾在《美洲豹》《以弓猎狮》《疯癫大师》《昔日的鼓：图鲁与毕褆》《人类的金字塔》和《夏日纪事》中被公开提及，更有甚者，在所有上述影片中，影片拍摄的周遭脉络都扮演着一个核心表达角色。对鲁什来说，摄影机不是在抓住真实，是在创造真实——或"电影-真实"——能够在观察者、被观察者和观众三者当中诱发观念、激起对话的一组影像。

在鲁什看来，影片不是一种用来搜集资料的手段，而是一个探究的"场域"（arena）。《旺泽贝的法师》不只呈现了桑海的咒语，也重述了旺泽贝的故事、法术之神妙事功的故事，这些故事是如此具有颠覆性，迫使我们不得不去质疑我们的世界观背后的一些先入为主的预设。《以弓猎狮》不只描绘了如何去猎狮子的技术，也是一则解释了语言如何赋予器物以力量、神秘的咒语和器物如何给予猎人敢于单凭弓箭去面对凶残狮子的勇气的童话故事。《美洲豹》不仅是三名尼日尔人到殖民统治下黄金海岸的移民历程的一则写生，也是讲述三个年轻梦想者的追寻、"原始人"在旅途上邂逅他们的"原始人"的一篇传奇。《疯癫大师》不只呈现了1954年黄金海岸的豪卡运动，也是关于另一个世界——属于一群"我们至今还不认识"，而其诡异的力量着实惊吓到并排斥了我们的神灵的世界——的故事。《昔日的鼓：图鲁与毕禔》不仅描写了一场桑海神灵附体仪典，也说了一个故事，讲一位影片创作者如何在尼日尔的司密里跨越了民族学的疆界、进入了属于牛头人的阴间——也就是"出神电影"的世界。司归系列作品是一场繁复祭典的影像记录；它们也是一篇故事，讲电影如何变成梦、多贡人的起源如何每六十年被重新创造一次的故事。这些影艺上的成就，为民族志影片设定了人类学的标准。

　　有两篇近日发表的关于民族志影片现状的文章，推促未来的民族志影片创作者追随鲁什共享电影的路线。阿克斯·奥斯特（Akos Östör）哀叹视觉人类学家至今还在讨论"那些无聊的老问题，诸如：一种以科学的影片人类学有没有可能存在？影片能不能满足人类学研究和教学（显然不包括诠释或分析）上的目的？首要的关切点仍在第一原则、抽象与始初条件上打转。针对影片的**人类学**说法在哪里？有对任何一部片子的人类学说法吗？"（Östör 1990, 715）奥斯特建议人类学家去投注心力于对电影的人类学分析，他引述让·鲁什的作品作为一个教案："不论是拍摄一场葬礼还是创作民族学式的小说，鲁什的着眼点始终在于最好的影片可以提供人类学……他似乎将自己当成一个人类学电影的技师。而且，他一生作品中所有的未臻完美之处，也等于给了我们一套尺度，让我们知道该朝什么方向去努力。鲁什的毕生作品在规模和种类方面都是无与伦比的——不管是在书写还是摄影的民族学方面均是如此，单单这个事实就值得我们对他给予严肃的关注。至今还未有任何一份针对他的作品的人类学分析。"（Östör 1990, 722）本书正是去写这样一份针对鲁什作品的人类学分析的尝试。

鲁什的民族学手法的重要性最近也获得了杰伊·鲁比的关注。杰伊·鲁比反复思索了电影表达（cinematic representation）的政治学，他最重要的论点是：我们忘记了"电影将使我们能够借着他者的眼睛来看民族学的世界"这样一个观念。未来要怎么做？鲁比提供了一种可能性：

> 在"影片创作者支配拍摄对象"和"被拍摄对象生产出来的影像支配一切"这两个极端的选项中间，存在着第三条路——由影片创作者兼人类学家芭芭拉·迈尔霍夫（Barbara Myerhoff）在她1986年逝世前不久发现并表达出来的一条路。迈尔霍夫提议研究者兼影片创作者设法去找出一个第三种声音（a third voice），即将影片创作者的声音与被拍摄对象的声音加以混合成一堆杂汇，让人不可能认出究竟哪一种声音支配了这部作品，换句话说，把电影变成让圈外人和圈内人的视野结合成一种新观点的空间。鲁什的《美洲豹》显然是"第三种声音"唯一一部纪录片性质的实验。（Ruby n. d., 22）

人类学家要怎样呈现他者才能够使他的文章或影片里没有一种支配性的声音存在？我认为答案就在让·鲁什"共享的人类学"这个观念里，这个观念意味着在田野中度过一段漫长的时间来培养出相互信任和熟稔，借此，人类学家方变成与他们所要表达的和人民的生活密切相关的参与者。

在影人鲁什那里，影片"超越了观察性质的电影"，这意味着它们不只是经验性的，它们是激进的经验性的。在影人鲁什那里，想象力的限制才是民族学的限制，民族学家完全参与到他者的生活当中去。梦变成了影片，影片变成了梦。观众被感动了，而情感又融入了思考与行动，所以观者从他们的昏睡中被唤醒。

在影人鲁什那里，正如桑海长老们喜欢说的，我们会循着祖先的道路进入一个世界，在其中，我们不仅会遇到他者，也会遇到我们自己。

第三部

当影片变成了梦

楔子

后话

Albeeri saani i siiro no, amaa nga no ga haw ga kay.

老人的话乍听之下可能绕来绕去,但到最后它还是会被理清楚的。

——桑海谚语

近来有专家宣扬描述(description)的终结,甚至人类学的终结。同时,也有愈来愈多的人类学家相信:现今构筑的所谓"科学的人类学"在哲学上是不可能站得住脚的。依据这些人的说法,在后现代的世界里,"再现"(representation)这种现代主义式的观念变得根本就无关痛痒。当我们视为理所当然的启蒙的真理已经被侵蚀以后,当他者不再是我们的思维运动所用的道具、拒绝让我们去定义他们时,我们怎么还能期望去"描写"呢?

斯科特·马尔肯森(Scott Malcomsen 1989, 11)报道说"原始"已经消失了。在以前,"原始"的内容丰富,包括"热带草原、南美洲大草原、环状珊瑚礁和芋头园……通常坐在大木船上的白人使者……在往年,任何不属于欧洲的统统可以叫作'原始的'——那是它们魅力之所在,也是它们罪恶之所在"。马尔肯森认为,人类学将会在打个嗝——而非发出"梆"的一响——之后鞠躬下台。"现代白人文明——说实话,只不过是历史的一餐里的一声嗝而已——正在失去它的他者,而后者却是它一向必须去呼吸的空气。原始人已经走了,而随着他们的消逝,我们盼望,那些属于往昔的白人也将离去。"

斯蒂芬·泰勒(Stephen Tyler 1987, 99)采用一种显然较为哲学式的观点来思索描述以及(现代主义的)人类学的终结:

> 因此,只有就它带着活生生的对话这一点来讲,民族学家的文章才算能够揭露出观照一种生活方式的观点,因为民族学的文字会杀了那些观点。民族学家是末日的象征。他在土著当中的现身,就是后者的消失之最确然无疑的征兆。土著的消失,一方面要归因于号称要记录并挽救他们的生活方式(不是为了土著本身,而是因为对于科学发展有好处,或者因为它能

够为西方世界提供的一篇隐微的道德课程）的文本化（textualization）；另一方面则来自那种让民族学家在当地现身成为可能，并且使民族学家的现身成为它的象征的那种政治和经济支配。

在泰勒看来，"后现代主义正是那种'从阅读开始的书写'之不折不扣的终结"，也是对于科学论述的"平铺直叙风格"（plain style）的拒绝。依照泰勒的说法，在后现代时期，人类学家正忙着建构后现代民族志——意在"召唤"（evoke）而非"再现"（represent）的文本，寻求"并非'潜藏在语言底下'的思想，而是本身即语言的思想"的文本（Tyler 1987, 4）。说得更清楚一点：

> 一份后现代民族志是一本合作开展的文本，其中包含了一些论述的片段，这些论述的片段意图在读者和作者心中勾起对于一个可能存在的常识性真实（commonsense reality）世界一种倏然即逝的幻觉，并因此而引发将会具有某种医疗效果的一种美感上的圆成。简言之，它就是诗——并非就其文体形式而论，而是就它回归到诗之原初的脉络与功能而论：诗运用它与日常对话之间的那种表演性的区隔，唤醒关于一个社群之精神格调的记忆，因而能激发听者谨遵伦理而行。（Tyler 1987, 202）

当他在写上面那几行字的时候，泰勒的心目中是否想着《美洲豹》《以弓猎狮》或《疯癫大师》中的影像呢？因为扎根在鲁什的这几部电影中的意念，正是泰勒所写到的主题。的确，让·鲁什的作品可以说在许多方面达到了泰勒为后现代人类学所设定的判准，而且它们是带着高妙的幽默和匠心达成的。

鲁什的民族学在认知论上的深度和艺术上的精妙，带领我们越过了标识着人类学终结的人为疆界。试论泰勒的"召唤"（evocation）这个观念。鲁什毋庸置疑地是召唤性民族志电影大师，如我们之前已看到的：他给桑海人拍的电影并不分析它们所意图描绘的那些社会现象。相反地，它们以有力的意象和超验的故事来感动观众。有些人对包含着豪卡神灵大嚼煮熟了的现宰狗肉的镜头的《疯癫大师》一片的残酷反感作呕，其他人则对于神灵能让灵媒将手探进一锅滚沸肉汤却毫发无伤的法力感到敬畏。这部片子的影像将大多数观众送到了1954年的黄金海岸，迫令他们去思考在殖民时期非洲那种物理社会环境下生活的严酷性。

鲁什的电影和写作拒斥了理智主义（intellectualism）——泰勒所指称的现代主义的基础。鲁什民族学的力量，来自他电影艺术的感官性，以及他的叙事之尖锐性。这位说书人融合了思想、行动与情感，论证了一个无可辩驳的要点：撇开他们欠缺技术上的精密性这点不论，桑海人和多贡人接受并且尽力去牵制、招抚那些超越我们西方大多数人经验范围的不可见、不可解的力量。

鲁什的民族学就像一位桑海长老所说的话，它带着我们同时走上很多不同的方向，但在最后，它终于重新汇整理清，成为针对古典人文主义、学院内帝国主义和理智主义的一套全面批判——它们统统切割了而非重整了社会生活的经验。鲁什的理论立场根植于他的性格、落实于他的电影技法（维尔托夫式的交错并置以及广角摄影机运作）以及他的叙事。那是一位艺术家的路，一条终于厘清了自己的曲折的路。相反地，泰勒和马尔肯森的阐述，则是并未充分考虑电影对于"后现代"或"未来民族学表达的方针"的关联意义的一些后设陈述（postposition）。

在第十一章，我将审思鲁什对于人类学的贡献。为何鲁什——与民族学影片——对于前现代、现代和后现代人类学的论述都是边缘性的？这一讨论涉及对于具体化的诗性的真实（poetic truths）、叙事的力量以及——借用钦努阿·阿契贝的话来说——小说（或虚构）的真实（truth of fiction）的分析。在这逶迤蜿蜒的路径的尽头，就像吟游诗人说的，我们回到鲁什的民族学作风——迫使他走上一条通往"一种激进经验性"的不归路的那种作风。我认为，沿着这条路，极端经验主义者鲁什已经为未来的民族学做法开出了一条蹊径——在人类学终结以后。

第十一章因此审思了鲁什的创意，以及他对于后现代时期欧美知识生活所作出的学术贡献。在后记中，我回到这一切的缘起——1942年在尼亚美的卡力雅家院。我回到桑海人对语言文字及影像的观念，去思量鲁什对于世纪末桑海人的知识生活所作出的文化贡献。

第十一章

鲁什,理论与民族志影片

    那意象是一项纯粹的心灵创造。

    它不能诞生于一种比较,而必须诞生于两个多少有些距离的事实的一种并置。

    两个并置的真实之间的关系愈是遥远而真实,那意象就愈有力——它的情绪力量与诗性的真实就愈大。

                  ——皮埃尔·雷弗迪(Pierre Reverdy)

    在第十章,我们看到了鲁什的共享电影创作是——借用戴维·麦克道格的话来讲——"超越了观察性质的电影"的。在这一章，我将延伸"共享电影"的观念至一般的民族学，因为在鲁什关于参与式人类学的观念中，一个人将超越观察性质的民族志而进入属于极端激进的并置、诗性的召唤、为认知论批判提供框架的童话故事的一个世界里。有些评论家将鲁什的方法称为现象学的方法，我却以为威廉·詹姆斯的"激进经验主义"（radical empiricism）才是对鲁什的民族学研究法及他的民族学表达理论一种较为贴切的描述。所以，在这最后一章里，我将把鲁什描绘为一位将生活体验视为田野调查的一项主要成分的激进经验论者。我认为，鲁什的激进经验主义的后果，是为更具移情作用、更诚实、更具艺术性的一种人类学表达方式提供了典范的一套民族志。到最后，鲁什的民族学配合了这样一个世界：在其中，真实之镜已经不只是破裂，而是被打碎再打碎，以至于像许许多多在渐渐隐没的光辉中闪烁的莱茵石。

语言和影像

在近年来的人类学论述——不论是不是属于后现代的——当中，鲜少有人提到影片、照片或鲁什。这一现象的理由，被让-克洛德·穆勒（Muller 1971）在他对鲁什的《疯癫大师》的评论中表达得明明白白，总之，穆勒说影片是民族学文本的补充；用约翰·侯米亚克（John Homiak n. d.）的话来讲，它们是"文本边缘的影像"，文本上排列得笔直的字句形塑了人类学的论述，铸范着一种直角的结构，这些精确的建构物从社会生活的混乱无序之中创造出了精准的秩序。

尼采会称这样一种认知论为顺风转舵、规避真实之恐怖的手法（Heller 1988；Nietzsche 1871）。不论怎么称呼它，"从经验界的混乱中创造出文本的秩序"之必要在西方哲学传统中已有漫长的历史，它可以上溯到后苏格拉底时期的"模仿"（或拟态）之建构。

在学术表达里，"从混乱中创造出秩序"体现在培根式的平铺直叙风格这样的观念里。平铺直叙风格化约了世间经历（experience-in-the world）模糊、矛盾的性质，将之替换为一套抽离了生活的、通透的、没有包袱的、明晰的语言，一种"如此完美地切合于一个没有任何差异可以离间语文与事物之间的对应关系的世界的语言风格……其宏大目的是建立一种论述的秩序，这种秩序是心灵的镜影，心灵是世界的镜影、而世界又是论述的镜影"（Tyler 1987, 7）。在平铺直叙风格中，精妙的修辞会招来不满，而比喻则根本没有容身之地。在平铺直叙风格中，叙事是可疑的，因为它们反映偶然的机缘而非强调确定不移的真理。

平铺直叙风格充斥在人类学期刊、专著和摘要里——它们都被假定要以不涉及个人利害的第三人称来写，也充斥在具有观察性质的电影镜头之中。平铺直叙风格世界的复杂性化约为一个简单的结构、原理、法则、公式，统统以简单、没有血色的句子或麻木、无所谓的影像来表达。这种没有血色的关于非洲的文章或影片驱使乌斯曼·塞姆班评论非洲学家"拿我们当成昆虫来观察"。平铺直叙风格的民族学理论预设是：观察的眼抓住"真正的"真实——写实主义。

平铺直叙风格通常代表科学性的论述。在平铺直叙风格中，理论性论证不以它们的比喻之贴切性来评价，而是以它们内在逻辑的一贯性来评价。理论必须一点一点按部就班地说出来。逻辑关系被整理成空间中的序列——也就是线性排列，结果，逻辑的论证要求严格地按照字面解读以及凭字面上来评价。在平铺直叙风格的场域里，鲜少有留给比喻、诗性的意象和有召唤力的散文的空间。它们不是沦为论证（或文本）的补充，就是离题太远。因为大部分人类学家都投身于平铺直叙风格的论述——平铺直叙风格的写作以及阅读，所以多半难以去评估照片和影片隐约蕴涵的信息之重要性。就因为这个原因，让·鲁什的名声是建立在他影片技法上的创新，而非他的影片对于民族学表达（ethnographic representation）的理论所作出的贡献。

达穆瑞·基卡和朗·伊卜拉辛在《积少成多》中的剧照

梦土

曾有许多艺术家、小说家和影片创作者也像人文科学界平铺直叙风格的信徒一样,梦想要再现真实。在画坛,不用说,有像库尔贝和德拉克洛瓦的作品,而在文学界,大家更会想到左拉、狄更斯以及汤姆·沃尔夫被大肆吹捧的当代"社会"写实主义。最后,绝大多数民族志影片都是"观察性质的",它们尝试去记录"真正地"活过的生活。

然而,在整个二十世纪当中,每一种前卫运动都曾尝试去打破艺术和哲学对写实主义的执着,像达达主义和超现实主义之类的运动,滋养了绘画、诗、小说和电影方面的实验。

在安德烈·布勒东的引导下,超现实主义者渴望着人的想象,怀抱着一种对于人生"为何不"的立场。听听布勒东在他的《超现实主义宣言》里所说的:

> 威胁上又累积着威胁,于是人屈服了,放弃了要去征服的领域里的一部分。从此,这无边无际的想象力便容许人只有在严格遵循某种专断的效用法则的情况下才把它叫出来用用。

布勒东的敌人,不用说,当然就是逻辑:

> 我们还活在逻辑的统治之下:这当然就是我所意指的……至今仍然流行的绝对理性主义,只允许我们去考

虑和我们的经验有直接关系的事实……在文明和进步的伪装底下,我们努力做到了将一切可以或对或错地被称为"迷信"或"幻想"的东西从心灵里排除掉;任何一种不依循既定习惯去追寻真理的行动都被禁绝……或许,想象力已到了重新肯定自己、光复原属于它的权利的时刻了。(Breton 1924,英译版在 Lippard 1970, 10, 12)

布勒东的洞见驱迫他的朋友们去创造艺术性的影像,这些影像拒斥既存知识秩序,而以绘画、雕塑、诗和电影等形式来体现人类想象力之梦的性质。超现实主义者超越了观察性质的再现,将他们的艺术带进了一种梦土——属于拒绝被归类、不可化约的意象的梦土。[1]

电影的巨大潜力吸引了超现实主义者的注意。在超现实主义时期,菲利普·苏波写了电影艺术诗;罗贝尔·德斯诺斯、安托南·阿尔托、萨尔瓦多·达利、路易斯·布努埃尔写电影剧本。既然这些作者主要的兴趣是以蒙太奇这类的电影技法来做实验,他们写的电影剧本很少真的拍成电影——其中最著名的是达利与布努埃尔合作的《一条安达鲁狗》。

在综论超现实主义电影时,昆斯里(Kuenzli 1987, 10)说道:"为了打破象征的秩序,超现实主义电影仰赖人物、叙述、光学上的逼真效果来使观众陷入这部片子所描绘的世界里。唯有使观者对于这部影片所唤起的一个熟悉的世界先产生认同,这部片子后来对于那被唤起的熟悉世界进行的颠覆,才会有潜力去扰乱观众的象征秩序,揭开被压抑的下意识冲动和偏执。"

虽然昆斯里心里想的可能是《一条安达鲁狗》,他的散文却贴切地描写了让·鲁什在《疯癫大师》及《旺泽贝的法师》里运用的电影技法,这两部片都扰乱了观众的象征秩序、他们视为理所当然的一些对于世界的预设。

从写实主义的观点来看,超现实主义的诗与电影是不合逻辑的;它们在大体上向来被哲学和人文科学界的理论性论述排除在外,与大多数艺术上的实验的遭遇相同。艺术可能推动人们去想新思想、感受新感觉,但它不会提出理论好让我们"知道"真实。回到平铺直叙风格的典则——理论必须以线性和逻辑严密的论证来呈现。而在艺术,正如叶芝首先提到的,人类无法"知道"真实,只能"体现"真实(Graff 1979, 6)。让·鲁什的电影从不宣称自己掌握了再现性的真实,但他作品中的意象却体现了它们所描绘的那些世界与人的真实。这就是为什么鲁什的盛誉是得自他在艺术上的创新而非得自他在哲学上的精练。

真正内涵充实的平铺直叙风格与讽喻精妙的叙事风格两者之间的分裂,是很可惜的。艺术家和小说家值得人类学家学习之处甚多,我们往往在他们的艺术创作发表多年之后,才碰巧遇上他们的意象与叙事所召唤的主题。例如"自我引述性"(self-referentiality)这个观念,它是十年前文学界的后现代辩论中的主题之一,但人类学界到今天才在争论这个问题。在古典的边界都已经消失的一个破碎的世界中存在的"自我引述性"这个观念,是在 1917 到 1930 年间写出了他最重要作品的路易吉·皮兰德娄剧本里的中心主题,也是活跃于 1930 年代到 1940 年代的贝托尔特·布莱希特剧本里的中心主题。早在哲学家和文学批评家以平铺直叙风格表达出后现代的主题之前好多年,这些剧本就已经在召唤它们了。

不仅皮兰德娄与布莱希特的剧本是如此,弗朗茨·卡夫卡和米兰·昆德拉的小说亦然。这些中欧的小说家以"虚构的"作品召唤着强而有力、无可辩驳的真实。昆德拉说:

> 小说家借着发掘人性这样或那样的可能性来画出**存在的地图**。但是,存在终究意味着"在世界之中",因此,人物**和**他的世界**双方都**必须当作**可能性**来理解。在卡夫卡,这一切都很明白:卡夫卡的世界不像任何一种已知的真实,它是人世的一种**极端而且未实现的可能性**。的确,这种可能性模糊地揭露出我们自己的真实世界的背面,并且似乎预示了我们的未来——所以人们会去谈论卡夫卡的预言面向。但是,就算他的小说完全没有任何预言的成分,也不会稍减它们的价值,因为它们抓到了一种存在的可能性(人及其世界的一种可能性),并且因而令我们看见我们是什么、我们能够做什么。(Kundera 1988, 43)

小说家的意象、人物和叙述是否已从哲学论述令人眼花缭乱的枝蔓牵扯中开出了一条清晰的道路呢?他们是否已经抓住了社会思想尚未企及的人类之元素?昆德拉认为的确如此,这是他对卡夫卡所下的结论:

> 如果我如此热烈地标举卡夫卡的遗产，如果我将它当成我本人宗奉的传统来捍卫，不是因为我认为去模仿那模仿不来的东西（即重新发现卡夫卡式的一切）是值得一试的事，而是因为它是小说（或者被名为小说的**诗**）之**极端的自主性**如此宏伟的一个典范。这种自主性让弗朗茨·卡夫卡去谈论没有任何社会或政治思想能够告诉我们的那些关于我们人的情境（就它在我们这个世纪显现的样貌）的东西。（Kundera 1988, 117）

昆德拉的小说手法正是个切题的例子。他写在集权主义统治下的捷克斯洛伐克的爱情、笑料、生活与死亡的书，比任何雄辩滔滔的政论文章或冷静的学术分析都更能召唤出那个世界的精神错乱。

有些切入到人类困境核心的虚构故事，其内涵究竟为何？在讨论尼日利亚小说家阿莫斯·屠图欧拉（Amos Tutuola）的主要作品《棕榈酒鬼》（*The Palm-Wine Drinkard*）时，钦努阿·阿契贝（Achebe 1989, 144）写到他所称的"虚构的真实"（the truth of fiction）：

> 屠图欧拉表演了这样一场魔术：他将我们变成参与者，积极地卷入一场以想象力主导的戏剧之中。在这场撼人心魄的大戏里，伪装成各种面貌的荒淫无度都被赋予了血肉。于是，我们不再能当坐着听故事的听众；我们变成了入门者，我们亲身造访了书中场

景；我们在那醉鬼处遭遇了（虽然是不知不觉地）差不多相同于那醉鬼自己在一场寻求矫正的过程中的遭遇：去面对他自己的儿子——那才成形到一半的婴儿，是一堆畸形的乖戾不谐。这场遭遇和这本小说中其他许多遭遇一样，由于屠图欧拉的创意而令我们难以忘怀。他的创意不仅在于揭露荒淫无度所可能戴上的人类面目之多，也在于他针对基于贪婪而背叛相互性（reciprocity）法则——为他那怪异的、虚构的宇宙看起来畸形、脱轨的运行方式提供万有引力基础的法则——的行为在道德上及哲学上的后果的敏锐探索。

在民族志影片和民族志式虚构影片里，鲁什将他的观众带到一个差不多是屠图欧拉式的梦境里去。《美洲豹》将我们带到了现场，而《旺泽贝的法师》《疯癫大师》《以弓猎狮》和《昔日的鼓：图鲁与毕禔》亦然。在这梦境里，鲁什激发我们以——套句昆德拉的话来说——任何理论精妙的文化分析都无法做到的方式去思索人类情境的各个层面。

这是否意味着以前的民族志和民族学影片的模型充斥着无用的幻觉、它们的赏味期限早已过了呢？完全错误。它意味着：与那种被伪造出来的"事实/虚构"之对立中属于"虚构"的那一边有关的技术，必须被包含到未来的民族学手法与表达方式里面。处于晚期消费资本主义时代当中的我们，要应对当代生活令人头晕目眩的兴衰生灭，必须采用扬弃古典的文类划分、以蒙太奇之类的电影技法来表现同时性观念的民族志形式（见 Marcus

1990；Stoller 1989a；Morrisette 1985；Deleuze 1989）。

在此，有两种典范值得追随：赫尔曼·布洛赫的散文以及让·鲁什的电影。丹·罗斯（Dan Rose 1990, 56）在论布洛赫的《梦游人》时说这本书抓到了我们这个破碎的时代的主题：文化价值的失落。在这本小说中，这个"主题展现在两个层次上：（1）那些存活于种种伪装掩饰之间人物的生活，以及（2）布洛赫运用来传达叙事、如诗般被引发的感受与观念的众多文类"。

罗斯对于布洛赫的评论，同样可以被运用到让·鲁什大多数影片上——它们交跨在纪实与虚构、观察者与参与者的边界上。在影片中，鲁什使我们面对一个正在变迁的阵痛之中的世界，一个因他的片中人物对种族主义的预期不断地加以颠覆而摇撼的世界。尼日尔的农民会被期待去进行哲学性的旅行吗？悲苦不幸的码头工人会被期待去以诗性的情感表达他们的存在性焦虑（existential angst）吗？旺泽贝不识字的农民会被期待去知道超乎我们的理解的秘密吗？人类学家会被期待去深深搅进并热爱自己所描绘的民族的社会关系吗？

罗斯主张（Rose 1990, 56-57），一种未来的民族志——以散文的形式——将必须是"一种复调的（polyphonic）、歧义的（heteroglossic）、多文类的（multigenre）建构"，其中包括：

> 作者的声音和他自己的情绪反应。
> 　涉入并且能够推进人文科学的特定文献类别、次类别（subliterature）以及特定学术领域的批判性、理论性、人道（或人文）主义的迷你论文（或许一篇民

族志将能开展一两个为整本书提供一贯性的观念)。

作者所参与观察、共同生活的人民的对话、声音、态度、视觉材料、姿势动作、反应和日常生活中的各种关切，这些信息以一种叙事和论述的形式在文本中出现——里头要有一条故事的轴线。

散文里也要加入诗。

图画、照片和素描将与文本采取一种新的、更为内在的关系——不是文本的图示，而是以它们自己的方式去记录文字以文字本身的方式所实现的作为。

分析、虚构、诗、叙事和批判的文类之间的结合……共处于同一本书里。

罗斯对于散文形式的民族志的评论，也可以应用到民族志影片上。为了要抓住在一个彻底怪异的世界里的生活之梦一样的性质，民族志影片将必须扬弃文类的局限，这是让·鲁什在四十多年前就曾引介过的手法。

说到底，罗斯所建议的就是：今日的社会生活已经太过复杂而无法单纯地化约为平铺直叙风格或者叙事风格。的确，布洛赫的小说和鲁什的电影绝不只是超现实的梦境，它们是在表达方面激进经验性的尝试——尝试去描绘那可以触及的、召唤那不可触及的。在我看来，激进经验主义是未来民族学手法和表达方式的模范，而这个模范是由让·鲁什的实例所启发的。在这一章余下的几节里，我将先描述激进经验主义的根源，然后从激进经验主义的角度来审思鲁什毕生的作品。

激进经验性的根源

激进经验主义出于两个源头：埃德蒙德·胡塞尔的欧陆现象学以及美国威廉·詹姆斯和约翰·杜威的实用主义。这两种哲学在西方形而上学的脉络里都只算是小支流。它们是对古典人文主义的智慧以及理智主义对于经验保持距离的立场（在理智主义里，心灵的纯粹思想被当成一个超越在感官肉体的主观恣肆之上的客观领域）的批判（Hiley 1988）。

欧陆现象学出自胡塞尔。在他的超验现象学中，胡塞尔像他众多前辈一样，试图要去解决由割裂自我与他人、主观与客观、观念论与实在论的罅隙所导致的欧洲哲学危机，结果，他所提出的解决之道是"悬置"——一种能够神秘地融合自我与他人、感受与思维的方法论。

> 一开始的策略，以胡塞尔为例，就是琢磨出一套步骤井然的程序，使人能够以不同的方式来看待事物。他的模型可以类推到多种不同的、在风格上通常是分析性质的科学；据此，他建立了一套按部就班的方法论："悬置"、心理还原、现象学还原、本质还原和先验还原。在这个技术的迷宫的尽头，所要求的到底还是一种现象学的态度、一种看待事物的观点。（Ihde 1976, 19）

说到底，"悬置"是一种"回到事物本身、让事物说话、让它们显现自己"的努力（Husserl 1960, 12）。就东·伊德（Don Ihde）的观点来看，胡塞尔的超验现象学构成了一种经验的哲学、一种激进的经验主义。

理查德·札纳尔（Richard Zaner）强调伊德将现象学视为一种激进经验主义的理解方向。洛克和休谟的经验主义将哲学知识视作空间中的个别事物或是常识性的认知，札纳尔写道（Zaner 1970, 38）：

> 那种经验主义所模糊掉的并且引导人去相信它不存在或在表面上把它忽略掉的事实，就是"我们的经验远比经验主义所承认的要丰富得多"。不仅有不同的方式去体验同样的事物——知觉地感受（以不同的模式）、记忆、想象、描绘、预期和许多其他的——更有感官知觉所完全无法触及或者不能化约为感官知觉的一些东西存在……因此，虽然作为一种批判性的哲学的现象学哲学和经验主义一样，都坚持哲学必须去关注事物本身——一如它们所被经验到的那样，但它与经验主义究竟不同，因为它认为：在批判性的审视下，经验显得比经验主义在传统上所认知的要更为宽广，更具清晰的内涵表达，也更复杂。

在他许多作品中，阿尔弗雷德·舒茨将现象学从哲学的层面扩展到社会的领域。和胡塞尔一样，舒茨也关切日常生活中人类的意向性。在一个既定的社会情境中，我们是如何做决定的？舒茨认为我们的社会决定来自我们的生命史中既定的处境（Schutz 1962, 1967）。又与胡塞尔相同，舒茨也将关注焦点置于他所称的"自然态度"（the natural attitude）——等于是日常生活——之上，此外，他也写到了共同构成经验母体的许多其他态度：梦、幻想以及科学的取径。在他关于"多重现实"（multiple realities）的作品中，舒茨证明了这些多种不同的"态度"如何相互穿透而成为社会生活之流当中的经验。舒茨的现象学因此具有深刻的文化性，因为态度的操弄主导我们在世界之中的社会行为，并且帮助我们去诠释他人的行为。此外，他专注于自我与他人之间关系的札记切入了人类学田野遭遇的核心，也启发了哈罗德·加芬克尔和欧文·戈夫曼的作品；它精确地标明了我们在自己的文化框架内的简单互动的复杂性，更不用说在异文化当中互动的复杂性。

　　大多数现象学的文献，特别是胡塞尔的作品，是模糊而且难以把握的。话虽如此，但其某些主题却与威廉·詹姆斯的哲学教条——尤其是他的激进经验主义的观念——不谋而合。正如詹姆斯·艾迪（James Edie 1965, 116）与其他许多人共同指出的，由于威廉·詹姆斯无法以精确的笔法来表达他的哲学观念，因此出现了对于激进经验主义之类的观念的许多误解。然而，詹姆斯和胡塞尔的许多努力目标有诸多重合这一点，却是很清楚的。詹姆斯与胡塞尔相同，都采取一种反形而上学的、反理智的立场。其次，詹姆斯又与胡塞尔相同，都想要借着给予经验之流以哲学上的优先地位来抹除人为的形而上学疆界。最后，詹姆斯又与胡塞尔相同，也将意义的问题当成哲学思考的核心,这意味着:"在世界之中的人类"(human being-in-the-world)变成了一种哲学人类学的基石。

詹姆斯的激进经验性的哲学人类学聚焦于经验、现实、理性与信仰、自我与行动。虽然这些课题在詹姆斯的思想中被打成了一片,但我们却只能在他关于经验和真实的作品中获得他对激进经验主义最具体的陈述——回归到对于在"直接的生活之流"里获致的"纯粹经验"的领悟:"若要激进,经验主义就绝对不能容许它的建构里有任何来自非直接经验的成分,也绝不能从中排除任何直接经验到的成分。对这样一种哲学来讲,**联结诸多经验之间的关系本身必须是得之于经验的关系,而且,任何一种得之于经验的关系必须被认定为与该体系内任何其他成分一样的'真实'**"(James 1943, 42)。对詹姆斯而言,意识之流"并不只是由'实体的部分'(substantive parts)构成的,也包括'过渡性的部分'(transitive parts)——不只有用名词指称的经验,也有用连接词、介系词、副词、句型以及音调的渲染等来指出的经验"(Edie 1965, 116)。

激进的经验主义者因而面对的是一个充满了现象上的矛盾的极度复杂的世界,它拒斥系统建构对它的稀释,以及理智主义的理论建构对它的化约。

激进经验主义在认知论上的后果是什么?第一,激进经验主义扩大了哲学的凝视(philosophical gaze)的范围:

> 更广泛地来说,激进经验主义给人类所有的智识和精神活动都赋予了平等地位,它揭穿了"只有科学

才真的触及现实,也才能说出任何对现实有作用的东西"这种迷信,它抛弃了"自然科学有进步,但人文科学还在婴儿时期"这种思想上的陈词滥调,它解答了艺术的问题——艺术是幻觉,还是通往真实的一条路径?美、情绪、意义、崇高是存在于艺术品本身,还是存在于观赏者?经验主义的批评家或鉴赏家了解那些属性是相对性的而非实质的。至于艺术家,如果他视自己的工作是在经验之中进行,而且是针对经验这种无限可塑性的媒介而发的,他就逃脱了过去的"规则"和当代的教条的暴政;他可以创造一种风味,由他人以那种风味来评价他,并且坐看自然模仿他的艺术。卫道人士、神秘主义者或单纯的信仰者也都有权将他亲身遭遇到的经验视为一种真实,而不必被迫马上将之贬斥为幻觉。(Barzun 1983, 120)

简言之,詹姆斯关于激进经验主义的观念质疑科学的确定性——认定"只要借由恰当的科学方法,研究者(就我们此处的论题言,指'社会生活的研究者')最终一定会发现真理"这样的确定性。

约翰·杜威的哲学,特别是他在《艺术即经验》和《确定性的寻求》两本书中所表达的观念,在很大程度上延续了詹姆斯针对理智主义的奋战——但以一种较为严谨的方式。在《艺术即经验》中,杜威将他的部分注意力放在济慈所说的"消极能力"(negative capacity)上。杜威提到:在济慈看来,莎士比亚是一个拥有巨大消极能力的人，也就是能够容忍"活在不确定性、神秘、怀疑、不对事实或理性做任何气急败坏的追逐"（Dewey 1980a, 22）。去拥有消极能力，就等于去拥抱甚至是去欣赏生活经验的模糊性、不确定性和不可确解性。

经验当然就是济慈的"消极能力"要点出的事情。如杜威所强烈主张的，经验（experience）是思想、感受和行动在其中弥合不分的一个极端经验性（empirical）领域，经验对任何一个人而言都是连续性的；它不只是如梦似烟，而且基本上是属于美学的。在杜威看来，作为经验的一种内在元素的美学"不是经验的一个凭空飞来的闯入者——无论是借由无用的奢华还是超验的理想性，而是……将属于每一个普通完整的经验的特征加以廓清、强化的发展"（Dewey 1980a, 46）。所以，理智主义者对于理想的表达——艺术（Art）——和平凡的表达——技艺（art）和俗民技艺（folk art）——所作的划分，在杜威看来根本就不存在，不管是美学上的或是什么其他方面，都不可能有所谓"经验的理想化"这样的东西存在。居于从塞克斯都·恩披里柯（Sextus Empiricus）到尼采这一脉怀疑论者的传统之中，杜威写道：真理"所指涉的，从来不是关于事物的知识性陈述，或是在科学的影响之下被定义的那种真理"（Dewey 1980a, 3），它所指的是人类凭借以生活的智慧。让·鲁什的民族志影片使杜威笔之于书的那些议题活了起来，它们可敬地揭露出西非的桑海人和多贡人凭借以生活的智慧。

激进经验性的人类学

一种激进经验性的人类学是把田野经验放在首要地位的人类学;它是不以理论压倒描述、不以思想压倒感受、不以视觉压倒"较低级的"感官(触觉、嗅觉、味觉)的田野人类学。它是研究者在其间身体力行保罗·里斯曼(Paul Riseman)的"制约下的回顾"(disciplined retrospection)这个观念的一种人类学,在其中,研究者不只是追逐那永远抓不牢的客观性的被动观察者,也不只是按图索骥地寻求被掩埋了的真理的寻宝客。它是认识到明显的不一致、让人晕头转向的模糊性以及看起来似乎无可容忍的矛盾——在田野中实实在在经验到的生活质地——的一种人类学。它是莽撞地窥伺了躲在真实之镜背后的世界的那些现象学探索者所暗指的人类学(Bergé, n. d.)。它是属于那些热衷于从他者的认知取向来描述社会生活的学者的一种感官的人类学。它是要求学者年复一年地回到田野去从变迁中的社会政治或社会经济状况里得到新的洞见——让他们觉得仿佛是"第一次认识这个地方"的洞见——的一种终生奉献的人类学(Eliot 1942)。

田野中的经验

在《通往一场清扫之路》(*Paths toward a Clearing*)中,迈克尔·杰克逊(Michael Jackson 1989, 3-4)证明了激进经验主义与人类学田野遭遇的相关性:

这个观点对人类学的重要性在于：它一方面强调民族学家与其所研究并与之共同生活的人之间的**互动**；另一方面则驱使我们去弄清楚：是哪些途径使我们得以将知识平衡地建基在"我们在田野中所获得的实际的、个人的及参与的经验"以及"我们的冷眼观察"之上。不同于传统的经验主义在观察与被观察、方法与对象之间划定一条明确的边界，激进的经验主义否定这切割的有效性，并且把这些领域间的**相互作用**当成其兴趣的焦点。

杰克逊接着拿一种激进经验性的人类学来与量子力学进行比较，借以说明观察与被观察之间的**互动**的中心性。物理科学和人类学之间的差异当然就在于后者包含有生命的、有创造力的存有者之间的双向关系。

　　我们所描述的有秩序的体系和确定的结构，与其说是社会现实的镜像，不如说是我们针对我们在那个现实之中获得的**经验**之无系统、无结构的性质所建立起的防御工事。我们用以谈论它们的理论架构和中立、非个人的语汇给了我们一个喘息的空间，让我们得以暂时豁免于"生活经验"这条无法驾驭的洪流，帮我们建立一个个虚幻的语言和文字世界——因为它们被隔绝于生活之流以外，所以比较容易为我们所驾驭。就这个意义来讲，客观性变成了疏离（estrangement）

的同义词，而中立性则变成冷漠（indifference）的婉转说法。

杰克逊对人类学的中立性与麻木性之批判，与泰勒对平铺直叙风格的谴责、麦克道格对观察性质的电影"麻木不仁"（numbness）的定评一致。依照在现象学和实用主义领域学养深厚的杰克逊的看法，在一种激进经验性的人类学里，我们的经验既是田野工作，也是人类学知识建构的核心。在这种模式中，我们的经验变成了主要资料。就像在让·鲁什的"共享的人类学"里一样，经验"变成一种实验的模式、一种测试及探索我们的经验如何使我们与他人汇聚或联结（而非经验如何区隔我们与他人）的模式"（Jackson 1989, 4）。[2]

参与

持激进经验论的人类学家完全参与到他们想要描述的人民的生活当中。倘若一个人献身于一种敏于感官的、为经验所驱动的田野调查，怎么还会有别的可能呢？然而，就这个意义而论，参与所意味的并不是"参与观察"——人类学最闻名的矛盾修辞法，而是指人类学家一面明确承认自己卷入、牵缠到当地社会关系网络之中，一面对于他人的世界开放自己。

没入或比较完整地参与到他人的世界之中，能够产生出惊人的后果。以让·鲁什与尼日尔的桑海人之间多年的牵连为例，神灵——凭借着灵媒的身体——要旺泽贝的大法师去教他桑海法术与神灵附体。三十年之后，类似的例子也发生在我身上，神灵也为我进入桑海法术的世界一事铺好了路。我们两人都变成了学徒——桑海生活的完整参与者。身为学徒,我们所学的第一课就是我们无知,我们什么都不知道。从那时起,我们建立起了我们的知识,而且我们还在继续建立中。当学徒必须知道尊敬。假若说鲁什的电影和我的书有一个一贯的潜在主题,那就是:对于他人的世界和他人的观念(尽管从我们自己的思维方式看来,这些观念通常是荒诞不经的)的一种深刻的尊敬,是一种未来的民族学手法的中心。

激进经验主义者鲁什

虽然让·鲁什应该会衷心地认为把自己当成一个民族学家、一个人类学家、一个影片创作者、一个艺术家以及一个诗人,他可能不会将自己归类为激进的经验论者。我在之前已经提到过,鲁什像威廉·詹姆斯一样喜欢在电影和访谈之中讲启示性的故事,不喜欢严格地描绘他的知识理论。自 1960 年代起,他只发表了少数几篇文章,在其中拐弯抹角地表达了他电影和民族学方面的观念,但他从未针对他的认知论提出一套明晰的说法(见 Rouch 1974, 1978a, b, c)。

鲁什关于人类学田野调查和人类学知识的评论就像他的影片一样,是一点也不明确的。若我们将分析局限在他确实讲过的话,我们便免不了遗漏鲁什对于人类学的主要贡献。然而,若我们直接检视鲁什的毕生作品,我们就会发现:不论从任何角度来看,他都是一位激进经验主义的先驱。

第一，鲁什是一位民族学家而不是一位社会理论家。在《桑海人的宗教与法术》一书的末尾，他完全不考虑去寻求任何解释性的"基本结构"（elementary structure），而选择去描写那"最主要是一个原创性的宗教"的桑海宗教（Rouch 1989, 321），这就毫不掩饰地表明了他是一位民族学家而不是一位社会理论家。与胡塞尔相同，他想要回到事物本身，让事物表达自己。的确，鲁什在《桑海人的宗教与法术》中把相当大的篇幅给了桑海人自己下的批注，用许多页讲述桑海人对于宗教概念的定义和桑海人对于神话与仪式的评论。在此，他把胡塞尔的原则转移到人文场域，他让桑海人用他们自己的话来表达他们自己的观念。这种书写策略证明了鲁什对于桑海人的观念、习惯与智慧的深刻敬意，这使桑海人一旦认知到他的这种敬意，便愿意引导他深入到那通常无可解释的桑海法术与神灵附体的世界。

第二，身为一个民族学家，鲁什对于他的方法论架构有卓越的经验。自1942年起，他就一直稳定地在桑海人当中工作。他经历了上百场的神灵附体仪典，为尼日尔和马里奉献了他成年以后的生命的大部分——既是奉献给他的工作，也是奉献给他的友人。对鲁什来说，要区别生活经验——也就是一个人纠缠到他人的生活当中的经验——与工作，是很困难的事。在讨论纳丁·瓦诺诺（Nadine Wanono）在多贡人当中最初的田野工作经验时，鲁什说："我一直在想［在田野中的］这些初次的、无法预期的时刻，在其中，单单是看一眼、做一个动作、说一句话就足以决定一切，就这样，一切都可能落空，也可能全部成功。除亨利·朗格卢瓦那繁盛的无序或马塞尔·格里奥尔的神秘诗，没有任何一所大学能够教你这种东西。"（Rouch 1987, 3）在一个田野现场中，一个人可能建立起联系，也可能被甩到一边。我们可能要花好多年去了解**他们**，但他们通常能直截了当地了解**我们**——我们身为人的天性。正因为鲁什了解这种人性的公式，他的民族学一方面承袭了他得自马塞尔·格里奥尔的严谨方法，一方面衍生自他与达穆瑞·基卡、朗·伊卜拉辛、塔卢·穆祖兰、莫西·巴纳、瓦迪·勾吉、达乌达·索尔寇以及另外几十位朋友之间关系的组织质地。达穆瑞·基卡在鲁什给桑海人的电影画像中添上了几点神来之笔。在第一次在电影里看到自己之后，他提出了《美洲豹》一片的构想，他建议鲁什在《疯癫大师》的片尾加上对照性的情景，好让我们看到——举例来说——豪卡"将军"实际上只是一个小兵（Echard and Rouch 1988, interview 8）。

第三，鲁什的作品证明了他的"消极能力"。就像济慈和威廉·詹姆斯一样，鲁什能够容忍——甚至常常是去欣赏——经验对我们呈现出的模棱两可、冲突和矛盾。在《旺泽贝的法师》和《疯癫大师》里，他没有试图去解释或化约那些无法解释的事情，而是去拍摄一些足以挑战我们的思维中理性的画面。和任何一位好的剧作家或诗人的作品一样，鲁什的电影不图表达神灵附体或法术的理论，而是去体现它们，把解决伦理、文化、政治或认知论的问题的机会留给观众。

第四，鲁什用他的"人-[摄影]机一体"[3]去感官性地描绘桑海人的世界。虽然受其媒介限制，他还是创作出了极具感官召唤力的电影。从《崖壁中的墓园》到《侯任地》，鲁什的电影探索了声音、视觉与动作之间的关系。在《侯任地》中,他证明了运动——灵媒舞者——主导了神灵附体乐队的音乐。在《昔日的鼓:图鲁与毕禔》中,鲁什在达乌达·索尔寇用香水喷洒降坛神灵时,确保自己拍到了神灵,因为每个不同的桑海神灵家族都有他们最喜欢的香水,而那香味有时候能够触发神灵附体或延长神灵附体的时间。就像塞尚的画作一样,鲁什电影中的一些影像足以唤起市场的气味和器物的质地。鲁什的视觉和听觉感受——也就是化身为一个影片创作者的鲁什本人——给了他的电影以一种民族学现场的感觉。

故事的生命

激进经验性的人类学家强迫自己去面对生活在经验中展开的变化无方。解脱了那些模塑了他们在学院中的专业训练的种种化约论式的理论,他们对世界的奇观打开了自我。进入了他们被绞缠于其间的社会关系之纠结、面对经验世界的迷宫,激进经验性的人类学家很难被迫去使用"平铺直叙风格"来表达自己。

基于这种激进的经验性的"态度",人类学家会混杂他们所运用的文类——有时用叙事体,有时用平铺直叙体,有时混淆事实与虚构的边界。迈克尔·杰克逊借着把激进经验性的人类学论述拿来与翻花绳游戏相比较而很有力地说明了这一点:"我们的论述能不能被比作那些线所翻出来的形,仿佛是我们用语言和文字玩的一种游戏,与现实的关联总是拐弯抹角而且薄弱的论证线索来回穿梭，将诠释与描述交织、娱乐与讲解交织，但总是模棱两可地被摆在实用的目的与唯信仰论的目的之间？如果真是如此，真实就没有约束性。它在结构里，同样也在空隙里；它在事实里，同样也在虚构里。"（Jackson 1989, 187）杰克逊可能想到了鲁什——他的电影经常混淆事实与虚构、记录与故事、自我与他人之间的分野。

鲁什给我们上的课，并**不是**说民族志影片就是人类学在表达上和理论上的困境的解答——毕竟，人类学家的确曾拍出许多糟糕的民族志影片——而是鲁什以他的作品廓清了一条杰克逊所说的"通往一场清扫之路"。在史蒂文·费尔德（Steven Feld 1989, 243）看来，鲁什的电影

> 同时清晰地表达了对于参与、涉入、长期投身于民族学研究的热忱奉献——对于桑海人、多贡人和巴黎人——以及电影在宣泄和激发"以新鲜的方式来表达熟知的场景"方面所发挥的具有过程性（processual）、启示性的力量。一种对于日常生活与直接摄影两者都具有的"照［剧］本宣科"与"即兴创作"两者并行不悖的那种性质的确认，标识出了鲁什毕生作品中社会理论与电影理论的交叉点。正是因为那种确认，他的作品才那么有力地消解并抹除了事实与故事、纪实和虚构、知识与感觉、即兴演出和创作、观察与参与之间狭隘的划分。

鲁什在这些年来发表的许多次访谈中的一次，特别强调了这个观点：

> 在我看来，身为一个民族学家和影片创作者，在纪录片和故事片之间几乎没有分别。电影这种"重身的艺术"（the art of the double）就已经是从真实世界到想象世界的一个过渡，而民族学这种"他者的思想体系的科学"更是从一个概念宇宙过渡到另一个概念宇宙的永恒跨越点；就像玩特技体操，失足摔倒只不过是其中最小的风险。（Rouch and Fulchignoni 1989, 299）

或许，我们通往人类学的未来的路，就在于追随鲁什的指引，失足跌倒，并经历跨越民族学和认知论边界的欢悦。或许，我们通往一个未来的民族学手法的路，就在于重新学习如何做梦、如何坠入情网。

后记

吟游诗人的事业

Ni bon bay za borey mana ni bay.
在别人认识你之前先认识自己。

——桑海谚语

Me ra hari danji wi.
一口水灭不了火。

——桑海谚语

在桑海人的世界里,有许多讲"准备"这个概念的谚语。

人在进行任何工作之前都必须先准备好，工作愈困难，所需的准备就愈多。法师和附身祭司必须先跟着师父当学徒，直到他们已经"准备好"去发挥他们的技艺为止。在许多例子中，学徒的学习时间会长达二十年以上。学徒以两种方式来锻炼自己的修为：第一，他们熟习技艺并取得专业知识。就法师和附身祭司来讲，这意味着学习去寻找并认明植物、炮制药剂和香，以及背诵上百首赞美诗和诵祷词。许多学徒能很快地娴熟于这些神秘的知识，却还无法被认为足以担当法师或附身祭司。要真正出师，他们必须进入第二种更为困难的学徒训练领域——自我的知识。倘若附身祭司知道要灭一把火需要多少水，但还没有掌握他们毁灭性的热情，他们就绝对不会沿着神灵的道路向前迈进。他们将不会准备去把他们不完整的知识传递给下一代。

　　就像法师与附身祭司一样，在准备好去唱赞美歌以前，吟游诗人必须做好彻底的准备。他们不仅必须知道桑海人的历史，也必须知道让他们献身去背诵的"旧话"的力量。如祖先所说，最上乘的吟游诗人会在他人认识他们之前就先认识自己，他们是自己的主宰，能够将伟大而有力的知识一代代传下去。

　　在桑海人看来，民族学家就是吟游诗人。像吟游诗人一样，他们学习一套文化和历史的知识，但他们又不同于吟游诗人，因为他们将自己的知识塑造成书和影片。桑海长老熟知书写的文字的力量，已经有好几个世纪了，而桑海人对于电影的熟识，则始于尼日尔的殖民时期。因此，民族学家在桑海人的文化事物框架里还能够有一席之地。

后记　吟游诗人的事业

这就把我们带回到了准备的问题上。在西方，民族学者锻炼自己的方式是研读经典文献、通过考试、论辩抽象的理论，还有写论文——大多以平铺直叙风格写就，然后，他们在一个田野调查地点花上一两年的工夫学习当地的语言（到某种程度），访问报告人，然后回家去"写出来"（write up）或"汇整"（edit）成果。有时候，民族学者会在这之后再回到田野调查地点一两次。通过这样的准备工夫所产出的成果，是一些文章、专书、民族志、纪录短片和正片长度的民族志影片等，总的来看，其结果就像本书第十一章那样的一篇说明文——它可能对我们有意义，但对大部分桑海人毫无意义。

我所认识的桑海长老对于这种"单口"民族志没什么敬意，他们说：

> Boro si molo kar farkey se.
> 没有人会对一头驴子弹琴。

同样的道理，没有人会把民族学知识分给准备不周的民族学者——那些还没有掌握基本的文化技术、还没有掌握自己的民族学者。

那么，桑海长老对吟游诗人和民族学家的期待是什么呢？他们必须掌握一套关于过去与现在的完整知识，他们必须言辞便给而且富于诗才，他们必须花许许多多年去磨砺他们的艺术，他们必须尽可能彻底地参与桑海人的社会生活，他们必须献身于他们的技艺，他们必须认识自己，而且，他们必须把他们的知识传递给下一代，好让桑海人不致失去与过去的关联。

凭借他那"共享的人类学"的民族学手法，在桑海长老看来，让·鲁什已经变成了一位吟游诗人。五十年来，他不断以文章、书籍、访谈和电影——如此之多的电影——讲述着桑海人的故事。在我们来看，他是破除因循固习、创造了"真实电影"这一种更激进的经验性兼艺术性的人类学模范的改革者。对尼日尔人民而言，鲁什是一位把桑海人的故事说得很好的吟游诗人——好到他的文字和影像已经让年轻一代得以去重现他们的过去、发现他们的未来。

在桑海世界里的吟游诗人，很像是在葬礼中撒下未来丰收的种子以期使死者复生的多贡农民，借着他们的话语和影像，桑海吟游诗人让死者又活了过来。在桑海长老看来，**那**就是民族学家的事业，**那**就是民族学家所承继的遗产。

注 释

序

1 见 Bird（1971, 15-22）。关于 *griot* 这个词的起源有相当大的争论，似乎没有人知道它"真正的"词源。Mauny（1952）说它可能衍生自沃洛夫语（Wolof）、图库洛尔语（Toucouleur），甚至葡萄牙语。Camara（1976, 5）提到：这个前缀首次出现在十七世纪的游记，当时写作 *guirot*。瓦塔（Watta）认为 *griot* 这个词衍生自孚福德语（Fulfude）的 *gawlo* 一词，最后，这个词"是一群概念指涉对象的一个法文的表达方式"（Watta 1985, 85）。Hale（1990, 35）专注于 *griot* 在言语上的力量："是以，吟游诗人是口头语言的大师——或许一方面极其短暂但另方面却极具力量的一个现象。其口语力量的成因之一，无疑系源于古老的萨赫勒（Sahel）传统观念，认为字就像其他许多为人所运用的材料一样，蕴藏着一种被曼德语系各民族称为尼阿马的神秘力量。"

在过去，在此时

1 卷头语是以我所知的许多桑海咒语重组而成的。
2 读者若想阅读较全面地讨论鲁什的影剧实践的文章，我建议参考下列作品：J. DeBouzek, "The Ethnographic Surrealism of Jean Rouch," *Visual Anthropology* 2, 3-4 (1989): 301-17; B. Dornfeld, "Chronicle of a Summer

and Editing of Cinéma-Vérité," *Visual Anthropology* 2, 3–4 (1989): 317–33; M. Eaton, ed., Anthropology-Reality-Cinema (London: British Film Institute, 1979); Steven Feld, ed., *Studies in the Anthropology of Visual Communication* (1974, first four issues); Steven Feld, "Themes in the Cinema of Jean Rouch," *Visual Anthropology* 2, 3–4 (1989): 223–49。还有 Steven Feld, ed., special issue on *Chronicle of a Summer* in *Studies in Visual Communication* 11 (winter 1985) 以及 J. Ruby, ed., *The Cinema of Jean Rouch*, special issue of *Visual Anthropology* 2, 3–4 (1989): 233–367。要找一份关于讨论让·鲁什影片作品的文章（法文）的完整目录，见 R. Predal, ed., *Jean Rouch, un griot gaulois*, special issue of *CinemAction* 17 (Paris: Harmattan, 1982)。

3 "真实电影"经常和"直接电影"（*cinéma direct*）一词相混淆。"真实电影"在本书中用以指涉既是观察也是参与的影片拍摄手法——维尔托夫和鲁什的技法。许多电影史家用"直接电影"一词来界定弗雷德里克·怀斯曼（Frederick Wiseman）与理查德·利科克（Richard Leacock）惯用同步录音、无旁白等手法的观察式的风格。感谢杰伊·鲁比和费伊·金斯伯格两位为我开示这一点。

4 见 Predal（1982, 62–77）。其中，有几位批判鲁什非洲影片的作者承认他们仅看过他少数几部影片。他们中间未有一位提到曾读过他的书或文章。

5 我的"让·鲁什的影片作品目录"是自鲁比批注并刊载于 *Visual Anthropology* 2, 3–4 (1989): 333–67 的鲁什影片作品目录摘录而来。读者若想寻求一份批注较详尽的作品列表，敬请参阅鲁比的大作。此外，附有注释解题的鲁什影片作品目录，亦可见诸 Eaton（1979）及法国外交部 1981 年印行的《让·鲁什，一种回顾》(*Jean Rouch, une rétrospective*)。

楔子 格里奥尔之子

1 为了完成达喀尔-吉布提考察（1931—1933 年），马塞尔·格里奥尔组成了一个跨学科的研究队伍，其中囊括了民族学家、作家-诗人、语言学家、地理学家与民族音乐学家。关于这项任务的详情，另见米歇尔·莱里斯的《非洲幻影》(1981 [1934]) 中的描写。

2 van Beek（1991）提供了一份对格里奥尔作品的"实地的"评价，借由他的重复研究，范贝克严厉地批判了格里奥尔最有名的两本著作:《与奥戈特梅利的对话》

和格里奥尔与热尔梅娜·迪耶泰朗合写的《苍白狐》(*Le renard pâle*)第一册。依范贝克的看法,这些较晚的"诠释性"作品应该与格里奥尔早些年写的记录性质的作品——如范贝克亦无一毫间言的、巨细靡遗的《多贡人的面具》——区别开来。正如所有对于著名作品的重复研究,这本书也挑起了相当大的争议,特别是它宣称格里奥尔自著的及他与热尔梅娜·迪耶泰朗合著的那两本较晚著作与范贝克及其他研究者所观察到的多贡人社会现实不符这一点,尤其具有争议性。这样的宣称与德里克·弗里曼(Derek Freeman)在《玛格丽特·米德与萨摩亚》(*Margaret Mead and Samoa*,1983)一书中所做的诸多宣称相类,令人忆起西奥多·施瓦茨(Theodore Schwartz)关于米德论战的一篇绝妙好文《人类学:一个古灵精怪的学科》("Anthropology: A Quaint Science",1983)。

第一章 鲁什的田野生涯

1 这一章大部分资料系转引自让·鲁什与妮科尔·埃沙尔两人之间一场长达十小时的讨论,该讨论曾于1988年7月由法国文化广播电台广播出("Entretien avec Jean Rouch. A voix nu. Entretien d'hier à aujourd' hui")。感谢让·鲁什、妮科尔·埃沙尔和法国文化广播电台慷慨允许我在这里转引这份数据。本文中的叙述也转引了鲁什的一些出版物,包括《疯狂的狐狸与苍白的法师》("Le renard fou et le maître pâle",1978c)、《独木舟下的尼日尔河》(*Le Niger en pirogue*,1954)和《为人所知的泰奥多尔·莫诺》("Le 'dit' de Théodore Monod",1990)

2 译者注:指摩洛哥、突尼斯和阿尔及利亚三个伊斯兰国家。

3 译者注:黑格尔似无《知识现象学》一书,译者怀疑系作者笔误,将《精神现象学》误写为《知识现象学》。

4 见 Léca(n. d.)。1930年代的蒂拉贝里提督尼可拉斯·勒卡对桑海语言和文化拥有丰富得近乎传奇的知识。在蒂拉贝里,认识他的人称他为名副其实的索尔寇——颂赞神灵的歌者。他深刻融入当地事务的程度,可从他曾在提督府(sous-préfecture)后面举办神灵附体仪典一事窥见一斑。

5 "pourquoi pas"(为何不)方法是笔者而非鲁什创造的词,我用这个词来指涉鲁什在田野调查和影片制作方面的即兴发挥性格,并且暗示他与"为何不?"号探险船——鲁什的父亲用以航行到南极的那艘船——在谱系上的联结关系。

6 我对于许多人所讲的"鲁什从1960年起就放弃了民族学"这种说法至感厌

烦。事实是他并没有放弃。他继续在研究桑海历史与神灵附体,也不停地在写作——或是修正与更新他较早的文章,或是写新的文章。就这点来讲,鲁什并没有为拍电影而放弃民族学,而且这种持续性凸显了本书的主要前提之一:对鲁什而言,民族学与电影的创作二者是辩证性地相关联的——就算在1960年以后仍然如此。

第三章 到新世界的移民

1 许多豪萨人研究专家可能会难以认同这种过度概推化的论断(见 Nicolas 1978; Schmoll 1991)。
2 Rouch (1990a)。这篇文章——《秃鹰骑士》("Les cavaliers aux vautours")——是关于十九世纪阿尔法·哈诺、噶扎里与巴巴图的武功的一篇历史学论文,刊载在 Journal de la Société des Africanistes 60 (2): 5–37。

第四章 有武力的人民、有法力的神灵

1 请一并参阅 Stoller and Olkes (1987) 和 Stoller (1989a)。请注意这两本书的对比。Stoller and Olkes (1987) 本质上是一本备忘录、用以描述私密的法术世界的一份个人的书写策略。相对于此,Stoller (1989a) 是为了尝试去掌握桑海神灵附体那样一个众口铄金、颠倒杂乱的世界所写的一份多文体的实验。

楔子 两位精神之父与一个吹毛求疵的"儿子"

1 感谢费·京斯伯格为我提示了这一点。
2 关于鲁什的影艺工作有许多极好的研究,其中最上乘者为 Eaton (1979); Feld (1974, 1989); *Studies in the Anthropology of Visual Communication* (前四卷);以及在 Ruby (1989) 一书中的多篇论文(该书为期刊 *Visual Anthropology* 的特刊,题为"The Cinema of Jean Rouch")。

第五章 《旺泽贝的法师》

1 对旺泽贝的卡赛的访问,1984 年 7 月 5 日。

2 对让·鲁什的访问，1990 年 3 月 7 日于巴黎。
3 同上。
4 同上。
5 对旺泽贝的卡赛的访问，1984 年 7 月 5 日。
6 译者注：本句原文为 Magic is good unless it is labelled "black" magic, which makes it evil. 中文里没有所谓"黑法术"一词，但为顾及原文的修辞特征，勉强硬译如上。black magic 相当于中文里的"旁门左道"。

第七章 《美洲豹》

1 关于鲁什在哲学上的贡献，请参见本书第十二章较详尽的讨论。鲁什主要的民族志式虚构电影有《美洲豹》(1967)、《我是一个黑人》(1957)、《人类的金字塔》(1959)、《积少成多》(1969)、《巴巴图的三个秘诀》(1975) 与《咯咯咯鸡先生》(1974)。专门针对这些电影的评论，请看 Predal（1982）《让·鲁什，一位高卢吟游诗人》(*Jean Rouch, un griot gaulois*) 一书（即 *CinemAction* 第 17 期的特刊）后所附的大量参考文献。

第八章 《疯癫大师》

1 Grob（1962, 3）。格罗布（Grob）没有讨论鲁什如何以富于创意的方式去调适他在拍摄《疯癫大师》时所遭遇的技术上的局限。杰伊·鲁比（在私下会谈中）曾提出一个想法：鲁什拍这部片用的是一台负载 30 米长胶卷的发条动力摄影机。因为没有现场录音，所以不得不另外录制原声带。所以，当时（1954 年）还很粗糙的技术，对这部影片的质地造成了很大的影响。
2 感谢费伊·金斯伯格和杰伊·鲁比对我提示了这一点。
3 DeBouzek（1989, 308）品评鲁什在《疯癫大师》之中的叙事道："尽管鲁什尝试去直译豪卡的对话——一堆烂法文与破英文模糊不清的混合物，但他知道这是件不可能的任务。在和该教派的成员之一深入合作、拟出对该事件及其对话录音的一份诠释之后，他决定将他的笔记丢开，不凭任何写好的稿子去做最后定版的旁白。结果，按他自己的说法，主干叙事有一部分是他自己被电影'附身'的经历，一部分是他本人的'出神电影'。"

第九章 《昔日的鼓：图鲁与毕褆》

1 《昔日的鼓：图鲁与毕褆》是一部实验性的一镜到底影片。费尔德（Feld 1989, 229）写道，单次拍摄连续镜头的影片是"鲁什在参与者之中一边走动一边拍摄的。鲁什称这些'开拍-连续'（shot-sequence）电影为'第一人称的民族志'，因为他在拍摄时同时扮演着参与者和催化剂的角色。这些电影的目的不在于将事件加以分解和解释，而在于呈现一位熟悉环境的观察者如何去感受并与那些事件互动，并且在拍摄的同时创作出针对那些事件的一则主观、实验性的说法。这种运用单焦距镜头（通常是 10 毫米）拍摄长连续镜头再加上大量的步行中拍摄的风格，也被鲁什认为是对剪辑问题的一个回答；也就是说，在拍所有东西的同时也在剪辑它们，然后把那些拍下来的连续镜头串在一起"。按照杰伊·鲁比的说法（在我与他私下讨论时所说），鲁什在《昔日的鼓：图鲁与毕褆》中所捕捉的最后一景——逐渐隐没的太阳——是鲁什对于好莱坞的一种陈腔滥调的讽刺性影射，这种反讽也是一镜到底实验概念的一部分。
2 关于对话性的和"批判性的"人类学的普遍论点，见 Tedlock（1983）；Marcus and Fischer（1986）和 Clifford and Marcus（1986）。

第十一章 鲁什，理论与民族志影片

1 有太多关于超现实主义的文章值得在此处征引，Balakian（1986）和 Lippard（1970）可谓是最有用的那些文章中的两篇，后者包含了超现实主义者自己做的评论。在沙博尼耶（Charbonnier 1980）所搜集的访谈录汇编中有一些由超现实主义画家所做的最上乘的评论。人类学家应该比较克利福德（Clifford 1988）对超现实主义所做的评论以及超现实主义者自己做的那些评论，例如布勒东（Breton 1924, 1929）。要找对于鲁什与超现实主义之关系的评论，见 DeBouzek（1989）。
2 另见以下感官人类学著作，其为彻底的经验人类学的重要部分：Howes（1988a, b, 1990）；Seeger（1981）；Corbin（1986）；和 Feld（1982）。
3 译者注：原文为"camera-being"。

让·鲁什的文字作品目录

1943 年　　　Aperçu sur l'animisme Songhay. *Notes Africaines* 39: 4–8.

　　　　　　桑海人泛灵信仰概观。《非洲笔记》第 39 期：第 4—8 页。

1946 年　　　Cultes des genies chez les Songhay. *Journal de la Société des Africanistes* 15: 15–32.

　　　　　　桑海人的神灵崇拜。《非洲学会学刊》第 15 期：第 15—32 页。

1947 年　　　（In corporation with Pierre Ponty and Jean Sauvy）*Le Petit Dan*. Paris: AMG.

　　　　　　（与皮埃尔·蓬蒂和让·索维合著）《小丹》。巴黎：AMG 出版。

　　　　　　Les pierres chantantes d'Ayorou. *Notes Africaines* 43: 4–6.

　　　　　　阿约鲁的歌唱石。《非洲笔记》第 43 期：第 4—

6 页。

Pierres tailles de grosses dimensions en pays Kouranko. *Notes Africaines* 43: 7–8.

库然寇的巨石。《非洲笔记》第 43 期：第 7—8 页。

1948 年　"Banghawi": Chasse à l'hippopotame au harpoon par les pêcheurs Sorko du Moyen Niger. *Bulletin d'IFAN* 10: 361–77.

"邦哈维"：尼日尔河流域的索尔寇渔民以鱼叉追捕河马。《法属黑色非洲研究中心学报》第 10 期：第 361—377 页。

Vers une literature africaine. *Présence Africaine* 6: 144–46.

迈向非洲文学。《非洲风貌》第 6 期：第 144—146 页。

1949 年　Chevauchée de genies, culte de possession au Niger. Plaisir de France. Mimeographed.

魔神起驾：尼日尔的神灵附体崇拜。法国逸趣。油印本。

Les gravures rupestres de Kourki. *Bulletin d'IFAN* 11: 340–53

库尔奇的岩雕。《法属黑色非洲研究中心学报》第 11 期：第 340—353 页。

La mort de Mungo Park. *Notes Africaines* 44:

121-24.

蒙戈·帕克之死。《非洲笔记》第 44 期：第 121—124 页。

Les rapides de Boussa. *Notes Africaines* 44: 88-98.

波飒的急湍。《非洲笔记》第 44 期：第 88—98 页。

"Surf riding" en côte d'Afrique. *Notes Africaines* 44: 50-52.

在非洲海滨"御涛而行"。《非洲笔记》第 44 期：第 50—52 页。

1950 年

La danse: "Le monde noir." *Présence Africaine* 8: 219-26.

舞："黑色的世界"。《非洲风貌》第 8 期：第 219—226 页。

Hypothèses sur la mort de Mungo Park. *Notes Africaines* 45: 15-20.

关于蒙戈·帕克之死的假说。《非洲笔记》第 45 期：第 15—20 页。

Les magiciens de Wanzerbé. *Caliban* 15: 1-7.

旺泽贝的法师。《卡利班》第 15 期：第 1—7 页。

Les Sorkowa, pêcheurs itinérants du Moyen Niger. *Africa* 21: 5-25.

索尔寇娃：周游于尼日尔河上的渔民。《非洲》第 21 期：第 5—25 页。

	Toponymie légendaire du "W" du Niger. *Notes Africaines* 45: 50–52.
	尼日尔的"W"地之地名起源传奇。《非洲笔记》第45期：第50—52页。
1951年	Les pêcheurs du Niger: Techniques du pêche, organisation et problèmes de migrations. *IFAN* 72–79: 17–20.
	尼日尔的渔民：渔捞技术、组织与移民问题。《法属黑色非洲研究中心》第72—79期：第17—20页。
1952年	Cinéma d'exploration et ethnographie. *Beaux-Arts* (Brussels), 1–7.
	探索性的和民族志的电影。《艺术学院》（布鲁塞尔），第1—7页。
1953年	*Contribution à l'historie des Songhay.* Mémoires, 29. Dakar: IFAN.
	《桑海人历史研究》。专题研究报告第29期。达喀尔：法属黑色非洲研究中心。
	Notes sur les migrations en Gold Coast. Niamey: IFAN.
	《关于在黄金海岸的移民的笔记》。尼亚美：法属黑色非洲研究中心。
	Renaissance du Film ethnographique. *Cinéma Educatif et Culturel* 5: 23–25.

民族志影片的文艺复兴。《教育与文化电影》第 5 期：第 23—25 页。

"Yenaandi": Rites de pluie chez les Songhay. *Bulletin d'IFAN* 15: 1655–1719.

"耶南地"：桑海人的祈雨仪典。《法属黑色非洲研究中心学报》第 15 期：第 1655—1719 页。

1954 年　Le Niger en pirogue. Paris: Fernand Nathan.

独木舟下的尼日尔河。巴黎：斐南德·纳桑。

Projet d'enquête systématique sur les migrations en Afrique Occidentale. Bukawa: Colloque de Bukavu.

《关于西非移民的系统性调查研究计划》。布卡瓦：布卡孚研讨会。

Les Songhay. Paris: Presses Universitaires de France.

《桑海人》。巴黎：法国大学出版社。

1955 年　A propos des films ethnographiques français. *Positif*, 144–49. *Catalogue des films ethnographiques français*. Paris: UNESCO.

关于法语民族志影片。《正片》，第 144—149 页。《法语民族志影片目录》。巴黎：联合国教科文组织。

1956 年　Migrations au Ghana. *Journal de la Société des Africanistes* 26 (1–2): 33–196.

	加纳的移民。《非洲学会学刊》第 26 卷第 1—2 期：第 33—196 页。
1957 年	Contribution à l'étude du site rupestre de Tessalit. *Notes Africaines* 52: 72–77.
	对泰萨利特岩雕画遗址研究的贡献。《非洲笔记》第 52 期：第 72—77 页。
	(with Edmond Bernus.) Notes sur les prostitués "Toutou" de Treichville et d'Adjame. *Etudes Eburnéennes* 5: 231–44.
	（与埃德蒙·贝尔努斯合著）关于特雷什维尔和阿加米的男娼"图图"的札记。《科特迪瓦研究》第 5 期：第 231—244 页。
	Rapport sur les migrations nigériennes vers la Basse Côte d'Ivoire. Niamey: IFAN.
	科特迪瓦低地的尼日尔土著移民的研究报告。尼亚美：法属黑色非洲研究中心。
1958 年	(with Edmond Bernus.) Les "marches des voleurs" d'Abidjian. In *Mental disorders and mental meeting*. Bukawa: CCTA.
	（与埃德蒙·贝尔努斯合著）阿比让的"强盗大游行"。收录于《精神失常与心灵会谈》。布卡瓦：CCTA。
	L'Africain devant le film ethnographique. *Cinéma et l'Afrique du Sud du Sahara* (Brussels), 92–94.

	在民族志影片面前的非洲人。《电影与撒哈拉以南非洲》(布鲁塞尔),第 92—94 页。
1959 年	Découverte de l'Afrique. *Exploration* (Paris), 15-88. 非洲的发现。《探索》(巴黎),第 15—88 页。
1960 年	Comment vivent ensemble. *Cinéma 60*, November-December, 51. 如何在一起生活。《电影 60》,11—12 月号,第 51 页。
	Je cherche la vérité des comportements et des mentalités. *Lettres Françaises*, February, 812. 我追寻行为和心灵状态的真相。《法语文学》,2月号,第 812 页。
	Problèmes relatifs à l'etude des migrations traditionelles et des migrations actuelles en Afrique noire. *Bulletin d'IFAN,* Ser. B, 22 (3-4): 369-78. 传统及当代黑色非洲的移民研究的相关问题。《法属黑色非洲研究中心学报》,B 系列第 22 卷第 3—4 期:第 369—378 页。
	Projet de creation d'un center de films africains. Niamey: IFAN. 《创建非洲电影中心计划》。尼亚美:法属黑色非洲研究中心。
	La religion et la magie Songhay. Paris: Presse Universitaires de France.

	《桑海人的宗教与法术》。巴黎：法国大学出版社。
1961 年	Enregistrement sonore des traditions orales. Accra: International Congress of Africanists.
	口述传说的录音。阿克拉：国际非洲研究者大会。
1962 年	Awakening African cinema. *Courrier de l'UNESCO*, March, 11–15.
	唤醒非洲电影。《联合国教科文组织通讯》，3月号，第11—15页。
	Cinéma-vérité, Rouch répond. *Contre Champ* 3.
	真实电影，鲁什答客问。《反派阵营》第3期。
	Situation et tendances du cinéma en Afrique. Paris: UNESCO.
	《电影在非洲的现况与趋势》。巴黎：联合国教科文组织。
1963 年	Introduction à l'étude de la communauté de Bregbo. *Journal des Africanistes* 33: 129–203.
	布芮格玻社群研究简介。《非洲研究学报》第33期：第129—203页。
1964 年	"Mallettes cinématographiques" sur l'Afrique. Preface, *Courrier de l'UNESCO*, 1963.
	有关非洲的"电影艺术案例"。前言，《联合国教科文组织通讯》，1963年。

Nouvelles techniques cinématographiques et cinéma d'enquête. Venice: Foundation Cini.

电影艺术的新技术和探索性的电影。威尼斯：西尼基金会。

Textes rituels Songhay. In *Textes sacrés d'Afrique noire*, ed. G. Dieterlen, 44–56. Paris: Gallimard.

桑海人仪典文本。收录于 G. 迪耶泰朗编，《黑色非洲的神圣文本》，第 44—56 页。巴黎：伽利玛出版社。

1966 年　Anthropologie et impérialisme. *Temps Modernes* 193–94: 299–300.

人类学与帝国主义。《现代》第 193—194 期：第 299—300 页。

(with Monique Gessain and Monique Salzmann.) *Catalogue de 100 films d'intérê – Analyse minutée de 100 films ethnographiques non français.* Paris: CNRS.

（与莫妮克·热桑及莫妮克·萨尔兹曼合著）《百部佳片目录——百部非法语民族志影片简评》。巴黎：法国国家科学研究中心。

(with Monique Salzmann.) *Catalogue de films sur l'Afrique noire – Analyze et présentation de 600 films sur l'Afrique – Introduction au cinema africain.* Paris: UNESCO.

（与莫妮克·萨尔兹曼合著）《关于黑色非洲的影片目录——600 部非洲影片的介绍与分析：非洲电影序说》。巴黎：联合国教科文组织。

De Jaguar à Petit à petit. *Cahiers du Cinéma* 200–201: 58–59.

从《美洲豹》到《积少成多》。《电影手册》第 200—201 期：第 58—59 页。

Le Film ethnographique. In *Ethnologie générale: Collection del Pléiade*, 429–71. Paris: Gallimard.

民族志影片。收录于《民族学通论：七星社选辑》，第 429—471 页。巴黎：伽利玛出版社。

Les problémes sonores du film ethnographique. In *La "Colonne sonore" dans le cinéma d'aujourd'hui*. Paris: UNESCO.

民族志影片的音效问题。收录于《今日电影》的"音效栏"。巴黎：联合国教科文组织。

1971 年　Adventures d'un Nègre-blanc. *Image et Son* 249: 55–83.

一个黑种白人的冒险。《影音》第 249 期：第 55—83 页。

Dziga Vertov: Cinq regards sur Dziga Vertov. Paris: Champ Libre.

《吉加·维尔托夫：五论吉加·维尔托夫》。巴黎：自由阵线。

Ethnologie au service du rêve poétique. *Le Devoir* (Montréal), 18 September 1971.

辅以诗性的梦幻的民族学。《义务报》(蒙特利尔)，1971年9月18日。

La notion de personne en Afrique noire. *Colloques Internationaux de CNRS* 544. Published in English as On the vicissitude of the self: The possessed dancer, the magician, the sorcerer, the film-maker, and the ethnographer, *Studies in the Anthropology of Visual Communication* 5 (1): 2–8.

"人"这个观念在黑色非洲。《法国国家科学研究中心第544号国际研讨会》。本文又以英文发表为"自我的生灭：附体舞者、法师、驱魔师、影片创作者和民族学者"，《视觉沟通的人类学研究》第5卷第1期：第2—8页。

1974年　The camera and the man. *Studies in the Anthropology of Visual Communication* 1 (1): 37–44.

摄影机和摄影人。《视觉沟通的人类学研究》第1卷第1期：第37—44页。

1975年　Le calendrier mythique chez les Songhay Zarma (Niger). In *Systèmes de pensée en Afrique noire*. Paris: CNRS.

桑海人扎尔马地方（尼日尔）的神秘历法。收录于《黑色非洲的思想体系》。巴黎：国家科学研究中心。

En diable. In *Prophétism et thérapeutique (Albert Atcho et la communauté Bregbo)*, 11-26. Paris: Hermann.

着魔。收录于《先知主义与医疗功能（阿尔伯特·阿特寇与布芮格玻社群）》，第 11—26 页。巴黎：爱尔曼出版社。

Tradition orale dans la vallée du Niger: L'empire du Mali. In *Bamako 1: Colloque de 1975* and *Bamako 2: Colloque de 1976*. Paris: Foundation SCOA.

尼日尔河谷地的口述传说：马里帝国。收录于《1975 年第一次巴马科研讨会》及《1976 年第二次巴马科研讨会》。巴黎：SCOA 基金会。

1978 年　　On the vicissitude of the self: The possessed dancer, the magician, the sorcerer, the film-maker, and the ethnographer, *Studies in the Anthropology of Visual Communication* 5 (1): 2-8.

自我的生灭：附体舞者、法师、驱魔师、影片创作者和民族学者，《视觉沟通的人类学研究》第 5 卷第 1 期：第 2—8 页。

Le rancard fou et le maître pâle. In *Systèmes des signes: Textes réunis en homage à Germaine Dieterlen*, 3-24. Paris: Hermann.

	错乱的信息与苍白的仙师。收录于《符号体系：向热尔梅娜·迪耶泰朗致敬的论文汇编》，第3—24页。巴黎：爱尔曼出版社。
1979 年	Le caméra et l'homme. In *Pour une anthropologie visuelle*, ed. Claudine de France, 53–71. Paris: Mouton. 摄影机和摄影人。收录于《提倡一种视觉人类学》，克洛迪娜·德·弗朗斯编，第53—71页。巴黎：穆顿出版社。
1989 年	*La religion et la magie Songhay*. 2nd ed., corrected and expanded. Brussels: Université de Bruxelles. 《桑海人的宗教与法术》，增修第二版。布鲁塞尔：布鲁塞尔大学。
1990 年	Le "dit" de Théodore Monod. Unpublished manuscript, Comité du Film Ethnographique, Paris. 为人所知的泰奥多尔·莫诺。未出版手稿，巴黎：民族志影片委员会。 Les cavaliers aux vautours: Le conquêtes des Zerma dans le Gurunsi, 1856–1900. *Journal des Africanistes* 60 (2): 5–36. 秃鹰骑士：泽尔马人对顾伦西的征服，1856—1900。《非洲研究学报》第60（2）期：第5—36页。

让·鲁什的影片作品目录

以鲁比（Ruby 1989）所编纂的鲁什影片作品目录为底本，再加以少许增删，但未加批注。CNRS 代表法国国家科学研究中心；CFE 代表民族志电影委员会；ONF 为法国国家电影办公室；ORTF 为法国广播电视局；IRSH 为人文科学研究中心（尼亚美大学）；IFAN 为法属黑色非洲研究中心。

1946 年　　　（与皮埃尔·蓬蒂和让·索维合作）《魔发》（*La chevelure magique*）。黑白片。

1946—1947 年（与皮埃尔·蓬蒂和让·索维合作）《黑法师的国度》（*Au pays des mages noirs*）。巴黎：法国当代大事（Actualités Françaises）。黑白片。20（或 15？）分钟。

1948—1949 年《割礼》（*La circoncision*）。巴黎：CNRS。黑白片。15 分钟。

《洪博里》（*Hombori*）。马里。

《被附体者的舞蹈入门》(Initiation à la danse des possédés)。巴黎：CNRS。黑白片。22分钟。1949年比亚里茨被诅咒的电影节（Festival Maudite de Biarritz）首奖。

《旺泽贝的法师》(Les magiciens de Wanzerbé)。巴黎：CNRS。黑白片。30分钟。

1950年　《猎河马》(Chasse à l'hippopotame)。巴黎：CNRS。36分钟。

1951—1952年　（与罗杰·罗斯费德合作）《大河上的战斗》(Bataille sur le grand fleuve)。达喀尔与巴黎：IFAN。35分钟。

（与罗杰·罗斯费德合作）《崖壁中的墓园》(Cimetière dans la falaise)。巴黎：CNRS与国际合作秘书处（Secrétariat d'Etat à la Coopération）。20分钟。

（与罗杰·罗斯费德合作）《小米民族》(Les gens du mil)。45分钟。

（与罗杰·罗斯费德合作）《耶南地：求雨者》(Yenaandi, ou Les hommes qui font la pluie)。达喀尔：IFAN。27分钟。

1953—1954年　《疯癫大师》(Les maîtres fous)。巴黎：七星社影业。33分钟。1957年威尼斯双年展民族志电影奖。

《母亲河》(Mammy Water，剪辑与音效至1966年方完成)。巴黎：七星社影片公司及CNRS。

	20 分钟。
1954 年	《美洲豹》(*Jaguar*，在 1967 年彻底完成以前，该片自 1954 年起便上映过数次)。巴黎：七星社影业。60（或 91）分钟。
1955 年	《水之子》(*Les fils de l'eau*)。巴黎：七星社影业。75 分钟。法国国家影艺中心。
1957 年	《婴儿加纳》(*Baby Ghana*)。巴黎：CNRS。12 分钟。
	《以弓猎狮》(*La chasse au lion à l'arc*，始于 1957 年，完成于 1964 年)。巴黎：七星社影业。90 分钟。
	《我是一个黑人》(*Moi, un noir*)。巴黎：七星社影业。80 分钟。德律克（Delluc）奖。
	《摩洛·拿巴》(*Moro Naba*)。巴黎：CNRS 及 IFAN。27 分钟。1960 年佛罗伦萨影展奖。
1958 年	《皇家的觥贝鼓》(*La royale goumbé*)。巴黎：CNRS/CFE。
	（与吉尔贝·鲁热合作）《萨克帕塔》(*Sakpata*；天花之神，1963 年首映)。巴黎：CNRS/CFE。25 分钟。
1958—1959 年	《人类的金字塔》(*La pyramide humaine*，1961 年首映)。巴黎：七星社影业。80（或 90?）分钟。
1960 年	（与埃德加·莫兰[Edgar Morin]合作）《夏日纪事》(*Chronique d'un été*)。黑白片。75（或 90?）

分钟。1961 年戛纳、威尼斯、曼海姆影展奖。

《汉毗》(*Hampi*)。巴黎：CNRS/CFE。25 分钟。1962 年佛罗伦萨影展奖。

《惩罚》(*La punition*，1962 年在法国电视上首映)。巴黎：七星社影业。黑白片。60 分钟。

1961 年　《尼日尔的芭蕾》(*Les ballets du Niger*)。黑白片。20 分钟。

（鲁什担任克洛德·朱特拉［Claude Jutra］的顾问）《尼日尔，年轻的共和国》(*Niger, jeune république*)。魁北克：ONF。58 分钟。

1962 年　《阿比让，渔港》(*Abidjan, port de pêche*)。巴黎：CNRS/CFE。25 分钟。

《椰子树》(*Le cocotier*)。巴黎：CNRS/CFE。21 分钟。

《庆祝尼日尔独立》(*Fêtes de l'indépendance du Niger*)。尼日尔：CNRS/CFE 和 IFAN。21 分钟。

《棕榈油树》(*Le palmier à huile*)。巴黎：CNRS/CFE 和 IFAN。20 分钟。

《尼日尔的渔民》(*Les pêcheurs du Niger*)。巴黎：CNRS/CFE。

《罗斯与蓝卓》(*Rose et Landry*)。魁北克：ONF 与加拿大电影局。黑白片。23 分钟。1963 年威尼斯影展两项奖。

《非洲都市计划》(*Urbanisme africain*)。

1963 年　《达喀尔的庆典》(Festival à Dakar)。巴黎：CNRS/CFE。

《小米》(Le mil)。巴黎：CNRS/CFE。27 分钟。

《阿尔伯特先生，先知》(Monsieur Albert, prophète)，又名《阿尔伯特·阿特寇》(Albert Atcho)。巴黎：阿尔格斯影业（Argos Films）与 CNRS。27（或 33）分钟。

1964 年　《非洲与科学研究》(L'Afrique et la recherche scientifique)。巴黎：CNRS 与联合国教科文组织。31 分钟。

（与吉尔贝·鲁热共同执导、热尔梅娜·迪耶泰朗合作）《多贡人的鼓，一项关于节奏之研究的素材》(Batteries Dogon, éléments pour une étude des rythmes)，又名《石鼓》(Tambours de pierre)。巴黎：CNRS/CFE。25 分钟。

《15 岁的寡妇》(Les veuves de quinze ans)。巴黎：七星社影业。25 分钟。

1965 年　《马里的成人识字教育》(Alphabétisation des adultes au Mali)。

《黑色的阿尔法》(Alpha noir)。巴黎：CNRS/CFE。10 分钟。

《纵酒狂欢的青年的觥贝鼓》(La Goumbé des jeunes noceurs)。巴黎：CNRS 与七星社影业。30 分钟。

《杰克维勒》(*Jackville*)。巴黎：CNRS/CFE。25分钟。

《"勾"猎人的音乐与舞蹈》(*Musique et danse des chasseurs Gow*)。巴黎：CNRS/CFE。20分钟。

《桑海猎人的鼓与提琴》(*Tombours et violins des chasseurs Songhay*)。

1966年

《东勾节》(*Dongo horendi*)。巴黎：CNRS/CFE。30分钟。

《东勾的祈雨舞，甘卡勒》(*Dongo yenaandi, Gamkalle*)。巴黎：CNRS/CFE。10分钟。

《北站》(*Gare du Nord*)。巴黎：洛桑影业（Films de Losange）。20分钟。

《科里科里》(*Koli Koli*)。巴黎：CNRS/CFE。30分钟。

（与热尔梅娜·迪耶泰朗合作）《司归66：第零年》(*Sigui 66: Année zero*)。巴黎：CNRS。15分钟。双系统录音。

1967年

《达乌达·索尔寇》(*Daouda Sorko*)。巴黎：CNRS/CFE。15（或20？）分钟。

《法兰·马卡的路》(*Faran Maka's fonda*)。90分钟。双系统录音。未剪辑。

《皇家的觥贝鼓》(*Royale Goumbé*)。10分钟。双系统录音。未剪辑。

（与吉尔贝·鲁热和热尔梅娜·迪耶泰朗共同执

导)《司归1：幽谷的铁砧》(*Sigui no.1: L'enclume de Yougou*)。巴黎：CNRS/CFE。35（或50？）分钟。

《布可奇的祈雨舞》(*Yenaandi de Boukoki*)。25分钟。双系统录音。未剪辑。

《甘卡勒的祈雨舞》(*Yenaandi de Gamkalle*)。45分钟。双系统录音。未剪辑。

《固耳必贝里的祈雨舞》(*Yenaandi de Gourbi Beri*)。10分钟。双系统录音。

《克尔奇塞的祈雨舞》(*Yenaandi de Kirkissey*)。10分钟。双系统录音。未剪辑。

《空谷的祈雨舞》(*Yenaandi de Kongou*)。10分钟。双系统录音。未剪辑。

《司密里的祈雨舞》(*Yenaandi de Simiri*)。10分钟。双系统录音。已绝版。

1968年　《一只名叫"美国人"的狮子》(*Un lion nommé "l'Américain"*)。巴黎：CNRS/CFE。20分钟。

《阿约鲁的歌唱石》(*Les pierres chantants d'Ayoru*)。巴黎：CNRS影音部/CFE。10（或20）分钟。

《诗意的革命：68年5月》(*La révolution poétique: Mai' 68*)。40（或50？）分钟。双系统录音。未剪辑。

（与热尔梅娜·迪耶泰朗合作）《司归2：啼幽谷的舞者》(*Sigui no.2: Les danseurs de Tyougou*)。巴

黎：CNRS 影音部 /CFE。50 分钟。

《旺泽贝》（*Wanzerbé*）。巴黎：CNRS/CFE。30（或 20？）分钟。双系统录音。

《岗赫勒的祈雨舞》（*Yenaandi de Ganghel*）。巴黎：CNRS/CFE。60（或 35？）分钟。

1969 年　《塞纳河上的非洲》（*Afrique sur Seine*）。片长不详。

《想象的力量》（*L'imagination au pouvoir*）。片长不详。

《积少成多》（*Petit à petit*）。巴黎：七星社影业与 CNRS 合作（尼亚美与 CFE）。35 毫米胶卷长 96 分钟；16 毫米胶卷长 250 分钟（以 16 毫米 /90 分钟版发行）。

（与热尔梅娜·迪耶泰朗合作）《司归 3：彭沟的洞穴》（*Sigui no.3: La caverne de Bongo*）。巴黎：CNRS 影音部 /CFE。40 分钟。

《卡瑞沟如的祈雨舞》（*Yenaandi de Karey Gorou*）。10 分钟。双系统录音。已佚失。

《阳塔拉的祈雨舞》（*Yenaandi de Yantalla*）。巴黎：CNRS/CFE。40 分钟。

1970 年　（与热尔梅娜·迪耶泰朗合作）《司归 4：阿马尼的喧嚣》（*Sigui no.4: Les clameurs d'Amani*）。巴黎：CNRS 影音部 /CFE。50 分钟。

《双胞胎的母亲–母亲》（*Taway Nya – La mére*）。

巴黎：CNRS/CFE。12 分钟。双系统录音。

1971 年　《阿约鲁的建筑》(*Architects d'Ayoru*)。巴黎：CNRS/CFE。35（或 30？）分钟。

（与吉尔贝·鲁热合作）《新港：众后妃之舞》(*Porto Novo: La danse des reines*)。巴黎：CNRS/CFE。30 分钟。

《非洲母亲与婴儿之间的关系》(*Rapports méres-enfants en Afrique*)。巴黎：ORTF。20 分钟。

（与热尔梅娜·迪耶泰朗合作）《司归 5：伊德耶里的沙丘》(*Sigui no.5: La dune d'Idyeli*)。巴黎：CNRS 影音部/CFE。40（或 50）分钟。

（朗·伊卜拉辛·迪亚与塔卢·穆祖兰协助）《昔日的鼓：图鲁与毕褆》(*Les Tambours d'Avant: Turu et Bitti*，制作于 1967—1968 年，1971 年首映）。巴黎：CNRS/CFE。10 分钟。

《司密里的祈雨舞》(*Yenaandi de Simiri*)。巴黎：CNRS/CFE。30 分钟。

1972 年　《候贡的葬礼》(*L'enterrement du hogon*)。巴黎：CNRS/CFE。30（或 15？）分钟。

（与热尔梅娜·迪耶泰朗共同执导）《彭沟的葬礼：老阿奈》(*Funérailles à Bongo: Le vieil Anai*，1979 年首映）。巴黎：CNRS 影音部/CFE。75（或 45？）分钟。

《候任地》(*Horendi*)。巴黎：CNRS/CFE。50（或

90？）分钟。

（与热尔梅娜·迪耶泰朗合作）《司归6：雅眉的腰布》（*Sigui no.6: Les pagnes de Yamé*）。巴黎：CNRS 影音部 /CFE。40（或 50？）分钟。

1973 年　《元年》（*L'an 01*）。黑白片。片长不详。

《布可奇》（*Bukoki*）。巴黎：CNRS/CFE。25 分钟。

《东勾侯礼》（*Dongo hori*）。巴黎：CNRS/CFE。20 分钟。

《代步的长颈鹿》（*Le foot-girafe*），又名《替代方案》（*L'alternative*）。片长不详。

《彭沟的女性葬礼》（*Funérailles de femme à Bongo*）。20 分钟。

《工作的节奏》（*Rythme de travail*）。巴黎：CNRS/CFE。12 分钟。

《司密里的旱灾》（*Sécheresse à Simiri*）。巴黎：CNRS/CFE。10 分钟。

《（神灵附体仪典用的）神龛的祝圣仪式》（*Tanda singui [poser le hangar]*）。巴黎：CNRS/CFE。20（或 30）分钟。

《V. V. 福佑》（*V. V. Voyou*）。巴黎：西非商业公司（Société Commerciale de l'Ouest Africain）。10 分钟。

1974 年　（与热尔梅娜·迪耶泰朗共同执导）《安巴拉·达马》（*Ambara Dama*）。巴黎：CNRS 影音部 /CFE。

60 分钟。

《标致 504 和雷电光束》(La 504 et les foudroyeurs)。10 分钟。

《咯咯咯鸡先生》(Cocorico, Monsieur Poulet)。巴黎/尼亚美：DALAROU（达穆瑞、朗、鲁什），CNRS/IRSH 技术协助；CNRS/CFE；人类博物馆。90 分钟。

《向马塞尔·莫斯致敬：冈本太郎》(Hommage à Marcel Mauss: Taro Okamoto)。巴黎：CNRS/CFE。14 分钟。

《潘的库梭卡》(《潘的破罐仪》)(Pam kuso kar [Briser les poteries de Pam])。巴黎：CNRS/CFE。10 分钟。

（与热尔梅娜·迪耶泰朗合作）《司归 7：割礼的兜帽》(Sigui no.7: L'auvent de la circoncision)。巴黎：CNRS 影音部/CFE。15 分钟。

1975 年　《巴巴图的三个秘诀》(Babatu, les trois conseils)。巴黎：CNRS/CFE。90 分钟。

《入门仪式》(Initiation)。巴黎：CNRS/CFE。45 分钟。二声道音效。

《司密里的旱灾》(Sécheresse à Simiri)。巴黎：CNRS/CFE。10 分钟。

《对苏纳的乡愁》(Souna Kouma [la nostalgie de Souna])。巴黎：CNRS/CFE。

	《兔子、兔子、小兔子》(*Toboy, tobaye, tobaye [lapin, petit lapin]*)。巴黎：CNRS/CFE。12 分钟。已佚失。
1976 年	《守护石》(*Faba tondi*)。20 分钟。
	《祈雨舞：司密里的旱灾》(*Yenaandi: Sécheresse à Simiri*)。巴黎：CNRS/CFE。120 分钟。
1977 年	《玛格丽特·米德的电影画像》(*Ciné-portrait de Margaret Mead*)。巴黎与纽约：CFE 与美国自然史博物馆。35 分钟。
	《司密里的黑神庆典》(*Fêtes des Gandyi Bi à Simiri*)。巴黎：CNRS/CFE。30 分钟。
	(与伊诺萨·乌赛尼共同制作)《吟游诗人巴德叶》(*Le griot Badye*)。巴黎：CNRS/CFE。15 分钟。
	《向马塞尔·莫斯致敬：热尔梅娜·迪耶泰朗》(*Hommage à Marcel Mauss: Germaine Dieterlen*)。巴黎：CNRS/CFE。20 分钟。
	《向马塞尔·莫斯致敬：保罗·列维》(*Hommage à Marcel Mauss: Paul Levy*)。巴黎：CNRS/CFE。20 分钟。
	《马克瓦耶拉》(*Makwayela*)。巴黎：CNRS/CFE。20 分钟。
	《司密里的祈雨舞》(*Yenaandi de Simiri*)。片长不详。双系统录音。

1979 年	《司密里·希多·库马》(*Simiri Siddo Kuma*)。巴黎：CNRS/CFE。30 分钟。
	《司密里播种时节的祈雨舞》(*Yenaandi de Simiri accompagné de semailles*)。片长不详。双系统录音。
1980 年	《莫里上尉》(*Captain Mori*)。片长不详。双系统录音。
	（与莱顿大学群体电影社［the Group Cinema］共同执导）《电影恶人》(*Ciné-Mafia*)。35 分钟。
1981 年	《司归祭典的六十年周期》(*Les cérémonies soixantenaires du Sigui*)。巴黎：CNRS/CFE。90 分钟。双系统录音。
	（与达穆瑞、朗、塔卢合作）《两个猎人》(*Les deux chasseurs*)。双系统录音。
	（与热尔梅娜·迪耶泰朗和吕克·德·霍伊施共同执导）《苍白狐》(*Le renard pale*)。
1984 年	《狄俄尼索斯》(*Dionysos*)。
1987 年	《学位或婚姻》(*Bac ou mariage*)。巴黎：CFE。
1990 年	《自由、平等、博爱，接下来呢？》(*Liberté, égalité fraternité, what's next?*)。巴黎：ORTF。90 分钟。

参考文献

文字出版物

Abitol, M. 1977. *Timbuktou et les Armas*. Paris: Maisonneuve.
Achebe, C. 1989. *Hopes and impediments: Selected essays*. New York: Doubleday.
Austin, J. 1962. *How to do things with words*. London: Oxford University Press.
Balakian, A. 1986. *Surrealism*. Chicago: University Chicago Press.
Banks, M. 1990. The seductive veracity of ethnographic film. *Society for Visual Anthropology Review* 6:16–21.
Barzun, J. 1983. *A stroll with William James*. Chicago: University of Chicago Press.
Bentham, J. 1931. *The theory of legislation*. London: International Library of Psychology.
Bergé, C. n.d. De l'autre côte du miroir. Unpublished manuscript, files of the author.
Bernus, E. 1960. Kong et sa région. *Etudes Eburnéennes* 8:239–324.
Bird, C. 1971. Oral art in the Mande. In *Papers on the Manding*, ed. C. T. Hodge, 15–27. Bloomington: Indiana University Press.
Breton, A. 1924. *Manifestes du Surréalisme*. Paris: Gallimard.
———. 1929. *Manifestes du Surréalisme*. Paris: Kra.
Broch, H. 1964 [1932]. *The sleepwalkers*. Trans. W. Muir and E. Muir. New York: Grosset and Dunlap.
Bousset, J. 1836. *Oeuvres complêts*. Paris: Lefevre.
Calame-Griaule, G. 1965. *Ethnologie et langage: La parole chez les Dogon*.

Paris: Gallimard.
Camara, S. 1976. *Gens de la parole: Essai sur la condition et le rôle des griots dans la société Malinke.* Le Hague: Mouton.
Charbonnier, G. 1980. *Le monologue du peintre.* Paris: Guy Durier.
Clezio, P. 1972. *Jaguar. Télé-Ciné* 175:15–18.
Clifford, J. 1988. *The predicament of culture.* Cambridge: Harvard University Press.
Clifford, J., and G. Marcus, eds. 1986. *Writing culture.* Berkeley: University of California Press.
Cohen, A. 1969. *Custom and politics in urban Africa.* Berkeley: University of California Press.
Collet, J. 1967. Quand je fait un film c'est que ça m'amuse. *Telerama* 933.
Conrad, J. 1971 [1899]. *Heart of darkness.* New York: Norton.
Corbin, A. 1986. *The foul and the fragrant.* Cambridge: Harvard University Press.
DeBouzek, J. 1989. The ethnographic surrealism of Jean Rouch. *Visual Anthropology* 2 (3–4):301–17.
Delafosse, M. 1911. *Haut Senegal-Niger.* Paris: Maisonneuve.
Delahaye, M. 1961. La règle de Jean Rouch. *Cahiers du Cinema* 120.
Deleuze, G. 1989. *Cinema 2: The time image.* Minneapolis: University of Minnesota Press.
DeVos, G. 1982. *Les maîtres fous* et anthropologie américaine. In *Jean Rouch, un griot gaulois,* special issue of *CinemAction,* ed. R. Predal, 59–62. Paris: Harmattan.
Dewey, J. 1980a [1934]. *Art as experience.* New York: Perigee Books.
———. 1980b [1929]. *The quest for certainty.* New York: Perigee Books.
Diarra, A. F. 1974. Les relations entre les hommes et les femmes et les migrations Zarma. In *Modern migrations in western Africa,* ed. S. Amin, 226–38. London: Oxford University Press.
Dieterlen, G. 1941. *Les âmes des Dogons.* Paris: Institut d'Ethnologie.
———. 1982. *Le titre d'honneur des Arou.* Paris: Société des Africanistes.
Douglas, M. 1967. If the Dogon. . . . *Cahier d'Etudes Africaines* 7 (27): 659–72.
Dupire, M. 1960. Planteurs autochtones et étrangers en basse Côte d'Ivoire orientale. *Etudes Eburnéennes* 8:7–237.
Eaton, M., ed. 1979. *Anthropology-reality-cinema: The films of Jean Rouch.* London: British Film Institute.
Echard, N., and J. Rouch. 1988. Entretien avec Jean Rouch. A voix nu. Entretien d'hier à aujourd'hui. Ten-hour discussion broadcast in July 1988 on France Culture.
Edie, J. 1965. Notes on the philosophical anthropology of William James. In *An invitation to phenomenology,* ed. J. Edie, 110–33. Chicago: Quan-

drangle Books.
Eliot, T. S. 1942. *Four quartets*. New York: Harcourt, Brace and World.
es-Saadi, A. 1900. *Tarikh es-Soudan*. Trans. O. Houdas. Paris: Leroux.
Favret-Saada, J. 1981. *Deadly words: Witchcraft in the Bocage*. London: Cambridge University Press.
Feld, S., ed. 1974. *Studies in the Anthropology of Visual Communication* (first four issues).
———. 1982. *Sound and sentiment*. Philadelphia: University of Pennsylvania Press.
———. 1989. Themes in the cinema of Jean Rouch. *Visual Anthropology* 2 (3–4): 223–49.
Flaherty, F. 1960. *The odyssey of a filmmaker: The story of Robert Flaherty*. Urbana, Ill.: Beta Phi Mu.
Foucault, M. 1970. *The order of things: The archaeology of the human sciences*. New York: Random House.
Freeman, D. 1983. *Margaret Mead and Samoa*. Cambridge: Harvard University Press.
Fugelstad, F. 1975. Les Hauka: Une interprétation historique. *Cahiers d'Etudes Africaines* 58:203–16.
———. 1983. *A history of Niger, 1850–1960*. Cambridge: Cambridge University Press.
Gaggi, S. 1989. *Modern/postmodern: A study in twentieth century arts and ideas*. Philadelphia: University of Pennsylvania Press.
Gauthier G. 1972. Le cinéma en Afrique noire. *Image et Son* 149:3–5.
Geertz, C. 1973. *The interpretation of cultures*. New York: Free Press.
Ginsburg, F. 1991. Indigenous media: Faustian contract or global village? *Cultural Anthropology* 6 (1): 92–113.
Gleason, J. 1982. Out of water, onto the ground and into the cosmos: An analysis of the three phases of sacred initiatory dance among the Zarma (Songhay) of Niger. In *Spring: An annual of archetypal psychology and Jungian thought*, 3–12. Dallas: Spring Publications.
Gobineau, J. de 1967 [1953–55]. *Essai sur l'inégalité des races humaines*. Paris: Pierre Belfond.
Graff, G. 1979. *Literature against itself*. Chicago: University of Chicago Press.
Griaule, M. 1938. *Masques dogons*. Paris: Institut d'Ethnologie.
———. 1957. *Méthode de l'ethnographie*. Paris: Presses Universitaires de France.
———. 1965. *Conversations with Ogotemmêli*. London: Oxford University Press.
Griaule, M., and G. Dieterlen. 1965. *Le renard pâle*. Vol. 1, fasc. 1. *Le mythe cosmogonie: La création du monde*. Paris: Travaux et Mémoires de l'Institut d'Ethnologie.

Grob, J. 1962. Jean Rouch, ou L'ethnologie à l'art. *Image et Son* 149:3.
Hale, Thomas. 1990. *Scribe, griot, and novelist: Narrative interpreters of the Songhay empire*. Gainesville: University of Florida Press.
Hama, Boubou. 1988. *L'essence du verbe*. Niamey: Centre des Etudes Linguistiques, Historiques, et Traditions Orales.
Heller, E. 1988. *The importance of Nietzsche*. Chicago: University of Chicago Press.
Hiley, D. 1988. *Philosophy in question*. Chicago: University of Chicago Press.
Homiak, John. n.d. Images on the edge of the text: Ethnographic imaging and view of the anthropological self. Forthcoming in *Wide Angle*.
Howes, D. 1988a. On the odor of the soul: Spatial representation and olfactory classification in eastern Indonesia and western Melanesia. *Bijdragen tot de Tall-, Land- en Volkenkunde* 124:84–113.
———. 1988b. The shifting sensorium: A critique of the textual revolution in contemporary anthropological theory. Paper read at the Twelfth International Congress of Anthropological and Ethnological Sciences, Zagreb, Yugoslavia, 26 July 1988.
Howes, D., ed. 1990. Les *"cinq" sens*. Special issue of *Anthropologie et Sociétés* 14, 2.
Hunwick, J. 1985. *Shari'a in Songhay: Replies of al-Maghili to the questions of Askia al-Hajj Muhammad*. New York: Oxford University Press.
Husserl, E. 1960 [1931]. *Cartesian meditations*. The Hague: Marcus Nijhoff.
Ibn Battuta. 1966. *Textes et documents relatifs de l'histoire de l'Afrique*. Trans. R. Mauny. Dakar: Université de Dakar.
Ihde, D. 1976. *Listening and voice: Toward a phenomenology of sound*. Bloomington: Indiana University Press.
Jackson, M. 1989. *Paths toward a clearing*. Bloomington: Indiana University Press.
James, W. 1943. *Essays in radical empiricism*. New York: Longman, Green.
Kaba, L. 1984. The pen, the sword, and the crown: Islam and revolution in the Songhay reconsidered, 1463–1493. *Journal of African History* 25: 241–56.
Kane, S. 1982. Holiness ritual fire handling: Ethnographic and psychophysiological considerations. *Ethos* 10 (4): 369–84.
Kati, M. 1911. *Tarikh al Fattach*. Trans. M. Delafosse. Paris: Maisonneuve.
Kimba, I. 1981. *Guerres et sociétés*. Etudes Nigeriennes 46. Niamey: Université de Niamey.
Konaré Ba, A. 1977. *Sonni Ali Ber*. Etudes Nigeriennes 40. Niamey: Université de Niamey.
Kuenzli, R., ed. 1987. *Dada and Surrealist film*. New York: Willis, Locker and Owens.
Kundera, M. 1988. *The art of the novel*. New York: Grove.

Léca, N. n.d. Les Zerma. Unpublished manuscript. Institut de Recherches en Sciences Humaines, Niamey.
Leiris, M. 1958. *La langue secrète des Dogon de Sanga.* Paris: Institut d'Ethnologie.
———. 1981 [1934]. *Afrique fantôme.* Paris: Gallimard.
Lévi-Strauss, C. 1955. *Tristes tropiques.* Paris: Plon.
———. 1967. The sorcerer and his magic. In *Structural anthropology.* Garden City, N.Y.: Doubleday.
Lienhardt, G. 1961. *Divinity and experience: The religion of the Dinka.* London: Oxford University Press.
Lippard, L., ed. 1970. *Surrealists on art.* Englewood Cliffs, N.J.: Prentice-Hall.
Livingstone, D. 1872. *Livingstone's Africa.* Philadelphia: Hubbard Brothers.
MacCannell, D. 1978. *The tourist: A new theory of leisure.* New York: Schocken Books.
MacDougall, D. 1975. Beyond observational cinema. In *Principles of visual communication,* ed. P. Hockings, 109–24. The Hague: Mouton.
Malcomsen, S. 1989. How the West was lost: Writing at the end of the world. *Voice Literary Supplement,* April, 11–14.
Marcus, G. E. 1990. The modernist sensibility in recent ethnographic writing and the cinematic metaphor of montage. *Society for Visual Anthropology Review* 6:1–16.
Marcus, G. E., and M. M. J. Fischer. 1986. *Anthropology as cultural critique.* Chicago: University of Chicago Press.
Mauny, R. 1952. *Glossaire des expressions et termes locaux employés dans l'Ouest africain.* Dakar: IFAN.
Ministry of Foreign Affairs. 1981. *Jean Rouch: Une rétrospective.* Paris: Ministry of Foreign Affairs.
Montaigne, M. de. 1943. *Selected essays.* New York: Walter Black.
Morrissette, B. 1985. *Novel and film: Essays in two genres.* Chicago: University of Chicago Press.
Muller, J.-C. 1971. Review of *Les maîtres fous. American Anthropologist* 73:1471–73.
Nicholas, G. 1978. *Dynamique sociale et appréhension du monde au sein d'une société Hausa.* Paris: Institut d'Ethnologie.
Nietzsche, F. 1871. *The birth of tragedy out of the spirit of music.* Trans. F. Goffling. Garden City, N.Y.: Doubleday.
Olivier de Sardan, J.-P. 1976. *Quand nos pères étaient captifs.* Pairs: Nubia.
———. 1982. *Concepts et conceptions Sonay-Zerma.* Paris: Nubia.
———. 1984. *Les sociétés Sonay-Zerma.* Paris: Karthala.
Ong, W. 1967. *The presence of the word.* New Haven: Yale University Press.
Östör, A. 1990. Whither ethnographic film? *American Anthropologist* 92 (3):

715–23.
Painter, T. 1988. From warriors to migrants: Critical perspectives on early migrations among the Zarma of Niger. *Africa* 58 (1): 87–100.
Palau-Marti, M. 1957. *Les Dogon*. Paris: Presses Universitaires de France.
Panofsky, H. 1958. *The significance of labor migrations for the economic growth of Ghana.* M.S. thesis, Cornell University.
———. 1960. Les conséquences de migrations de travailleurs sur le bien-être économique du Ghana et de la république du Haute Volta. *Inter-Africa Institute Bulletin* 7 (4): 30–45.
Paulme, D. 1988 [1940]. *L'organisation sociale des Dogon*. Paris: J. M. Place.
Pierre, S. 1967. Le regard brulant du conteur. *Cahiers du Cinéma* 192:66–67.
Predal, R., ed. 1982. *Jean Rouch, un griot gaulois*. Special issue of *Cinem-Action* 17. Paris: Harmattan.
Price, S. 1990. *Primitive art in civilized places*. Chicago: University of Chicago Press.
Prothero, M. 1962. Migrant labor in West Africa. *Journal of Administration Overseas* 1 (3): 149–55.
Reverdy, P. 1970 [1918] Nord-Sud. In *Surrealists on art,* ed. L. Lippard, 16. Englewood Cliffs, N.J.: Prentice Hall.
Richman, M. 1990. Anthropology and modernism in France: From Durkheim to the Collège de Sociologie. In *Modernist anthropology,* ed. M. Manganaro, 183–215. Princeton: Princeton University Press.
Riesman, P. 1977. *Freedom in Fulani social life*. Chicago: University of Chicago Press.
Roberts, R., and M. Klein. 1980. The Bamana slave exodus in 1905 and the decline of slavery in the western Soudan. *Journal of African History* 21 (3): 375–95.
Rose, D. 1990. *Living the ethnographic life*. Newbury Park, Calif.: Sage.
Rotha, P., with the assistance of Basil Wright. 1980. Nanook of the North. *Studies in the Anthropology of Visual Communication* 6 (2): 33–60.
Rouch, Jane. 1981. *Nous irons plus au bals nègres*. Paris: Scarabee.
Rouch, Jean. 1953. *Contribution à l'histoire des Songhay*. Mémoires 29. Dakar: IFAN.
———. 1954a. *Le Niger en pirogue*. Paris: Fernand Nathan.
———. 1954b. *Les Songhay*. Paris: Presses Universitaires de France.
———. 1956. Migrations au Ghana. *Journal de la Société des Africanistes* 26 (1–2): 33–196.
———. 1957. *Rapport sur les migrations nigériennes vers la Basse Côte d'Ivoire*. Niamey: IFAN.
———. 1960. Problèmes relatifs à l'étude des migrations traditionelles et des migrations actuelles en Afrique noire. *Bulletin d'IFAN,* ser. B, 22 (3–4):

369–78.

———. 1974. The camera and the man. *Studies in the Anthropology of Visual Communication* 1 (1): 37–44.

———. 1978a. Jean Rouch talks about his films to John Marshall and John W. Adams. *American Anthropologist* 80 (4): 1005–20.

———. 1978b. On the vicissitudes of the self: The possessed dancer, the magician, the sorcerer, the filmmaker, and the ethnographer. *Studies in the Anthropology of Visual Communication* 5 (1): 2–8.

———. 1978c. Le renard fou et le maître pâle. In *Systèmes des signes: Textes réunis en hommage à Germaine Dieterlen*, 3–24. Paris: Hermann.

———. 1987. Preface. In *Ciné-rituel des femmes Dogon*, by N. Wanono. Paris: CNRS.

———. 1989 [1960]. *La religion et la magie Songhay*. 2d ed., corrected and expanded. Brussels: Université de Bruxelles.

———. 1990a. Les cavaliers aux vautours: Les conquêtes des Zerma dans le Gurunsi, 1856–1900. *Journal des Africanistes* 60 (2): 5–36.

———. 1990b. Le "dit" de Théodore Monod. Unpublished manuscript, Comité du Film Ethnographique, Paris.

Rouch, J., and E. Fulchignoni. 1989. Conversation between Jean Rouch and Professor Enrico Fulchignoni. *Visual Anthropology* 2:265–301.

Ruby, J. 1975. Is an ethnographic film a filmic ethnography? *Studies in the Anthropology of Visual Communication* 2 (2): 104–11.

———. 1989. A Filmography of Jean Rouch, 1946–1980. *Visual Anthropology* 2 (3–4): 333–67.

———. n.d. Speaking for, speaking about, speaking with, or speaking alongside—the documentary dilemma. Unpublished manuscript, files of the author.

Saad, E. 1983. *Social history of Timbuktu*. Cambridge: Cambridge University Press.

Sadoul, G. 1967. Du folklore à l'ethnographie moderne. *Lettres Françaises* 1188:6–7.

———. 1990. *Dictionnaire des cinéastes*. New ed. Paris: Seuil.

Said, E. 1978. *Orientalism*. New York: Random House.

Schildkrout, E. 1978. *The people of Zongo*. Cambridge: Cambridge University Press.

Schmoll, P. 1991. The search for health in a world of dis-ease: Affliction management among the Hausa of central Niger. Ph.D. diss., University of Chicago.

Schutz, A. 1962. *Collected papers I: The problem of social reality*. The Hague: Marcus Nijhoff.

———. 1967. *The phenomenology of the social world*. Trans. G. Walsh and F. Lenhert. Evanston, Ill.: Northwestern University Press.

Schwartz, T. 1983. Anthropology: A quaint science. *American Anthropologist* 85 (4): 919–29.
Searle, J. 1968. *Speech acts*. Cambridge: Cambridge University Press.
Seeger, A. 1981. *Nature and society in central Brazil*. Cambridge: Harvard University Press.
Sidikou, A. 1974. *Sédentairité et mobilité entre Niger et Zagret*. Etudes Nigeriennes 34. Niamey: Université de Niamey.
Stoller, P. 1984. Horrific comedy: Cultural resistance and the Hauka movement in Niger. *Ethos* 11:165–67.
―――. 1989a. *Fusion of the worlds: An ethnography of possession among the Songhay of Niger*. Chicago: University of Chicago Press.
―――. 1989b. *The taste of ethnographic things: The senses in anthropology*. Philadelphia: University of Pennsylvania Press.
Stoller, P., and C. Olkes. 1987. *In sorcery's shadow: A memoir of apprenticeship among the Songhay of Niger*. Chicago: University of Chicago Press.
Tambiah, S. 1968. The magical power of words. *Man*, n.s., 3:175–203.
Tedlock, D. 1983. *The spoken word and the work of interpretation*. Philadelphia: University of Pennsylvania Press.
Torgovnick, M. 1990. *Gone primitive: Savage intellects, modern lives*. Chicago: University of Chicago Press.
Tyler, S. 1987. *The unspeakable: Discourse, dialogue and rhetoric in the postmodern world*. Madison: University of Wisconsin Press.
Urvoy, Y. 1935. *Les populations du Soudan central (Colonie du Niger)*. Paris: Larose.
van Beek, W. E. A. 1991. Dogon restudied: A field evaluation of the work of Marcel Griaule. *Current Anthropology* 32 (2): 135–67.
Vansina, J. 1985. *Oral tradition as history*. Madison: University of Wisconsin Press.
Vertov, D. 1985. *Kino-eye: The writings of Dziga Vertov*. Ed. A. Michelson, trans. K. O'Brien. Berkeley: University of California Press.
Wanono, N. 1987. *Ciné-rituel des femmes Dogon*. Paris: CNRS.
Watta, O. 1985. "The human thesis: A quest for meaning in African epic." Ph.D. diss., State University of New York, Buffalo.
Watzlawick, P. 1977. *How real is real? Confusion, disinformation, communication*. New York: Vintage.
Yacouba, Depuis. 1911. *Les Gow, ou Les chasseurs du Niger*. Paris: Leroux.
Yakir, Dan. 1978. Ciné-transe: The vision of Jean Rouch. *Film Quarterly* 31 (3): 1–10.
Zaner, R. 1970. *The way of phenomenology*. Indianapolis: Bobbs-Merrill.

电影

Adair, P. 1960. *The holy ghost people*. New York: McGraw-Hill. Sixty minutes.
Dali, S., and L. Buñuel. 1929. *Un chien andalou*. Paris.
Flaherty, R. 1922. *Nanook of the North*. New York.
———. 1925. *Moana*. New York.
Flaherty, R. 1934. *Man of Aran*. New York.
Rouch, J. 1946. *Au pays des mages noirs*. Actualités Françaises. Black-and-white. Twelve (or fifteen?) minutes.
———. 1948–49a. *La circoncision*. Paris: CNRS. Black-and-white. Fifteen minutes.
———. 1948–49b. *Initiation à la danse des possédés*. Paris: CNRS. Black-and-white. Twenty-two minutes.
———. 1948–49c. *Les magiciens de Wanzerbe*. Paris: CNRS. Black-and-white. Thirty minutes.
———. 1951–52a. *Bataille sur le grand fleuve*. Dakar: IFAN. Thirty-five minutes.
———. 1951–52b. *Cimetière dans la falaise*. Paris: CNRS. Twenty minutes.
———. 1951–52c. *Yenaandi, ou Les hommes qui font la pluie*. Paris: CNRS. Twenty-seven minutes.
———. 1953–54. *Les maîtres fous*. Paris: Films de la Pléiade. Thirty-three minutes.
———. 1954–67. *Jaguar*. Paris: Films de la Pléiade. Sixty (or ninety-one) minutes.
———. 1957a. *Baby Ghana*. Paris: CNRS. Twelve minutes.
———. 1957b. *Moi, un noir*. Paris: Films de la Pléiade. Eighty minutes.
———. 1957–64. *La chasse au lion à l'arc* [The lion hunters]. Paris: Films de la Pléiade. Ninety minutes.
———. 1958–59. *La pyramide humaine*. Paris: Films de la Pléiade. Eighty (or ninety?) minutes.
———. 1967a. *Daouda sorko*. Paris: CNRS/CFE. Fifteen (or twenty?) minutes.
———. 1967b. *Sigui no. 1: L'enclume de Yougou*. Paris: CNRS. Thirty-five (or fifty?) minutes.
———. 1968. *Sigui no. 2: Les danseurs de Tyougou*. Paris: CNRS Audiovisuels/CFE. Fifty minutes.
———. 1969a. *Petit à petit*. Paris: Films de la Pléiade. Ninety minutes.
———. 1969b. *Sigui no. 3: La caverne de Bongo*. Paris: CNRS Audiovisuels/CFE. Forty minutes.

———. 1970. *Sigui no. 4: Les clameurs d'Amani*. Paris: CNRS Audiovisuels/CFE. Fifty minutes.

———. 1971a. *Porto Novo: La danse des reines*. Paris: CNRS/CFE. Thirty minutes.

———. 1971b. *Sigui no. 5: La dune d'Idyeli*. Paris: CNRS Audiovisuels/CFE. Forty (or fifty) minutes.

———. 1971c. *Les tambours d'avant: Turu et bitti*. Paris: CNRS/CFE. Ten minutes.

———. 1972. *Sigui no. 6: Les pagnes de Yamé*. Paris: CNRS Audiovisuels/CFE. Fifty (or ninety?) minutes.

———. 1974a. *Cocorico, Monsieur Poulet*. Paris/Niamey: DALAROU. Ninety minutes.

———. 1974b. *Pam kuso kar (Briser les Poteries de Pam)*. Paris: CNRS/CFE. Ten minutes.

———. 1974c. *Sigui no. 7: L'auvent de la circoncision*. Paris: CNRS Audiovisuels/CFE. Fifteen minutes.

———. 1975. *Babatu, les trois conseils*. Paris: CNRS/CFE. Ninety minutes.

Vertov, D. 1922–25. *Kino-Pravda: Film newspaper*. Moscow.

MINT LAB　薄荷实验·已出书目

"薄荷实验"是华东师范大学出版社旗下的社科学术出版品牌，主张"像土著一样思考"（Think as the Natives），以期更好地理解自我、他人与世界。该品牌聚焦于社会学、人类学方向，探索这个时代面临的重要议题。相信一个好的故事可以更加深刻地改变现实，为此，我们无限唤醒民族志的魔力。

《香港重庆大厦：世界中心的边缘地带》

麦高登 著　杨玚 译

《特权：圣保罗中学精英教育的幕后》

西莫斯·可汗 著　蔡寒韫 译

《音乐神童加工厂》

伊莎贝拉·瓦格纳 著　黄炎宁 译

《学以为己：传统中国的教育》

李弘祺 著

《乳房：一段自然与非自然的历史》

弗洛伦斯·威廉姆斯 著　庄安祺 译

《美丽的标价：模特行业的规则》

阿什利·米尔斯 著　张皓 译

《喂养中国小皇帝：儿童、食品与社会变迁》

景军 主编　钱霖亮、李胜等 译

《给无价的孩子定价：变迁中的儿童社会价值》

维维安娜·泽利泽 著　王水雄等 译

《唐人街：镀金的避难所、民族城邦和全球文化流散地》

王保华、陈志明 主编　张倍瑜 译

《捡垃圾的人类学家：纽约清洁工纪实》

罗宾·内葛 著　张弼衎 译

《人行道王国》

米切尔·邓奈尔 著 马景超、王一凡、刘冉 译

《清算：华尔街的日常生活》

何柔宛 著 翟宇航等 译

《看上去很美：整形美容手术在中国》

文华 著 刘月 译

《找工作：关系人与职业生涯的研究》

马克·格兰诺维特 著 张文宏 译

《道德与市场：美国人寿保险的发展》

维维安娜·泽利泽 著 姚泽麟等 译

《末日松茸：资本主义废墟上的生活可能》

罗安清 著 张晓佳 译

《母乳与牛奶：近代中国母亲角色的重塑（1895–1937）》

卢淑樱 著

《生老病死的生意：文化与中国人寿保险市场的形成》

陈纯菁 著 魏海涛、符隆文 译

《病毒博物馆：中国观鸟者、病毒猎人和生命边界上的健康哨兵》

弗雷德雷克·凯克 著 钱楚 译

《感情研究指南：情感史的框架》

威廉·雷迪 著 周娜 译

《培养好孩子：道德与儿童发展》

许晶 著 祝宇清 译

《拯救婴儿？新生儿基因筛查之谜》

斯蒂芬·蒂默曼斯、玛拉·布赫宾德 著 高璐 译

《金钱的社会意义：私房钱、工资、救济金等货币》

维维安娜·泽利泽 著 姚泽麟等 译

《成为三文鱼：水产养殖与鱼的驯养》

玛丽安娜·伊丽莎白·利恩 著 张雯 译

《生命使用手册》

迪杰·法桑 著 边和 译

《不安之街：财富的焦虑》

瑞秋·谢尔曼 著 黄炎宁 译

《寻找门卫：一个隐蔽的社交世界》

彼得·比尔曼 著 王佳鹏 译

《依海之人：马达加斯加的维佐人，一本横跨南岛与非洲的民族志》

丽塔·阿斯图蒂 著 宋祺 译

《风险的接受：社会科学的视角》

玛丽·道格拉斯 著 熊畅 译

《人类学家如何写作：民族志阅读指南》

帕洛玛·盖伊·布拉斯科、胡安·瓦德尔 著 刘月 译

《亲密的分离：当代日本的独立浪漫史》

艾莉森·阿列克西 著 徐翔宁、彭馨妍 译

《亨丽埃塔与那场将人类学送上审判席的谋杀案》

吉尔·施梅勒 著 黄若婷 译

《实验室生活：科学事实的建构过程》

布鲁诺·拉图尔、史蒂夫·伍尔加 著 修丁 译

《德国电梯社会:一个欧洲心脏地区的危机》

奥利弗·纳赫特威 著 黄琬 译

《封面之下:一本小说的创作、生产与接受》

克莱顿·柴尔德斯 著 张志强、王翡 译

《离开学术界:实用指南》

克里斯托弗·卡特林 著 何啸风 译

《影子母亲:保姆、换工与育儿中的微观政治》

卡梅隆·林·麦克唐纳 著 杨可 译

《诊所在别处:成瘾人类学和药物依赖下的青少年》

托德·迈耶斯 著 姚雨萌 译

《特殊待遇:来自亚洲一流医院的医学生》

安娜·鲁多克 著 于茗骞 译

《生活在写作之中:与契诃夫一同磨砺民族志技艺》

基伦·纳拉扬 著 淡豹 译

《修复世界:保罗·法默博士与下一代医生的对话》

保罗·法默 著 张晶 译

《金门:美国住房之战》

康纳·多尔蒂 著 相欣奕、张美华 译

《寻找正确的单词:一个关于文学、悲伤和大脑的故事》

辛迪·温斯坦、布鲁斯·米勒 著 鲍伟奇 译

《拍电影的人类学家:先驱让·鲁什的田野与民族志研究》

保罗·斯托勒 著 杨德睿 译

薄荷实验·中文原创

《生熟有道：普洱茶的山林、市井和江湖》
张静红 著
《过渡劳动：平台经济下的外卖骑手》
孙萍 著
《薄暮时分：在养老院做田野》（暂名）
吴心越 著